SEHNSUCHT MITTELMEER

Eine mediterrane Bilderreise

Kreta, Griechenland: Korallenstücke und Mikroorganismen färben den Strand von Elafonissi leicht rosa.

Venedig, Italien: Von der Rialtobrücke genießt man die Aussicht auf den Canal Grande, die Gondeln, die Paläste und die Restaurants am Ufer.

Zakynthos, Griechenland: Aus der Vogelperspektive ist das berühmte Schiffswrack am Navagio-Strand nur ein kleiner Punkt in der Landschaft.

GLÜCK KOMMT IN WELLEN

Dem Lockruf des Südens erliegen die Deutschen nun schon seit mehr als 200 Jahren. Seit Goethe wollen sie die Länder kennenlernen, in denen die Zitronen blühen und im dunklen Laub die Goldorangen glühen. Zuerst galt ihre ganze Liebe Italien: den Sandstränden der Adria, der Steilküste von Amalfi, den Vulkanen der Liparischen Inseln. Später entdeckten sie die Iberische Halbinsel für sich, und umso stürmischer entflammte dann ihre Zuneigung zu Spanien. Mallorca erkoren die Deutschen sogar zu ihrer Lieblingsinsel. Mittlerweile sind es die farbenfrohe Côte d'Azur, die kargen Küsten Kroatiens und vor allem die griechischen Inselschönheiten, die Besucherrekorde vermelden: paradiesische Eilande inmitten der tiefblauen Ägäis, antike Stätten, pulsierende Metropolen wie Athen oder Thessaloniki oder verwunschene Fischerdörfer, in denen die Uhren noch ein wenig langsamer zu gehen scheinen als andernorts. Und auf der außereuropäischen Seite des Mittelmeers? Steil abfallende Felsküsten und schmale Strände prägen den marokkanischen Norden und die Küsten Algeriens, fruchtbar zeigt sich das Nildelta in Ägypten. Ein bisschen europäisch, ein wenig Orient – die Türkei verströmt seit jeher ganz viel Exotik auf der asiatischen Seite des Mittelmeers. Und die Länder der Levante überzeugen mit reicher Geschichte, Grotten und unbekannten Badeorten.
Das Buch entführt von West nach Ost auf eine bildstarke Reise rund um das gesamte Mittelmeer, reist durch alle Nebenmeere und streift dabei mondäne Hafenstädte ebenso wie kleine Inselparadiese.

Ein Labyrinth aus engen Gassen: »Le Rocher«, die Altstadt des Fürstentums Monaco.

Inhalt

Vom Alborán-Meer bis zu den Balearen

Vereinigtes Königreich
- Gibraltar — 18

Marokko
- Tétouan — 20
- M'Diq — 21
- Martil — 21
- Rif-Gebirge — 21
- *Köstlichkeiten aus Marokko* — 22
- Al Hoceïma — 24
- Oued Laou — 25
- Cap des Trois Fourches — 25
- Saïdia — 25

Algerien
- Nationalpark Gouraya — 26
- Algier — 29

Spanien
- Marbella — 30
- Málaga — 33
- Nerja — 33
- Almería — 33
- Parque Natural Cabo de Gata-Níjar — 35
- Cartagena — 35
- Lagunas de la Mata y Torrevieja — 36
- Alicante — 39
- Tarragona — 39
- Sitges — 39
- Valencia — 40
- Barcelona — 42
- *Costa Brava* — 47
- Mallorca — 48
- Menorca — 53
- Ibiza — 55
- Formentera — 56

Golfe du Lion und Ligurisches Meer

Frankreich
- Collioure — 60
- Sète — 61
- Montpellier — 63
- Saintes-Maries-de-la-Mer — 63
- Camargue — 64
- *Töpferhandwerk* — 66
- Marseille — 69
- Calanques — 71
- Cassis — 72
- Bandol — 74
- Sanary-sur-Mer — 75
- *Côte d'Azur* — 76
- Toulon — 79
- Hyères — 79
- Île de Porquerolles — 79
- Massif de l'Esterel — 81
- Saint-Tropez — 82
- Cannes — 83
- Antibes — 84
- Saint-Jean-Cap-Ferrat — 85
- Èze — 85
- Nizza — 86
- Menton — 89

Monaco
- Monaco — 91

Italien
- Sanremo — 92
- Imperia — 92
- Finale Ligure — 92
- Genua — 93
- Portofino — 94
- Cinque Terre — 96
- Portovenere — 99
- La Spezia — 99

Antibes, Frankreich

Inhalt

Tyrrhenisches Meer und Straße von Sizilien

Frankreich
- Korsika — 102

Italien
- Pisa — 107
- Livorno — 108
- Elba — 108
- Sardinien — 111
- Rom — 115
- Terracina — 118
- Gaeta — 119
- Ponza — 120
- Ischia — 121
- Corricella — 122
- Neapel — 124
- Capri — 126
- Positano — 129
- Sorrent — 129
- Ravello — 131
- Amalfi — 131
- Tropea — 132
- Liparische Inseln — 134
- *Gelati, gelati!* — 136
- Sizilien — 138

Malta
- Malta — 145
- Gozo — 148

Tunesien
- Tunis — 151
- Sidi Bou Saïd — 152

Adria

Italien
- Otranto — 157
- Brindisi — 157
- Bari — 157
- Vieste — 159
- Tremitische Inseln — 159
- Ancona — 160
- Rimini — 161
- *Sonnenbaden an der Adria* — 162
- Chioggia — 165
- Po-Delta — 165
- Venedig — 166
- Grado — 170
- Triest — 171

Slowenien
- Izola — 172
- Piran — 172

Kroatien
- Poreč — 175
- Novigrad — 175
- Umag — 175
- Rovinj — 177
- Pula — 178
- Naturpark Kap Kamenjak — 179
- Lovran — 181
- Opatija — 181
- Rijeka — 181
- Krk — 182
- Cres — 185
- Lošinj — 185
- Rab — 185
- Zadar — 187
- Pag — 187
- Dugi Otok — 188
- Vodice — 191
- Kornaten — 191
- Šibenik — 192

Inhalt

Trogir	193	
Split	195	
Vis	197	
Brač	197	
Hvar	197	
Lastovo	198	
Korčula	198	
Mljet	200	

Bosnien und Herzegowina
- Neum 201

Kroatien
- Dubrovnik 203

Montenegro
- Kotor 204
- Sveti Stefan 207
- Budva 207

Albanien
- Durrës 208
- Vlora 208
- Nationalpark Divjaka-Karavasta 208

Ionisches Meer

Italien
- Tarent 212
- Gallipoli 212

Albanien
- Himara 215
- Ksamil-Inseln 217
- Dhërmi 217

Griechenland
- Korfu 219
- Paxos 220
- Antipaxos 220
- Parga 222
- Lefkada 222
- Ithaka 222
- Kefalonia 225
- Zakynthos 227
- Patras 228
- Nafpaktos 228
- Methoni 230
- Mani 230
- Elafonisos 230

Ägäis

Griechenland
- Kreta 235
- Rhodos 239
- Symi 240
- Kastellorizo 241
- Kalimnos 241
- Patmos 242
- Kos 242
- Santorin 245
- Paros 246
- Naxos 247
- Sifnos 247
- Folegrandos 247
- Milos 249
- Kea 251
- Delos 251
- Serifos 251
- Mykonos 252

Valletta, Malta

Inhalt

Monemvasia	255	Türkei	
Paralio Astros	255	Istanbul	277
Nafplio	255	Gediz-Delta	280
Hydra	256	Bozcaada	282
Salamis	257	Izmir	282
Athen	259	Kuşadası	284
Kap Sounion	263	Bodrum	286
Euböa	263	Marmaris	287
Andros	264		
Samos	264	**Levantisches und**	
Ikaria	264	**Libysches Meer**	
Chios	266		
Lesbos	267	Türkei	
Nördliche Sporaden	269	Ölüdeniz	291
Thessaloniki	270	Kalkan	291
Kassandra	272	Kemer	292
Sithonia	272	Antalya	292
Athos	272		
Samothraki	274		
Porto Lagos	275		

Syrien		Herzlia	306
Latakia	292	Tel Aviv	308
Zypern		Ägypten	
Zypern	294	Port Said	310
Nationalpark		Alexandria	312
Petra tou Romiou	297	Nildelta	313
Paphos	297		
Limassol	297	Libyen	
		Tripolis	314
Libanon		Leptis Magna	314
Beirut	299		
Anfeh	299	Tunesien	
		Djerba	316
Israel			
Rosh haNikra	301		
Akko	302	Register	318
Haifa	304	Bildnachweis · Impressum	320
Netanya	306		
Beit Yanai	306		

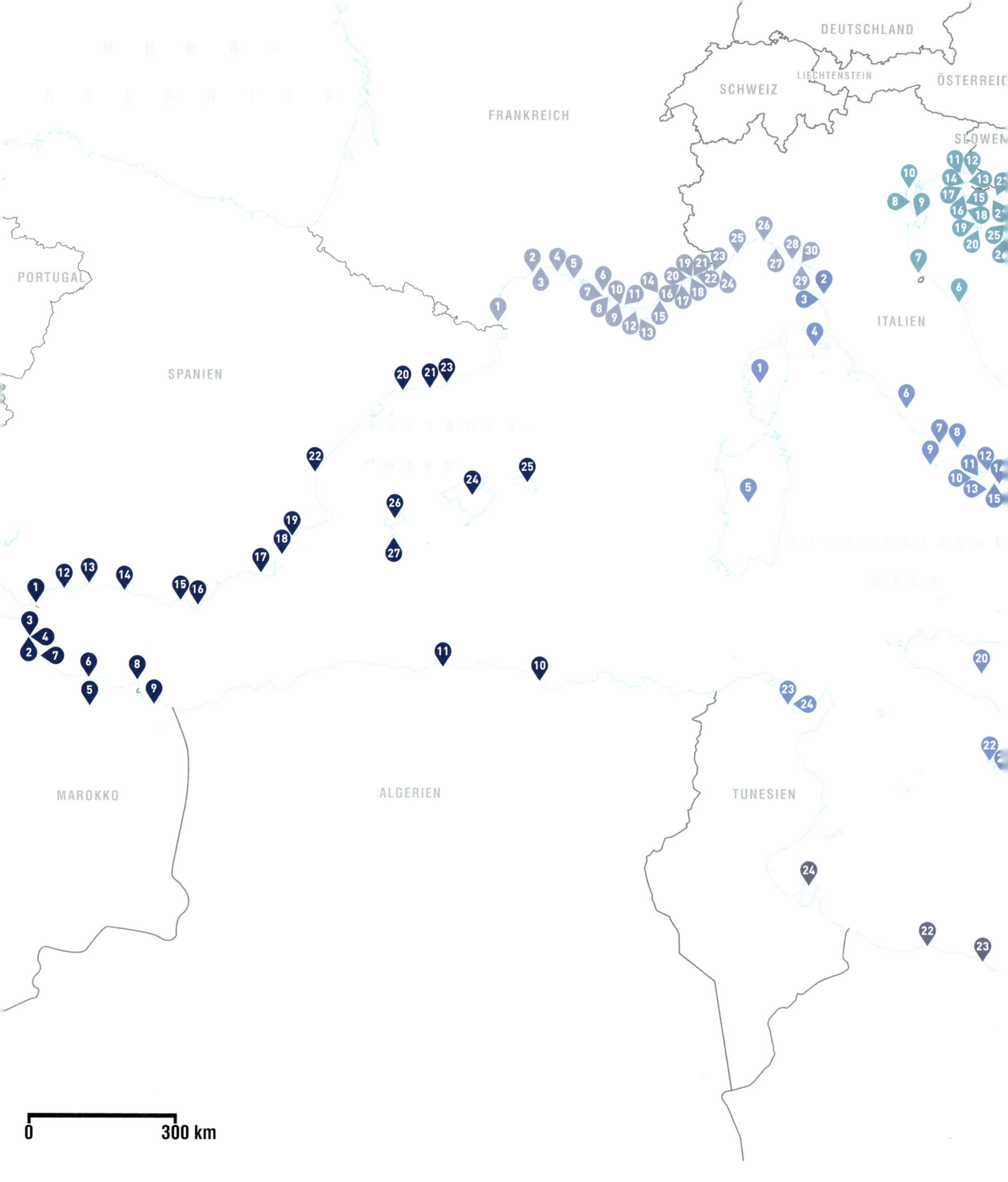

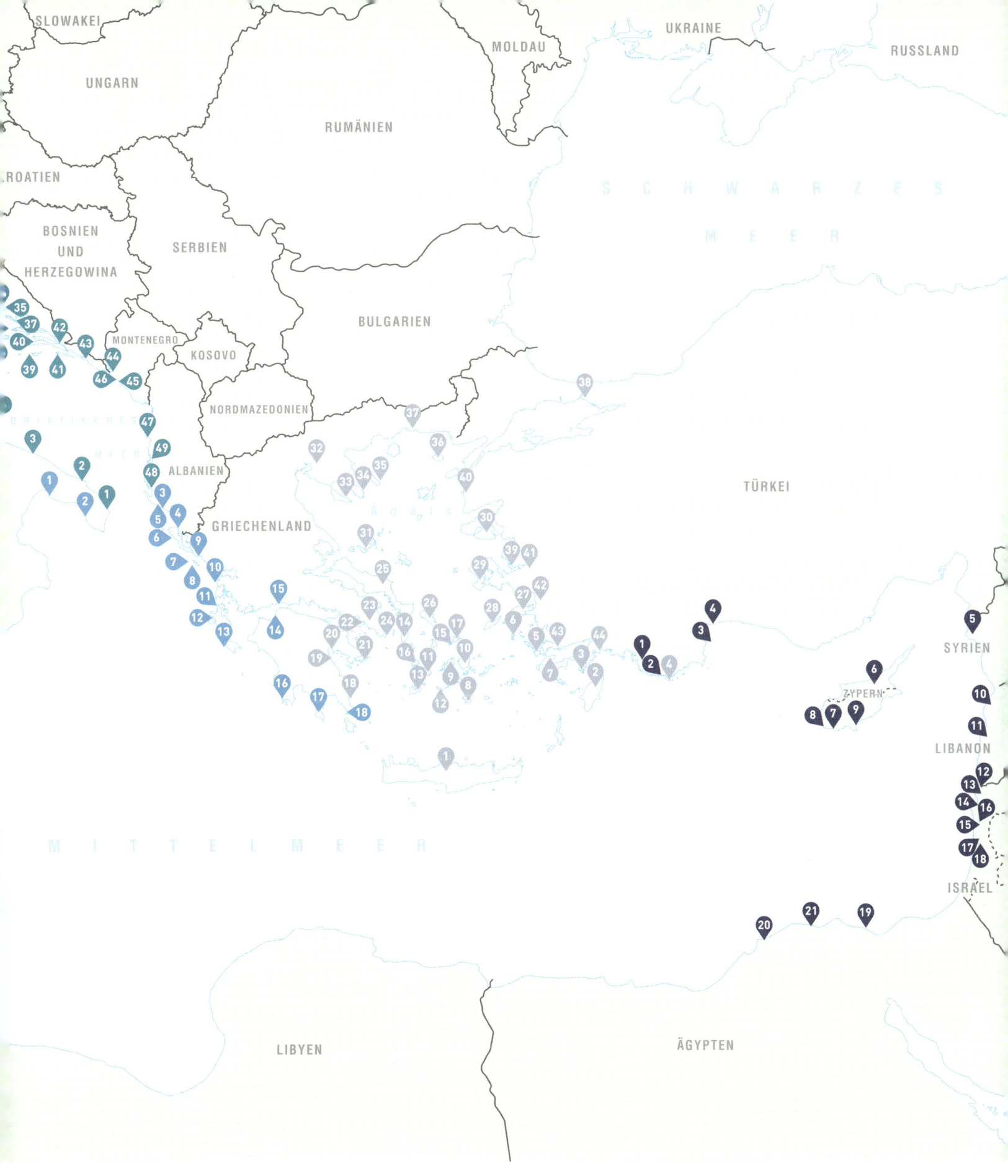

WESTLICHES MITTELMEER
VOM ALBORÁN-MEER BIS ZU DEN BALEAREN

Womöglich ahnt der Betrachter selbst beim Blick auf das moderne Satellitenbild, was phönizische, griechische und römische Seeleute in der Antike empfunden haben mögen, wenn sie sich aus den Weiten des Mittelmeers auf die enge Meerespforte in Richtung Atlantik zubewegten. Wie die Pfosten eines Tores ragten zwei Berge vor ihnen auf: rechts auf einer schmalen Landzunge der Kalksteinfelsen von Gibraltar, direkt gegenüber auf afrikanischer Seite der Monte Hacho bei Ceuta. Einer verbreiteten Theorie zufolge meinte man in der Antike genau diese beiden Vorgebirge, wenn man von den mythologischen »Säulen des Herkules« sprach – den Grenzen der damals bekannten Welt, über die man sich besser nicht hinauswagte. Vom Ende der Welt konnte freilich auch in der Antike bald keine Rede mehr sein. In den fruchtbaren Küstenebenen und im Schutz der Ausläufer des Rif-Gebirges entstanden auf marokkanischer Seite schon früh bedeutende Städte. Heute sind es vor allem die Sonnenküsten Costa del Sol und Costa Blanca, die Reisende anziehen – und natürlich die Balearenschönheiten, die unterschiedlicher kaum sein könnten.

Nur nicht runterfallen! Die Nordküste Menorcas bei Cala Pregonda wartet mit einigen spektakulären Felsabschnitten auf.

Vereinigtes Königreich

GIBRALTAR

Wenn die wagemutigen Seefahrer der Antike diesen Berg sichteten, glaubten sie, das Ende der Welt erreicht zu haben: den Felsen von Gibraltar. Ihn umwitterte eine Aura des Geheimnisvollen. Der Sage nach soll Herkules, Sohn des Zeus, zwei Säulen am Rand des Erdkreises aufgestellt haben, auf denen das Himmelszelt verankert ist: an der Südspitze Spaniens den Felsen von Gibraltar und schräg gegenüber auf der afrikanischen Seite den Berg Musa. Der weitere Verlauf der Geschichte ist keine Legende. Die Engländer bekamen den exotischen Zipfel am Mittelmeer bereits 1704 zugesprochen, der als Marine- und Militärstützpunkt von strategischer Bedeutung war.

Ein Highlight von Gibraltar ist St Michael's Cave (oben), die fußläufig vom Affenfelsen aus erreichbar ist. Sie ist die größte von insgesamt 143 Höhlen auf Gibraltar, ihre Stalagmiten und Stalaktiten sind farbenfroh beleuchtet. Ihrer besonderen Akustik wegen wird die Tropfsteinhöhle im Sommer als Veranstaltungsort für Konzerte genutzt.

GIBRALTARS AFFEN

Von jeher leben im Naturreservat Upper Rock die berühmten Affen von Gibraltar. Die Berberaffen sind eine Makakenart, die ihre ursprüngliche

Heimat im Atlasgebirge hat. Der britische Premierminister Winston Churchill selbst soll sie unter Schutz gestellt haben, damit ihre Anzahl nie geringer als 24 wäre. Die frechen Tiere sind so an den Menschenrummel gewöhnt, dass sie den Touristen auch mal ganz dreist Essen aus den Händen reißen. Mittlerweile leben mehr als 250 Berberaffen auf und rund um den Felsen von Gibraltar. Den schönsten Ausblick gibt es vom Leuchtturm des Europe's Point an der Südspitze.

Wer war zuerst da, die Menschen oder die Affen? Vermutlich die Menschen, zumindest im Fall von Gibraltar. Höhlenfunde legen nahe, dass hier schon vor 28 000 Jahren Neandertaler auf die Meerenge blickten. Und die Berberaffen? Sie kamen mit den Mauren, die zwischen dem 8. Jahrhundert und 1492 in »al-Andalus« das Sagen hatten.

Marokko

TÉTOUAN

Als »Weiße Taube« wird das zu Füßen des Rif-Gebirges gelegene Tétouan ob seiner weiß getünchten Häuser bezeichnet. Im Schutz der zinnenbekrönten Medina haben zahlreiche Moscheen und Souks die Zeiten scheinbar unbeschadet überdauert. Unmittelbar vor dem Bab er-Rouah (»Tor der Winde«), einem der Eingänge zur Medina, befindet sich der an den zentralen Place Hassan II. grenzende Sultanspalast Dar-el-Makhzen, der im 17. Jahrhundert errichtet wurde. In der Medina selbst verströmen im engen Gewirr der Gassen traditionelle Souks mit Werkstätten und Verkaufsläden die lebhafte Atmosphäre orientalischen Handels. Immer wieder öffnen sich Plätze mit kachelverzierten Brunnen und man trifft auf Moscheen, auf Funduks (Herbergen) und einstige Karawansereien. Am nordwestlichen Rand der Medina liegt die Kasbah aus dem 17. Jahrhundert. Die verwinkelte Anlage ist einen Besuch wert.

Links: Die Aussicht von oben auf die weißen Häuser der Stadt lohnt sich, ebenso der Besuch des Kunstmuseums und der Medina.

M'DIQ

Dass die moderne Hafenstadt am Cabo Negro sich an einer eher beengten Stelle vom Fischerdorf zu einem Fremdenverkehrsort an der nordmarokkanischen Küste entwickelt hat, besagt ihr Name: M'Diq bedeutet im Arabischen »eng«, und auch der spanische Name Rincón, »der Winkel«, spielt darauf an. M'Diq war ein unbedeutendes Fischerdorf, dem der Schmuggel mit dem nahen Ceuta nach der marokkanischen Unabhängigkeit starke ökonomische Impulse gab. Und wie der Nachbarort Fnideq gelangte auch M'Diq in den Genuss wirtschaftlicher Förderung durch den Staat. Heute wird in M'Diq nicht mehr Ware verschoben, sondern gebadet. Die Strände sind traumhaft schön, und angenehme Hotels bieten jeden nur erdenklichen Komfort. Vor allem reiche Marokkaner und Franzosen schätzen das glasklare Meer vor der Kulisse des Rif-Gebirges.

Dramatisch ragt das Rif-Gebirge im Hinterland von M'Diq auf. Wild zerklüftet, aber dennoch grün bewachsen präsentiert es sich hier.

MARTIL

Kilometerlange Sandstrände, eine von Palmen gesäumte Uferpromenade, Hotels, Restaurants und Diskotheken sind die Visitenkarte der 70 000-Einwohner-Stadt an der Mündung des Flusses Oued Martil. Wie die Nachbarorte hat Martil einen großen Sprung von bescheidener Fischerei zum Touristen-Hotspot getan, seine Herkunft dabei aber nicht vergessen. Wenn am späten Nachmittag die bunten Boote der Fischer mit Fang beladen in das Hafenbecken einlaufen, scheint es, als habe sich kaum etwas geändert. Im Ortsbild sind wenige geschichtliche Spuren zu entdecken, darunter die 1720 erbaute Festung Bordj Martil. Anders als bei historisch gewachsenen Städten wurde die Entwicklung von Martil in der Zeit des spanischen Protektorats auf dem Reißbrett geplant und mit geradlinigem Straßenraster umgesetzt. Die Atmosphäre eines orientalischen Souk mit verwinkelten Gässchen fehlt. Trotzdem lohnt ein Spaziergang durch den Ort und natürlich über den Hafen.

Das Bild der bunten Boote ist typisch für den einstigen Fischerort Martil.

RIF-GEBIRGE

Im Namen »arrif« (»Grenze«) kommt die besondere Bedeutung des marokkanischen Rif-Gebirges für die hier beheimateten Berber zum Ausdruck. Es bildet mit 360 Kilometer Länge und auf einer Breite von bis zu 80 Kilometern eine Barriere zwischen der mit Wäldern bedeckten Mittelmeerküste im Norden und der fruchtbaren Meseta, die sich südlich der Berge erstreckt. Im Gegensatz zu den noch weiter südlich anschließenden Bergketten ist das Rif nicht Teil des nordafrikanischen Atlas. Steil erheben sich seine Flanken aus dem Meer, während es im Landesinneren in sanften Hängen ausläuft. Als höchster Berg ragt der Tidighine stolze 2456 Meter in den Himmel. Die zerklüfteten Berge sind stellenweise mit Zedern, Steineichen, Tannen, wilden Oliven und Kiefern bewaldet; Bergziegen, Gazellen und Horden von Berberaffen leben in den Wäldern und auf den felsigen Anhöhen. Menschen wohnen hier nur wenige.

Baden ist im Rif oft ungünstig, denn zu einem großen Teil herrscht eine wilde Steilküste vor.

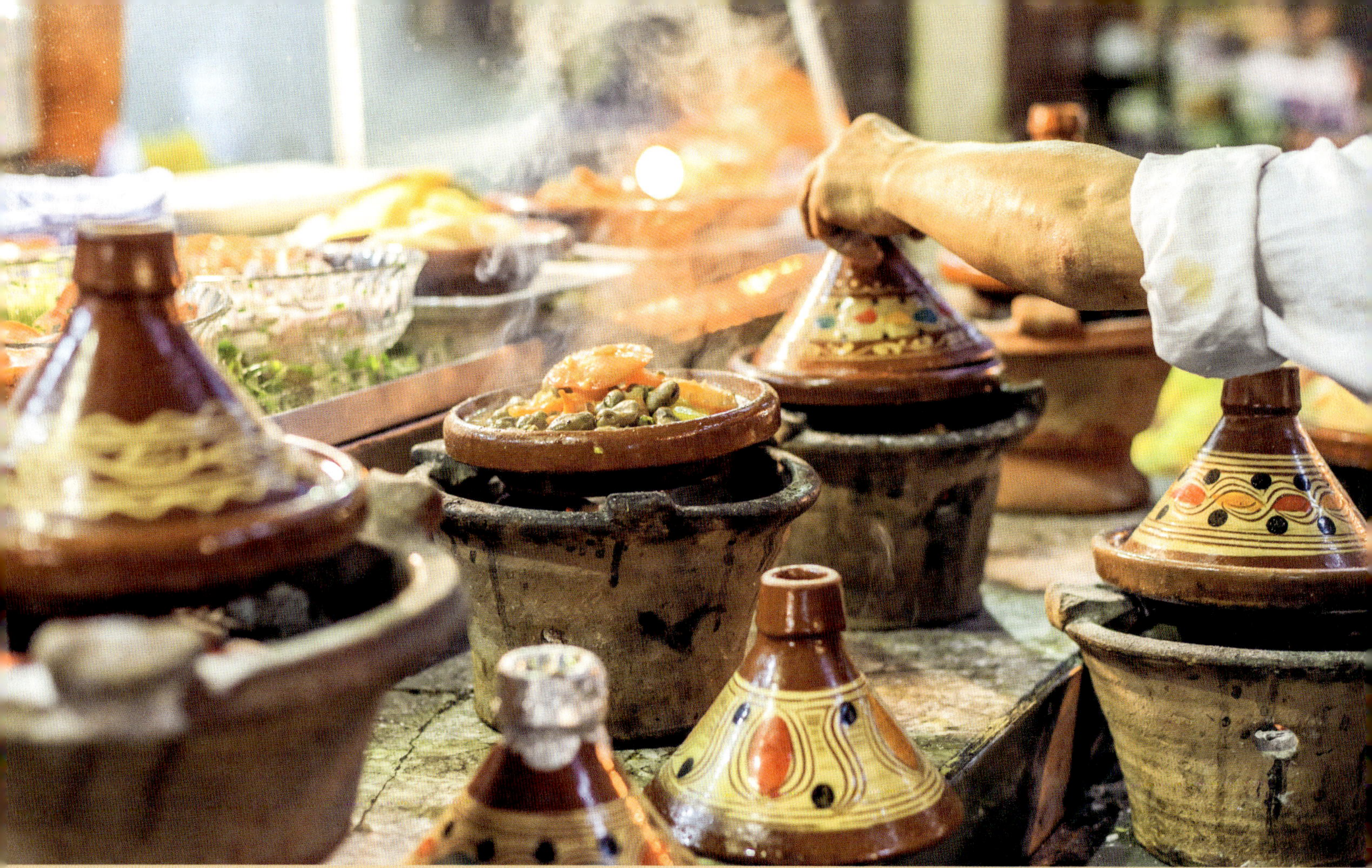

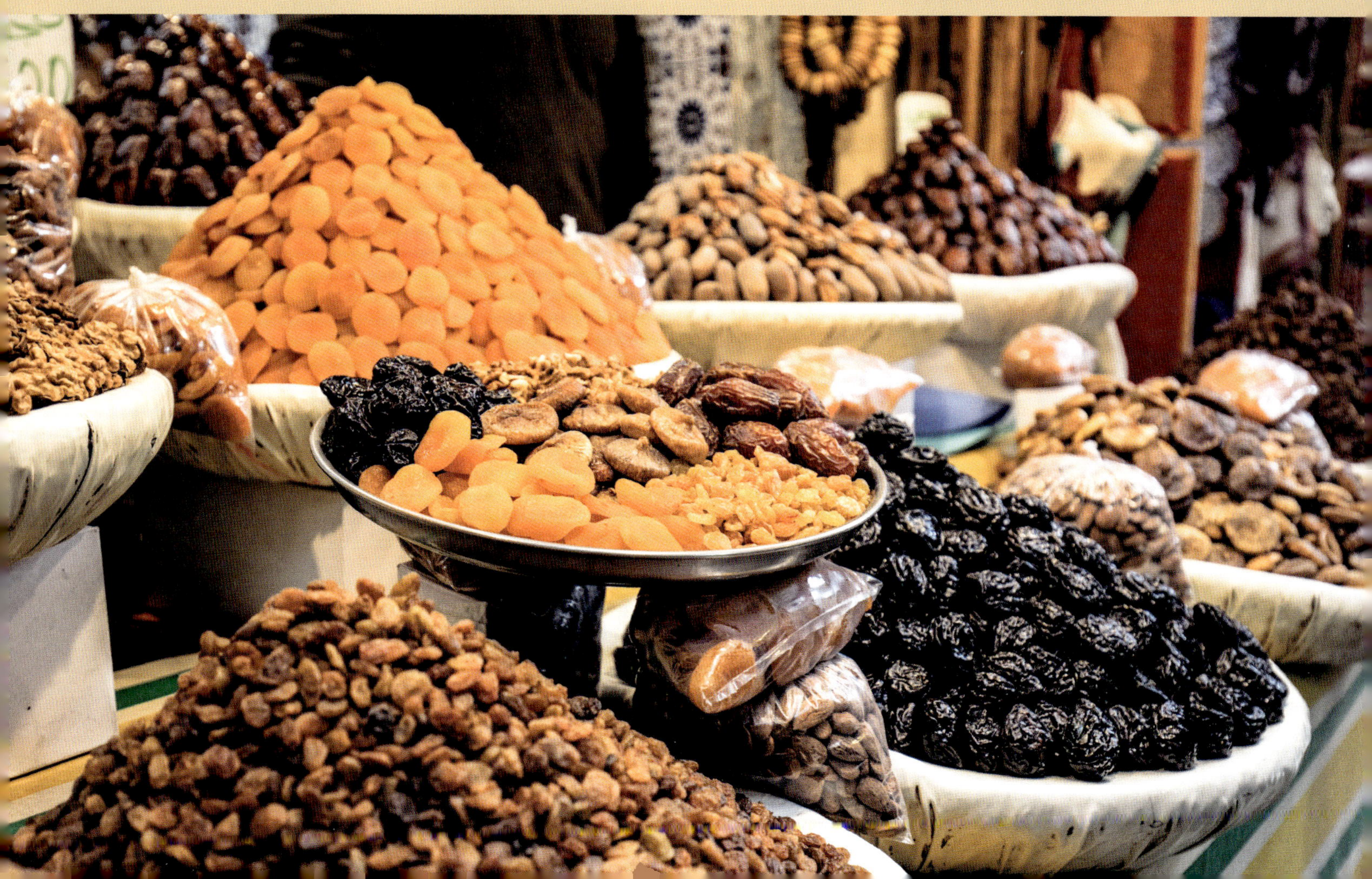

Marokko

KÖSTLICHKEITEN AUS MAROKKO

Marokko ist ein kulinarisches Paradies. Zwei Meere, Dattelpalmen und Mandelbäume, Orangen- und Olivenhaine, Rosentäler und sorgsam gehegte Gemüsefelder, die struppigen Argan-Bäumchen, in die die Ziegen so gern klettern, um die Früchte zu fressen, aus denen das hellgelbe Argan-Öl gewonnen wird: Fast jeder Landstrich Marokkos hat etwas zu bieten, um den Speisezettel zu bereichern. Bei Meknès wachsen sogar Reben – und die Trauben werden nicht nur als Früchte genossen, sondern professionell zu Wein verarbeitet. Getrocknet aromatisieren die Weinbeeren – ebenso wie geröstete Mandeln – die Farce für die traditionelle Pastilla. Statt aus Taubenfleisch wird diese warme Pastete heute allerdings meist mit Huhn zubereitet. Die Sardinen aus Safi schmecken auch schlicht zu einem Stück (Fladen-)Brot. Gleiches gilt für die Seeigel; die besten kommen, so heißt es, aus Oualidia. Couscous und Tajine kennt man in unzähligen Varianten.

Gekonnt verbinden sich die Aromen und Gewürze der berberischen, jüdischen, arabischen, französischen, spanischen und sogar der indischen Küche in jener Marokkos. Zimt, Honig, Kardamom, Schwarzkümmel und Rosen- oder Orangenblütenwasser sind dabei nicht nur den Süßspeisen vorbehalten.

Mit olfaktorischen Highlights geht es auch bei dem Nationalgetränk weiter: Der *thé à la menthe* duftet nach frischer Minze, schmeckt verführerisch süß und erfrischt: Pfefferminztee ist in Marokko allgegenwärtig. Bei einem privaten oder geschäftlichen Besuch, beim Einkauf im Souk, bei der Pause im Café ist er unverzichtbar. Seine Zubereitung folgt einem strengen Zeremoniell, bei dem das umständliche Ausspülen der Kanne mit kochendem Wasser und die Zugabe einer Handvoll grünen Tees nur das Vorspiel bilden. Ist der Tee gezogen, fügt der Zeremonienmeister frische Minze und ein Stück von einem Zuckerhut hinzu. Dann gießt er die dampfende Flüssigkeit in einem hohen Strahl in winzige Gläser, kippt den Tee zurück, gießt noch einmal und wiederholt es ein drittes Mal. Nun haben sich Tee, Minze und Zucker zu einem magischen Getränk verbunden, das der Gast schlürfend genießt. Varianten gibt es viele – manche Gastgeber verfeinern den Tee mit Pinienkernen, andere verwenden Honig zum Süßen –, das Prinzip aber bleibt gleich. Der Ursprung dieses heute allgegenwärtigen Brauchs liegt im 19. Jahrhundert und im Verbot des Sklavenhandels. Ihrer wichtigsten Handelsware beraubt, fluteten die Engländer Marokkos Märkte mit grünem Tee aus China und legten damit den Grundstein für Marokkos Durst nach *thé à la menthe*.

Ach, könnte man doch nur die Bilder riechen… An den Marktständen Marokkos warten viele Gaumenfreuden.

Marokko

AL HOCEÏMA

Spanische Truppen legten nach dem dritten Rif-Krieg 1926 auf einem Küstensporn rund 100 Kilometer westlich von Melilla den Grundstein für Villa Sanjurjo, aus dem nach der Unabhängigkeit Marokkos das heutige Al Hoceïma hervorging. Die Stadt, auch »Perle der marokkanischen Mittelmeerküste« genannt, verfügt über einen modernen Hafen mit einer kleinen Fischereiflotte und über eine Fachhochschule mit Schwerpunkt Umwelttechnik. Ein feinsandiger Strand, die Playa Quemado, zieht sich am Saum der inzwischen auf mehreren Küstenhügeln liegenden modernen Mittelmeerstadt bis fast zum Cap Viejo. In den Jahren 1994 und 2006 erschütterten zwei Erdbeben die Region, dessen Epizentren jeweils nicht weit von Al-Hoceïma entfernt lagen. Glücklicherweise trug die Stadt keine größeren Schäden davon. Erhalten aus der Gründungszeit sind zahlreiche spanische und maurische Handelshäuser.

Die spanische Festung auf der vorgelagerten Insel Peñón de Alhuçemas wurde im Jahr 1926 von Soldaten als Stützpunkt gegründet.

OUED LAOU

CAP DES TROIS FOURCHES

SAÏDIA

An der Mündung des Oued Laou ins Mittelmeer lassen die steilen Hänge des Rif-Gebirges gerade genug Platz für den beschaulichen Fischerort Oued Laou und seine Sandstrände, von denen die Männer frühmorgens zur Jagd auf Anchovis, Sardinen und Rotbrassen aufbrechen. Jeden Dienstag findet auf dem Marktplatz des Städtchens ein lebhafter Markt statt, auf dem die Berberinnen aus dem Rif traditionell hergestellte Töpferwaren, Silberschmuck, die gestreiften Hüfttücher *mendils* und die charakteristischen Strohhüte der Rif-Kabylen verkaufen. Während dieser Wochenmarkt auch gern und häufig von Touristen besucht wird, sind die Einheimischen beim Samstagsmarkt etwas außerhalb unter sich. Hier wechseln Hühner, Schafe, Ziegen und der eine oder andere Esel, außerdem Werkzeuge und Dinge des täglichen Bedarfs den Besitzer.

Auf dem Markt von Oued Laou herrscht reges Treiben. Hier werden unterschiedlichste Waren gehandelt. Ein unverzichtbares Accessoire sind die typischen Strohhüte.

Auf Landkarten streckt sich das Kap unweit der spanischen Enklave Melilla wie ein erhobener Zeigefinger nach Norden ins Mittelmeer. Für die Schifffahrt war dieser rund 20 Kilometer lange Felssporn stets gefährlich, deshalb weist an seiner Spitze ein Leuchtturm den sicheren Weg. Noch gilt das »Kap der drei Gabeln« als Geheimtipp unter Sonnenanbetern und Tauchern. In den vom Meer ausgewaschenen Sandbuchten finden sich selten mehr als drei, vier Badende ein. Viele Buchten sind eingerahmt von grandiosen Erosionsskulpturen. An der Cara Blanca bildet die nahezu weiße Felskulisse eine Fantasielandschaft, die aussieht wie geschlagene Sahne. Wer unter kundiger Führung abtaucht, erlebt eine faszinierend bunte Unterwasserwelt voller Korallen und seltener Meeresbewohner wie Purpursternen und Kleinen Bärenkrebsen.

Am Cap des Trois Fourches lassen sich gelegentlich sogar Mönchsrobben blicken. Während über Wasser die Farbe Weiß dominiert, zeigt sich unter Wasser eine farbenfoh schillernde Welt.

Mit 14 Kilometern feinsten Sandes besitzt Saïdia den längsten und vielleicht auch attraktivsten Strand Marokkos. Gegründet wurde der Ort durch Sultan Hassan I., der hier unweit der Grenze zum damals bereits französisch besetzten Algerien 1883 eine Kasbah errichten ließ. Die Festung hatte die Aufgabe, militärische Bewegungen im Grenzgebiet zu beobachten. Knapp 30 Jahre später geriet auch Marokko unter französische Kolonialherrschaft und die Kasbah Saïdia entwickelte sich zum bevorzugten Siedlungsgebiet einwandernder Franzosen. Die Karriere als Badedestination startete Saïdia ebenfalls bereits in dieser Zeit. Das unabhängige Königreich Marokko investierte viel Geld in den touristischen Ausbau – neben zahlreichen Strandhotels entstand auch eine moderne Marina für 740 Boote. Neben Agadir und Essaouira ist Saïdia wichtigster Badeort Marokkos. Im nahen Parc National de La Moulouya überwintern zahlreiche Zugvögel.

In Saïdia bietet ein neu erbautes Tor Zugang zur Medina.

Algerien

NATIONALPARK GOURAYA

Nordwestlich von Bejaia im Nordosten Algeriens, an der Küste des Mittelmeers, liegt der Nationalpark Gouraya, der mit pittoresken Felsen und wunderschönen Stränden aufwarten kann. Er wurde nach einem Berg benannt, dessen Gipfel sich auf 660 Meter Höhe befindet. Im Nationalpark, der auch als UNESCO-Biosphärenreservat anerkannt wurde, können die Besucher verschiedene Aussichtspunkte erklimmen, von denen man die Buchten und Strände überblicken kann. Ansonsten lassen sich im Park die seltenen Berberaffen sowie Goldschakale und Wildkatzen, aber auch geschützte Pflanzen und Bäume wie Aleppo-Kiefern, Sternwacholder oder Kermeseichen entdecken. Das Gebiet ist jedoch nicht nur bei Wanderern und Kletterern beliebt, sondern vor allem auch bei Tauchern: Unter Wasser warten schließlich mit ein bisschen Glück so majestätische Säugetiere wie Große Tümmler und Pottwale.

Ausblicke gibt es im Nationalpark und Biosphärenreservat Gouraya zuhauf – ebenso wie Berberaffen.

Algerien

ALGIER

Die historische Altstadt über der Bucht von Algier mit der Zitadelle, den Moscheen und maurischen Palästen vermittelt ein anschauliches Bild muslimischer Kultur. Die ursprünglich von den Phöniziern gegründete Siedlung entwickelte sich erst nach der arabischen Eroberung zu einem Handelszentrum. Im 16. Jahrhundert wurde Algier Stützpunkt muslimischer Korsare, die von hier aus Krieg gegen christliche Handelsschiffe führten. 1516 nahm Khair ad-Din Barbarossa die Stadt ein und unterstellte sie dem osmanischen Sultan. De facto blieb Algier aber unabhängig und eine Piratenhochburg, um die sich die europäischen Staaten stritten. Von 1830 bis 1992 war es Hauptstadt der französischen Kolonie Algerien. Erst in dieser Zeit wuchs es über die Kasbah mit der Zitadelle hinaus. Die meisten Gebäude der Kasbah stammen aus osmanischer Zeit. Nur die große Moschee Djemaa el-Kebir ist älter. Die Kanzel von 1017 besitzt reiche Schnitzereien, das Minarett stammt von 1323.

Eng und steil sind die Gassen in Algiers Kasbah, die zum Weltkulturerbe gehört.

TIPASA

An der Küste des Mittelmeers ungefähr 70 Kilometer westlich von Algier liegt die archäologische Fundstätte Tipasa. Aus dem ursprünglich phönizischen Handelshafen

entwickelte sich eine bedeutende punische Stadt, die im 1. Jahrhundert römische Kolonie wurde und zu einem der wichtigsten strategischen Zentren der römischen Eroberung Mauretaniens avancierte. Im Jahr 430 bemächtigten sich die Vandalen der Stadt, die die hier bislang ansässigen Christen grausam verfolgten und in die Flucht nach Spanien trieben. Nach der byzantinischen Machtübernahme im 6. Jahrhundert verlor Tipasa immer mehr an Bedeutung und verfiel allmählich. Aus der Römerzeit stammen die Reste eines Forums, des Amphitheaters, von Villen, Bädern und einer Produktionsstätte für Garum, eine in der Antike beliebten Würzsoße. Direkt am Meer stehen die frühchristliche neunschiffige Große Basilika mit schönen Mosaikfußböden sowie Überreste des königlichen Mausoleums.

Die Stätte vereint eine einzigartige Architektur aus phönizischer, römischer, frühchristlicher und byzantinischer Zeit.

Spanien

MARBELLA

Der Mythos Marbella – an ihm wirkten Cary Grant und Grace Kelly ebenso mit wie südamerikanische Diktatoren oder all die Superreichen, die einen sonnigen Platz im Süden suchten. Gut erreichbar, luxuriös und ohne Rummel wie in Monaco oder an der Côte d'Azur sollte er sein. So stieg das einstige Fischerdorf in den 1950er-Jahren durch Alfonso Prinz zu Hohenlohe-Langenburg zum Lieblingsort des Jetsets auf. Denn der Prinz gründete das Marbella Beach Club Hotel und bot den Stars Ruhe vor den Paparazzi. Heute sind die Medien permanent vor Ort: in den schicken Strandclubs am Niki Beach oder im Casino. Wer das wahre Marbella erkunden will, lässt den Jachthafen links liegen und begibt sich auf einen Stadtrundgang zum kleinen Gotteshaus Ermita de Santiago – dort herrscht himmlische Stille.

Maurisches Erbe und spanische Pracht des 15. und 16. Jahrhunderts lassen sich im historischen Kern Marbellas noch gut erkennen (rechts). Mondäner geht es rund um die Marina zu (oben).

COSTA DEL SOL

Wellen, die sanft an den Strand plätschern, kleine weiße Dörfer, die sich an die Hänge schroffer Gebirge schmiegen und mehr als 300 Sonnentage im Jahr – die Costa del

Sol, Andalusiens Sonnenküste, ist der Inbegriff eines Mittelmeerurlaubs. Eine gut funktionierende Infrastruktur sorgt dafür, dass viele Deutsche jedes Jahr ihr Winterquartier hier beziehen. Auch wenn im Allgemeinen die gesamte Mittelmeerküste Andalusiens als Costa del Sol bezeichnet wird, unterteilt sie sich in Costa de Almería und Costa Tropical, bis sie bei Tarifa an der südlichsten Spitze auf den Atlantik trifft. Ihre insgesamt 24 Strände sind meist grobkörnig oder aus Kieselsteinen. Und dass sich an der Costa del Sol schon immer die internationale Schickeria einfand, erkennt man an den zahlreichen Jachthäfen. Diese sonnige Region punktet außerdem mit einem interessanten Hinterland. Gut beschilderte Wanderwege führen durch die Berge der Naturparks, in den Städten geht es auf Entdeckungstour zu historischen Festungen, Kirchen und Palästen.

Östlich von Marbella liegt die Playa Cabopino, ein FKK-Strand.

Spanien

MÁLAGA

NERJA

ALMERÍA

Málaga ist mit über einer halben Million Einwohnern die zweitgrößte Stadt Andalusiens und ein wichtiger Wirtschaftsstandort. Und – der Hafen ist nach Barcelona der zweitbedeutendste entlang der spanischen Mittelmeerküste. Über ihn wird der Handel mit den landwirtschaftlichen Produkten der Vega, vor allem Wein und Rosinen, abgewickelt. An Sehenswürdigkeiten gibt es in Málaga so manches. Ein Aufstieg zum Gibralfaro, der maurischen Zitadelle mit Leuchtturm, lohnt auf jeden Fall, denn von dort aus bietet sich ein schöner Ausblick auf die sich halbkreisförmig ausbreitende Stadt. Von der Pracht der Alcazaba, die einst immerhin im gleichen Atemzug mit der Alhambra genannt wurde, ist heute leider so gut wie nichts mehr übrig geblieben. Die Kathedrale der Stadt blieb unvollendet: Der Turm-Torso »La Manquíta« (die Fehlende) spricht für sich.

Links: Wer seinen Kaffee auf der Plaza Obispo trinkt, hat einen fantastischen Blick auf die Catedral de la Encarnación mit ihrer barocken Fassade. **Oben:** Blick vom Gibralfaro.

Nerja ist besonders bei englischen Touristen beliebt, das Zentrum der rund 20000-Einwohner-Stadt bietet Boutiquen, Geschäfte, Restaurants und Cafés. Trotz der Hochhäuser am Stadtrand hat Nerja den Charme einer Kleinstadt behalten und zählt zu den angenehmen Tourismusorten an der Costa del Sol. Die Saison dauert von Ostern bis Oktober – wer es ruhig mag, reist am besten außerhalb dieser Monate. Oder man weicht den Touristenströmen einfach großflächig aus und begibt sich hinein in das spanische Alltagsleben sowie auf Spurensuche der Geschichte: In der »Cueva de Nerja« kommen auch höhlenerprobte Besucher ins Staunen: Grünlich-blau schimmern die Stalaktiten und Stalagmiten der Tropfsteinhöhle und formen bizarre Gebilde in den bis zu 60 Meter hohen Sälen und Gewölben.

Mittelpunkt des hübschen Ortes Nerja ist der »Balcón de Europa«, eine weit übers Meer ragende Felsnase, die zu einer begrünten Promenade mit großartigem Ausblick gestaltet ist.

Ihrer Lage am Golf von Almería sowie den reichen Zinnvorkommen im Hinterland verdankt die Stadt ihre Existenz: Phönizier und Griechen gründeten dort einst ihre Kolonien, im Jahr 955 wurde der Hafen mit Schiffswerften ausgebaut. Die außergewöhnliche Lage von Almería (der Name stammt von dem arabischen Wort »al-Mariy-ya«, »Spiegel des Meeres«) in einer herrlichen Bucht veranlasste auch die Römer zum Bleiben. Sie legten den Hafen an. Dort liegt seit alters das Fischerviertel La Chanca mit seinen kleinen bunten Häusern. In der nahen Altstadt laden die vielen kleinen Gassen zu einem Spaziergang ein. Hübsch ist die Plaza Vieja mit ihren Säulengängen und dem Jugendstilgebäude, in dem das Rathaus untergebracht ist. Auch der Kirche San Juan sollte man einen Besuch abstatten; dort sind Reste einer alten Moschee erhalten.

Die Alcazaba thront 100 Meter oberhalb der Stadt auf einem Felsplateau. Die Ausmaße der mittelalterlichen Festung sind gigantisch: 430 Meter lang und etwa 80 Meter breit.

Spanien

PARQUE NATURAL CABO DE GATA-NÍJA

Es sind die klimatischen Bedingungen, die diesen Punkt auf der Landkarte so besonders machen: Es regnet gerade einmal an 25 Tagen im Jahr. Das Reservat besteht aus weitläufigen Salzpfannen und wüstenartigen Sanddünen, Steilküsten aus Vulkangestein und einsamen Buchten. Der besondere Reiz dieser Landschaft liegt in ihrer Einsamkeit und Stille. Kräuter, Zwergpalmen, Feigenkakteen und Agaven arrangieren sich am besten mit der Trockenheit. Der Park ist eines der letzten Refugien der Griechischen Landschildkröte. An der naturbelassenen Küste findet man Höhlen, die nur vom Meer aus zugänglich sind und von Tauchern geschätzt werden. Tausende von Zugvögeln machen hier auf ihrer Reise von oder nach Afrika Station, insgesamt wurden über 150 Arten dokumentiert.

Das Cabo de Gata charakterisieren Bilderbuchstrände und eine zerklüftete, raue Küste aus Vulkangestein. »Riff der Sirenen« werden die spitz aus dem Wasser ragenden Felsen genannt (links).

CARTAGENA

Der Hafen ist einer der wichtigsten Flottenstützpunkte der spanischen Mittelmeerküste und einer der größten Industriehäfen der Region Levante. Im Laufe der Geschichte hat dieser Ort allerdings viele Höhen und Tiefen erlebt, bevor er zu Wohlstand und Stabilität gefunden hat. Die Karthager nannten ihre Gründung 223 v. Chr. Quart Hadas (»Neue Stadt«). Schließlich übernahmen sie die Römer und nannten sie Carthago Nova. Ein Besuch der eher modern wirkenden Stadt Cartagena beginnt am besten im weitläufigen Parque Torres, wo man sich vor dem Aufstieg zum Castillo de la Concepción noch einmal ausruhen kann. Von der Festung hoch oben hat man den besten Ausblick auf die Stadt und den Hafen. In den eindrucksvollen Hafenanlagen kann man das erste U-Boot der Geschichte besichtigen, gebaut vom Ingenieur Isaac Peral im Jahr 1888. Sehenswert ist aber auch das Nationalmuseum zur Meeresarchäologie.

Cartagena besitzt einige sehr schöne Jugendstilhäuser, die teilweise ganze Straßenzüge prägen.

Spanien

LAGUNAS DE LA MATA Y TORREVIEJA

Zwischen Guardamar del Segura und Torrevieja verläuft eine Sprachgrenze: Richtung Norden wird katalanisch gesprochen, während Torrevieja bereits zum südlich anschließenden, spanischen (kastilischen) Sprachraum gehört. Die mit 83 000 Einwohnern relativ große Stadt lebt im Gegensatz zu anderen Küstenorten der Costa Blanca nicht ausschließlich vom Tourismus, sondern auch von der Salzgewinnung in den angrenzenden, riesigen Salinen. Die Bebauung von Torrevieja reicht bis unmittelbar an die Küste, die hier klippenreich als flache Halbinsel ins Meer ragt und durch viele Buchten gegliedert ist. Im Norden der Stadt wartet der Naturpark Las Lagunas de la Mata y Torrevieja, der um die beiden großen Salzseen eingerichtet wurde. Die Vegetation hier ist spärlich, dafür bevölkert eine Vielzahl an farbenfrohen Flamingos die Seen.

Der Himmel zieht sich wie ein brennender Feuersturm über den Lagunas Nachtruhe zurück. Die Salzlagunen bilden ein einzigartiges Biotop für Kleintiere und leuchten selbst meist rosarot.

Spanien

ALICANTE TARRAGONA SITGES

Der helle Himmel, den selten eine Wolke trübt, und das milde Klima der Hauptstadt der Costa Blanca haben die Griechen sicherlich einst zur Gründung an genau dieser Stelle bewogen. Sie gaben ihrer Siedlung den Namen Akra Leuka (»weiße Zitadelle«). Die Römer nannten den Ort Lucentum (»Lichtstadt«). Die Hafenstadt hat sich zu einem wichtigen Seebad entwickelt. Einen Rundgang beginnt man am besten an der Strandpromenade, der Explanada de España, die mit farbigem Marmor gepflastert ist und von hohen Palmen gesäumt wird. Besuchenswert sind die Kathedrale San Nicolás, die Kirche Santa María, die Casa de la Asegurada mit einer beachtlichen Sammlung moderner spanischer Malerei sowie das barocke Rathaus. Der Rundgang endet dann an der Festung Santa Bárbara, die die Karthager im 3. Jahrhundert v. Chr. auf dem Gipfel der Anhöhe Benacantil anlegten.

Oben: Herrschaftlich thront die Burg Santa Barbara auf dem Berg Benacantil über der Stadt Alicante. Links: Gasse in der Altstadt.

Tarragona, an der Costa Dorada gelegen, ist eine Hafenstadt im Süden Kataloniens mit etwa 131 000 Einwohnern. Die Überreste der alten römischen Provinzstadt Tárraco im heutigen Tarragona gelten als Weltkulturerbe. Sie ergeben das Bild einer lebendigen Verwaltungs- und Handelsmetropole, die einst Ausgangspunkt der Romanisierung der Iberischen Halbinsel war. Aus der Zeit der Gründung durch die Scipionen stammen die Reste der einst 3,5 Kilometer langen Befestigung. Entlang der heute noch 1100 Meter langen Stadtmauer verläuft auch der archäologische Rundweg. Die Stadtmauer aus dem 2. Jahrhundert v. Chr. gehört zu den ältesten Bauwerken römischer Zeit, die außerhalb Italiens erhalten sind. Insbesondere der Kaiserkult prägte das Leben in der Stadt Tárraco. So stand an der Stelle der gotischen Kathedrale der Augustus- und Jupitertempel, dessen Überreste im Archäologischen Museum an der Plaça del Rei zu sehen sind.

In Tarragonas Stadtzentrum findet man überall Bauten aus römischer Zeit.

Die Römer nannten die Stadt Subur. Der katalanische Name bedeutet »Silos«, weil in Sitges die Getreideernte der ganzen Region gelagert wurde. Im Mittelalter stand hier zum Schutz vor Piraten ein befestigter Wachturm; drumherum wuchs dann ein bescheidener Fischerort heran, der sich erst sehr viel später in den quirligen Ferienort von heute verwandelt hat. Seitdem der Künstler Santiago Rusiñol (1861 bis 1931), einer der bedeutendsten Vertreter des Modernisme und Zeitgenosse Picassos, 1891 das Fischerdorf für sich entdeckte, wurde Sitges zum Treffpunkt der künstlerischen Avantgarde. Von der auf einem Felsen liegenden Kirche Sant Bartomeu i Santa Tecla hat man einen herrlichen Blick über die Stadt und ihre Sandstrände. Prachtvolle Häuser im Kolonialstil, erbaut von den Heimkehrern aus den amerikanischen Kolonien, zeugen vom frühen Reichtum des Städtchens an der Costa del Garraf.

Die »Dona Mediterrània« von Lluïsa Granero ist eine Hommage an die Frauen des Mittelmeers und steht an der Avenida Balmins.

Spanien

VALENCIA

Die Hauptstadt der gleichnamigen autonomen Region liegt am Río Turia und zählt zu den bedeutendsten Hafenstädten am Mittelmeer. Valencia ist eine der wenigen großen spanischen Städte, in denen sich die Spuren der Vergangenheit, beginnend mit den Römern, harmonisch mit avantgardistischen Bauten treffen. 1096 wurde die Stadt durch den spanischen Nationalhelden El Cid den Mauren entrissen. Im 15. Jahrhundert entwickelte sie sich zu einer starken Handelsmacht. Die zwischen 1482 und 1533 erbaute Seidenbörse »La Lonja de la Seda« wurde ein internationales Zentrum der Seiden- und Textilhändler. Doch 1609 markierte die Vertreibung der konvertierten Mauren *(moriscos)* den Beginn eines wirtschaftlichen Niedergangs, der erst im letzten Jahrhundert aufgeholt werden konnte. Heute ist Valencia eine lebendige und heitere Stadt mit mediterranem Charme, wo man ausgelassene Feste wie die »Fallas« feiert.

Das Wahrzeichen von Spaniens drittgrößter Stadt ist der achteckige Glockenturm der Kathedrale (1252–1482), der Torre del Miguelete. Im Kapitelsaal wird der bedeutendste Schatz präsentiert: ein Achatkelch, von dem die Legende behauptet, es handle sich um den Heiligen Gral.

Spanien

In der Nähe hat die Regionalregierung ihren Sitz im Palau de la Generalitat (15. Jahrhundert). Valencias Altstadt wartet mit verschiedenen architektonischen Zeugnissen aus allen Epochen seiner wechselvollen Geschichte auf. Angefangen bei den Ruinen der römischen Siedlung, die heute zusammen mit Fundstücken aus maurischer Zeit im sehenswerten archäologischen Museo de la Almoina ausgestellt sind; über gotische Kirchen und barocke Paläste bis hin zu der im Stil des katalanischen Modernisme errichteten Halle des Mercado Central – all diese Bauten machen Valencia zu einem Juwel unter Europas Städten.

Vom Torres de Quart führt gegenüber eine Ringstraße zum ehemaligen Ufer des Turia, wo sich das Museo de Bellas Artes, die Gärten Jardines del Real und die Türme Torres de Serranos befinden. Letztere stammen aus dem 14. Jahrhundert; heute dienen sie als Meeresmuseum.

Doch die Stadt beeindruckt nicht nur durch prachtvolle historische Gebäude, sondern hat in jüngster Zeit durch spektakuläre futuristische Bauten wie Norman Fosters Palacio de Congresos oder die Ciudad de las Artes y las Ciencias des heimischen Architekten Santiago Calatrava auf sich aufmerksam gemacht. Im alten Flussbett erhebt sich die glänzende Kuppel dieser »Stadt der Künste und Wissenschaften«. Die Ciudad umfasst ein Planetarium mit IMAX-Kino, ein Wissenschaftsmuseum, eine Oper sowie mit dem Oceanogràfic das größte Aquarium des Kontinents.

Bilder links: Hoch ragt der El Micalet genannte Glockenturm der Kathedrale in der Altstadt von Valencia auf. Seit 1996 steht die Seidenbörse als einer der bedeutendsten spätgotischen Profanbauten auf der Weltkulturerbeliste. Rechts: Altstadtgasse.

Spanien

BARCELONA

Barcelona ist eine Stadt in ständigem Aufbruch, eine »Stadt der Wunder«, wie sie der Schriftsteller Eduardo Mendoza einst genannt hat, in deren ehrwürdigen Gebäuden und Palästen sich die Geschichte der Hauptstadt Kataloniens festgeschrieben hat. Barcelona hat viele Gesichter: Quirliges kosmopolitisches Flair verbindet sich hier mit den Traditionen der Stadt, postmoderne Architektur findet sich neben den Jugendstilbauten der katalanischen Meister des Modernisme. Die Vielfalt Barcelonas reicht von den römischen Ruinen über die Gassen und geschichtsträchtigen Orte der Blütezeit der Stadt im Mittelalter bis zu den Bauten Antoni Gaudís in der Stadterweiterung Eixample oder zu den Stätten der beiden Weltausstellungen und der Olympischen Spiele im Jahr 1992, die Barcelona den Anschluss an die Metropolen der Welt brachten. All dies findet man eingebettet in die bezaubernd lebendige Atmosphäre der Hafenstadt, in der sich Menschen verschiedenster Provenienz zusammengefunden haben. Schon seit geraumer Zeit haben die jungen Kreativen die Stadt erobert: Innovative spanische Designer,

Modemacher und Künstler haben sich hier niedergelassen, die ihre Läden, Boutiquen und Ateliers in den ehemaligen Fischer- und Arbeitervierteln wie El Raval oder El Born präsentieren. Der Architekt Antoni Gaudí, einer der herausragenden Vertreter des Modernisme, der katalanischen Variante des Jugendstils, schuf Prachtbauten wie die Sagrada Familia, eine 1882 ursprünglich im neukatalanischen Stil entworfene Kirche, die bis heute nicht vollendet wurde. In den Bauwerken Gaudís dominieren Ornamentierungen und organische Formensprache: Die Casa Milà (1905–1911) ist ein mehrstöckiges Wohnhaus, in dessen bizarrer Gestaltung Architektur und Skulptur kaum zu unterscheiden sind, die Casa Batlló (1904 bis 1906), ein grandioser Stadtpalast, dessen Dach Gaudí als Drachen formte und mit Mosaikkaminen schmückte. Gaudís im Auftrag des Industriellen Eusebi Güell als kleine Gartenstadt konzipierter, in den Jahren 1900 bis 1914 entstandener Parc Güell wirkt wie ganz natürlich gewachsen.

Bildleiste von oben: Zukunftsweisend: Torre Agbar von Jean Nouvel (2004); mit der Fassade der Casa Batlló ist Gaudí das Meisterwerk gelungen, die Legende des heiligen Georg in Architektur zu übersetzen; von der Kolumbussäule bietet sich ein fantastischer Blick über den alten Hafen und die moderne Rambla del Mar; Blick in den Innenhof des Plaça Reial. **Oben:** Das jüdische Viertel, El Call, ist Teil des Barri Gòtic. **Rechts:** Wie eine Planstadt wirkt der Stadtteil Eixample mit der berühmtesten unvollendeten Kirche der Welt: Gaudís Sagrada Família.

Spanien

Barcelona

SAGRADA FAMÍLIA

Gründe gibt es genug, warum ausgerechnet ein noch unvollendeter Kirchenbau eine der meistbesuchten Sehenswürdigkeiten Spaniens ist: An erster Stelle steht sicher die Innovationskraft, mit der hier der neogotische Formenkanon weitergedacht wurde. Die Kirche Sagrada Família ist das Lebenswerk des Architekten Antoni Gaudí (1852–1926). Im Jahr 1883 übernahm er die Planung, ohne dass das Riesenbauwerk mit den 18 vorgesehenen spindelförmigen Türmen bislang fertiggestellt werden konnte. Bei seinem Tod waren die Krypta, der Chor und die Weihnachtsfassade mit einem ihrer Türme vollendet. Der Weiterbau verzögerte sich durch Geldmangel. Im Bürgerkrieg zerstörten Anarchisten die meisten der Pläne Gaudís und die Modelle. Heute wird vor allem an der Hauptfassade gearbeitet.

Eine besondere Spielart des Jugendstils verkörpert die Kirche. Links: Durch das Licht, das durch die 2010 fertiggestellten Glasfenster fällt, erscheint der Innenraum hell und farbig.

Spanien

Barcelona
PALAU MUSICA CATALANA

Der zum Weltkulturerbe zählende Musikpalast ist eines der schönsten Beispiele des Modernisme und des katalanischen Nationalstolzes. Er wurde 1905–1908 durch Lluís Domènech i Montaner für die Chorvereinigung Orfeó Català errichtet, die den Bau bis heute besitzt. Mittlerweile wird aber nicht nur Chor-, sondern auch Instrumentalmusik aufgeführt. Sogar Rock- und Popkonzerte kann man hier besuchen. Die reiche Fassade des Gebäudes schmücken allegorische Mosaikbilder, Keramiken und Büsten berühmter Komponisten. Auch Johann Sebastian Bach, Ludwig van Beethoven und Richard Wagner finden sich darunter. Im Innern thront über dem Auditorium mit seinen Glaswänden, üppigen Ornamenten und Skulpturen eine strahlende Lichtkuppel nach Art des Jugendstils. Die Orgel aus dem Jahr 1908 stammt aus Deutschland von Eberhard Friedrich Walcker aus Ludwigsburg.

Farben- und Formenvielfalt findet man nicht nur im Konzertsaal selbst, sondern auch an der Fassade oder den Gewölben.

Barcelona
PARC GÜELL

Bunt und einladend wirkt der ab 1900 im Rahmen einer Gartenstadt angelegte Park. Gaudí sollte im Auftrag von Eusebi Güell eine geschlossene Wohnsiedlung für Wohlhabende zusammen mit einem Park nach dem Muster englischer Gartenstädte errichten. Ausgeführt wurden nur der Park und die Mauer mit bewachten Eingängen. Von den 60 Parzellen Baugrund konnten jedoch nur zwei verkauft werden, eine davon erwarb Gaudí selbst. Das Leben in einem Getto für die Reichen war damals wohl nicht so attraktiv. Gaudí, der durch Josep Maria Jujol unterstützt wurde, bewies nicht nur hier, dass er auch ein großartiger Landschaftsgestalter war. Architektur und Natur befinden sich in Einklang wie selten in der späteren Baukunst. Zwei Pförtnerhäuschen, eine sich um den Park windende Mauer, Säulen und mosaikgeschmückte Bänke verwandeln den Hang in eine Märchenwelt.

Gaudí verband im Parc Güell den Mudejarstil mit einer eigenwilligen Vielfalt aus Farbe und Ornamenten.

Barcelona
BARRI GÒTIC

Das Barri Gòtic ist das Herz des mittelalterlichen Barcelona und besteht aus verschiedenen Bezirken, darunter das alte jüdische Viertel, das im Mittelalter durch Mauern abgetrennt war. Im historischen Stadtkern auf dem Berg Taber findet man heute noch die Überreste aus römischer Zeit: vier korinthische Säulen des Tempels César Augusto. Viele Baudenkmäler stammen aus dem 14. und 15. Jahrhundert. Mit seinen schmalen, in verwinkelte Plätze mündenden Gassen hat das Barri Gòtic sein besonderes Flair über die Jahrhunderte bewahrt. Im Mittelpunkt erhebt sich die Kathedrale (1298–1448) mit den sie umgebenden Gebäuden, darunter die Basílica Santa Maria del Mar (1329–1383) und der Palau de la Generalitat auf der Plaça de Sant Jaume. An der Plaça de la Mercè liegt die Basilika, die der Schutzpatronin Barcelonas Nostra Senyora de la Mercè gewidmet ist.

Mit Ruinen aus der Römerzeit, mittelalterlichen Gassen und der hoch aufragenden Kathedrale La Seu bildet das »Gotische Viertel« den ältesten Teil Barcelonas.

Spanien

COSTA BRAVA

Wer bei Costa Brava nur an Bettenburgen und Partyleben denkt, täuscht sich. Die Küstenlinie hat auch viele versteckte Eckchen zu bieten. Fischerei und Korkindustrie prägten bis zur Mitte des 20. Jahrhunderts den Norden Kataloniens. Bald wurde jedoch der Tourismus zum wichtigsten Wirtschaftszweig der Region. Vor allem Küstenorte wie Lloret de Mar entwickelten sich zu beliebten Zielen für Pauschalurlauber, punkteten mit ihren Sandstränden und pulsierendem Nachtleben. Andere Siedlungen am Meeressaum indes bewahrten ihren historischen Charme, Tossa de Mar etwa oder Calella de Palafrugell, wo Rückkehrer aus Kuba für Wohlstand sorgten und man auf dem Wanderweg Cami de Ronda aussichtsreich nach Süden gelangt. Malerisch im Sinne des Wortes ist auch noch heute Cadaquès, das französische Künstler wie Henri Matisse ebenso begeisterte wie den belgischen Surrealisten René Magritte.

Strand und Felsen bei Lloret de Mar – je weiter südlich die Reise geht, desto lieblicher werden die Küsten.

Spanien

MALLORCA

Mallorca ist die größte Insel der Balearen und vielleicht die schönste des gesamten Mittelmeeres. Kilometerlange weiße Sandstrände, das türkisblaue Meer, die spektakulären Felsformationen der Serra de Tramuntana, das noch größtenteils bäuerlich geprägte Innere der Insel mit kleinen verträumten Dörfern wie Fornalutx oder Alaró und die quicklebendige Atmosphäre der Hauptstadt Palma machen die Insel mit ihrem milden mediterranen Klima für Besucher so attraktiv. Ist man neugierig genug und verlässt die Hochburgen des Tourismus, kann man überall das echte Mallorca entdecken: in den verborgenen kleinen Felsenbuchten mit ihren Fischerhütten oder auf den Bauernmärkten der Bergdörfer. Ob die Kathedrale La Seu, die Gärten von Alfàbia oder Kap Formentor: Die Insel hat zahlreiche Attraktionen. Und immer bleibt noch genügend Zeit für einen Tallat oder ein paar Tapas.

Am östlichsten Zipfel der Halbinsel Formentor thront der gleichnamige Leuchtturm auf einer aussichtsreichen Kuppe.

Spanien

Mallorca

PALMA

Palma, die glänzende Perle des Mittelmeers, hat viele Gesichter: die quirlige Großstadt, die selten schläft, mit angesagten Diskotheken, hervorragenden Restaurants, eleganten und hippen Boutiquen. Die Altstadt mit tropisch-floralen Jugendstilfassaden und restaurierten Adelspalästen, in deren Innenhöfen die Zeit stehen zu bleiben scheint, mit der Kathedrale Sa Seu, die sie wie eine Glucke bewacht. Die Stadt der Kunst mit großzügigen Museen und Namen wie Miró, Dalí, Tàpies, Saura oder Barceló. Und nicht zuletzt kilometerlange Strände und unzählige Bars, Cafés und Restaurants in jeder Preisklasse. Mit ihren verwinkelten Gassen, einigen prächtigen Kirchen, den vornehmen Stadtpalästen und der alles überragenden Kathedrale ist Palma zweifelsohne eine reizvolle Stadt.

Bildleiste: Wuchtig und gleichzeitig filigran thront Sa Seu neben dem Königspalast von Palma; Blick in einen Patio in der Altstadt von Palma; eine elegante Allee ist der Passeig del Born, eine der besten Einkaufsadressen der Stadt.

Mallorca
DEIÀ

Mallorca
SANTANYÍ

Mallorca
SÓLLER

Der Maler Santiago Rusiñol beklagte 1921, dass nach Deià so viele seltsame Menschen kommen, »...dass uns die arme Insel wie ein Versuchsfeld der Abnormitäten der Welt erscheint«. Die wildromantische Tramuntana-Küste mit Felsen, knorrigen Bäumen und tiefblauem Meer lockte zuerst die Maler an diesen Ort. Später kamen Schriftsteller, Schauspieler und Musiker wie Ava Gardner, Gabriel García Márquez, Anthony Burgess und Peter Ustinov. »Erfunden« hat das Künstlerdorf Deià der Schriftsteller Robert Graves (1895–1985), der hinter der Kirche, auf dem wohl schönsten Friedhof der Insel, begraben liegt. In den 1970er-Jahren trugen Rockmusiker wie Jimi Hendrix und Eric Clapton zum Mythos von Deià bei. Dann folgte – wie so oft – den Bohèmiens die Schickeria. Kristallklares Wasser und eine romantische Bucht mit Fischerhütten aus Naturstein erwarten einen an der Cala de Deià.

Boutiquen, kleine Galerien und zahlreiche Restaurants fügen sich nahtlos in das ländliche Flair der pastellfarbenen Natursteinhäuser Deiàs.

Am Städtchen Santanyí, das den Namen des heiligen Lammes (Santi Annini) trägt, sind die Wogen des Tourismus ebenso vorbeigeschwappt wie die Piratenüberfälle zwischen dem 14. und 16. Jahrhundert. Die Stadt hatte sich gerüstet, wie schlagkräftig, lässt sich noch heute an der Porta Murada sehen, dem Rest der Stadtbefestigung. Dazu gehörten auch die Wachtürme an der Küste, in der Cala Santanyí, in Cala Figuera, Porto Petro und bei Cala d'Or. Die alten Häuser strahlen im warmen Goldton des Sandsteins von Santanyí, der in den Steinbrüchen der Umgebung gebrochen wird. Die ersten Hotels an der Cala Santanyí entstanden in den 1960er-Jahren. Heute ist die Badebucht vor allem bei Familien mit Kindern beliebt. Die kleine Bucht Cala s'Amonia ist mit ihrem kristallklaren Wasser ein idealer Platz zum Schwimmen und Tauchen.

Cala d'Or, »goldene Bucht«, ist der Sammelbegriff für eine Vielzahl kleiner Strände in der Gemeinde Santanyí. Vor der Cala Santanyi steht der Felsbogen Es Pontàs, er wird auch als das »Tor zum Meer« bezeichnet.

Die Berge, die das Tal von Sóller vom Rest der Insel abschirmen, könnten auch ein Alpendorf einrahmen. Der Ort ist in den S'Hort de Sóller eingebettet – eine wasserreiche mediterrane Gartenlandschaft. Der von den Mauren übernommene Name Sóller (arabisch »suliar« = goldenes Tal) gibt einen Hinweis auf die Fruchtbarkeit der Gegend. Hier gedeihen Zitrusfrüchte besonders gut und Orangen machten den Ort reich. Im 18. Jahrhundert wurde die Ernte von Sóller zu den südfranzösischen Häfen Toulon und Marseille verschifft und bis nach Deutschland geliefert. In den 60er-Jahren des 19. Jahrhunderts jedoch befielen Schädlinge die Orangen, ruinierten die Plantagenbesitzer und zwangen sie zur Auswanderung. Einige kehrten um die Wende vom 19. zum 20. Jahrhundert vermögend zurück und errichteten ihre Häuser im damals aktuellen Stil des spanischen Modernisme.

Mit dem historischen Ferrocarril gelangt man stilvoll nach Sóller. Die Schmalspurbahn verkehrt seit 1912 und schlängelt sich durch das Tramuntanagebirge.

Spanien

MENORCA

Anders als Mallorca oder Ibiza gilt Menorca als Ort der Ruhe und des gemäßigten Tourismus. Besonders Familien mit Kindern, Naturliebhaber und Kulturinteressierte finden hier, was sie suchen: großzügige Hotels, kilometerlange Sandstrände im Süden, Wandermöglichkeiten im Inselinneren und Relikte der Talayotkultur (etwa 1300–100 v. Chr.), die Menorca ebenso wie Mallorca in vorrömischer Zeit prägte. Auf Menorca (lateinisch »minor« = die Kleinere), der östlichsten und zugleich nördlichsten Insel der Balearen, findet man drei deutlich voneinander unterscheidbare Regionen vor: hügeliges Weideland mit grasenden Kühen, knorrigen Olivenbäumen und vereinzelten weiß gekalkten Bauernhäusern prägt die Inselmitte, während wild zerklüftete Schluchten und kilometerlange Sandstrände den Süden bestimmen.

Oben: Das Stadtbild von Ciutadella, der ehemaligen Hauptstadt Menorcas, wird von der gotischen Kathedrale bestimmt. Links: Die im Südwesten gelegene Cala Macarella ist zweifellos eine der schönsten Buchten.

Spanien

IBIZA

Ibiza

ES VEDRÀ

Auch heute noch ist der Name Ibiza aufs Engste mit der Vorstellung von exzentrischen Partygängern verknüpft. Und tatsächlich befinden sich mit »Pacha« und »Café del Mar« einige der bekanntesten Klubs Europas auf der Insel. Doch Ibiza lässt sich nicht auf seine Nightlifeszene reduzieren. Auf knapp 600 Quadratkilometer Inselfläche treffen Welten aufeinander: Während im bergigen Norden Ibizas Schäfer und Bauern auf den Feldern ihre Arbeit beginnen, nehmen Frühaufsteher in Ibiza-Stadt den ersten Kaffee ein, machen Althippies in ihren Fincas erste Meditationsübungen und schlafen Touristen noch in ihren Hotelbetten. So findet jeder seinen Platz auf der Insel. Die Hauptstadt Ibizas ist eine karthagische Gründung und eine der ältesten mediterranen Metropolen. Verschachtelte weiße Häuserkuben und eine ockerfarbene Festungsmauer rundherum, überragt von der Kathedrale, prägen das Bild.

Links: Dalt Vila ist der Altstadtbereich von Ibiza-Stadt. Oben: Einer der schönsten Orte der Insel ist das kleine Es Cubells.

An der der Südwestspitze der Insel liegt das Cap Jueu: Nach einem kleinen Fußmarsch erreicht man hoch über der Steilküste den Torre del Pirata aus dem 18. Jahrhundert. Von hier schweift der Blick auf die Felseninseln Es Vedrà und Es Vedranell vor Ibizas Südwestküste. Sie gehören zu den markantesten Naturschönheiten der Balearen. Die größere der beiden, Es Vedrà, ragt etwa 380 Meter aus dem Meer, ihre kleinere Schwester ist nur 127 Meter hoch. Um die Insel Es Vedrà ranken sich zahlreiche Mythen und Legenden. So soll sie die Heimat der Sirenen aus der Odysseussage gewesen sein, die mit ihrem Gesang die Seeleute in den Tod stürzten. Auch UFOs sollen hier schon gesichtet worden sein. Bekannt ist die Insel auch wegen ihrer Wildziegenpopulation, die an den fast senkrechten Hängen und in den Höhlen der Insel lebt. Auch eine Kolonie der bedrohten Eleonorenfalken ist hier beheimatet. Im Sommer kann man mit der Fähre zur Insel gelangen.

Eigentlich heißt der »Piratenturm« Torre des Savinar und wurde 1763 errichtet.

Spanien

FORMENTERA

Formentera, die nur etwa 100 Quadratkilometer große Schwesterinsel Ibizas, gilt noch immer als Eiland für jene, die reif für die Insel sind. Die Anziehungskraft für Sensible beruht nicht zuletzt auf ihren einzigartigen Lichteffekten. Die Strände haben den Ruf, zu den schönsten im Mittelmeerraum zu gehören, darunter die von Illetes und Llevant im äußersten Norden, wo auch der schmale Parc Natural de Ses Salines gelegen ist. Im Süden der Insel erstreckt sich sechs Kilometer lang die Platja de Migjorn. Sandige Buchten wechseln sich allerorten ab mit Klippen, Pinienwälder mit Kornfeldern und Weingärten, dazwischen immer wieder einsam stehende Fincas. Der Duft von Rosmarin, Lavendel, Thymian hängt fast überall in der Luft und beflügelt Radfahrer oder Wanderer auf der Strecke von La Savina bis Sant Francesc und von dort über Sant Ferran de ses Roques bis nach El Pilar de la Mola im äußersten Osten der Insel.

Nur wenige Meter vor Formenteras Nordküste erstreckt sich das unbewohnte Inselchen Espalmador mit seinen weißen Stränden.

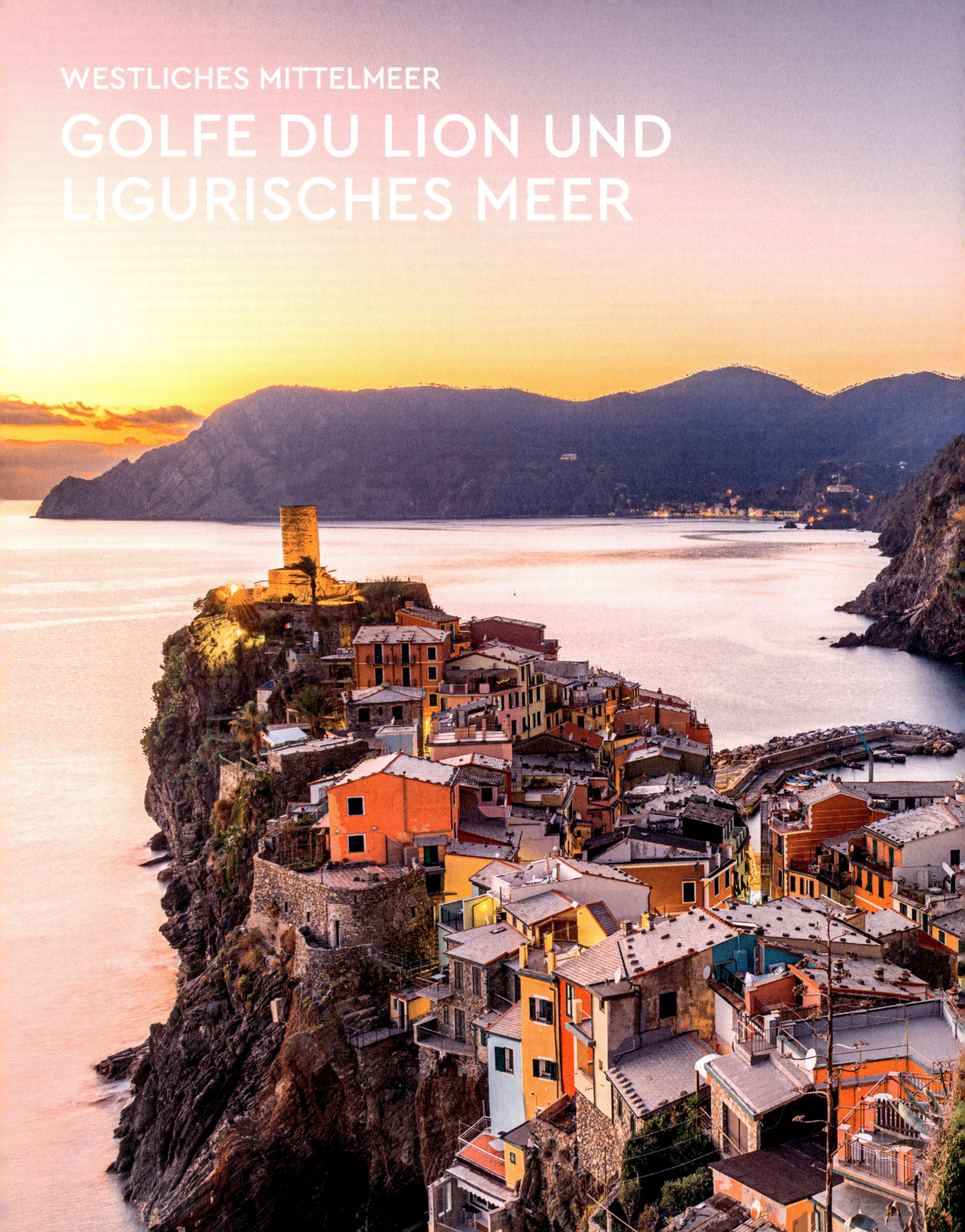

WESTLICHES MITTELMEER
GOLFE DU LION UND LIGURISCHES MEER

Vielfältiger und attraktiver könnten die Küsten des Golfe du Lion kaum sein. Die Côte d'Azur bietet am Südrand der Alpen Landschaften von einmaliger Schönheit. Zwischen Collioure und Menton präsentieren unterschiedlichste Küstenabschnitte dem Besucher die ganze Schönheit des französischen Midi und des Roussillon. Die Provence ist ein Paradies für alle Naturfreunde und Kulturenthusiasten, die Camargue eine ursprüngliche Deltalandschaft. Unmittelbar hinter dem Häusermeer von Monte Carlo locken die Berge der Seealpen, erst hinter Nizza werden sie flacher und geben Berühmtheiten wie Cannes und Antibes Platz zur Ausdehnung. Hinter St.-Tropez drängen die Ausläufer des Massif des Maures erneut gegen die Küste. Platz ist nur für kleine malerische Dörfer, Sandstrände sucht man vergebens. Sie finden sich wieder rund um Hyères und seinen vorgelagerten Inseln.

Nur ein schmaler Küstenstreifen am weiten Bogen des nördlichen Ligurischen Meers und doch eines der bekanntesten Ferienziele Italiens: Das ist Ligurien, das sich von der italienischen Riviera im Westen hinüber zur Steilküste der Cinque Terre zieht. Ein besonderer Zauber liegt über der von Buchten durchbrochenen Felsküste Liguriens, über den malerischen Hafenstädtchen und prunkvollen Villen. Und mittendrin das geschäftige Genua, eine uralte Hafenstadt, in deren Charme sich Halbwelt und Schickeria verbinden.

Die Kirche Santa Margherita d'Antiochia beherrscht die Silhouette des Fischerdorfs Vernazza in den Cinque Terre. Sie stammt aus dem Jahr 1318 und weist als Besonderheit einen nach Osten ausgerichteten Eingang auf.

Frankreich

COLLIOURE

Schon der große Henri Matisse jubelte 1905 angesichts des strahlend blauen Himmels in Collioure: »Ich brauche nur die Fensterläden zu öffnen, und schon habe ich alle Farben des Mittelmeeres bei mir«. Auch André Derain zeigte sich begeistert über die besondere Welt von Licht und Schatten, die ihm das zwischen Meer und Gebirge an den Saum einer natürlichen Bucht geschmiegte Collioure bot. Beide Künstler verfielen in einen Schaffensrausch, ließen das Ziegelrot der Dächer, das Ultramarin des Meeres, das Azur des Himmels, das Rosé, Ocker, Terrakotta der Hausfassaden auf ihren Leinwänden explodieren. Der Kunststil des Fauvismus war geboren. Auch noch in den 1950er-Jahren trug die nächste Generation den Ruf der »Cité des Peintres« weiter. Zwischen Fort Miradou und der Kirche Notre-Dame-des-Anges mit ihrem markanten Glockenturm liegt das Treppengassen-Labyrinth von Le Mouré, dem lebhaften historischen Fischer- und Seefahrerviertel. Auf der Südseite des Naturhafens indes wacht das Château Royal über den Mittelmeerfluten.

Großes Bild: Dienten vielen Bildern der Fauves als Vorlage: die bunten Fassaden und engen Gassen des Mouré-Viertels.

Frankreich

SÈTE

Als »Klein-Venedig des Languedoc« wird der quirlige Mittelmeerhafen oft bezeichnet. Tatsächlich entwickelte sich die Stadt um den Canal Royal, den letzten Abschnitt des historischen Canal du Midi. Fischerei und Handel spielen hier noch immer eine wichtige Rolle. Dank archäologischer Funde im Becken des Thau-Sees lassen sich Sètes Anfänge bis zurück in die Bronzezeit datieren. Aber die eigentliche Geburt des Städtchens verdankt sie Sonnenkönig Ludwig XIV. Er gab den Auftrag, die Landzunge zwischen der Lagune und dem Mittelmeer für die Schifffahrt aufzubrechen. Um den kurzen künstlichen Wasserlauf und den neuen Hafen siedeln sich rasch nicht nur Menschen aus der näheren Umgebung an. Mitte des 19. Jahrhunderts machen sogar Fischer aus der Nähe von Neapel Sète zu ihrer neuen Heimat. Aber da ist das Städtchen schon längst ein blühender Handelshafen vor allem für Wein, Schwefel, Holz, Getreide und Eisen. Der italienische Einfluss ist bis heute zu spüren – nicht nur im Kulinarischen.

Nachdem der Canal Royal fertiggestellt und der königliche Hafen von einem Schüler Vaubans befestigt worden war, entwickelte sich um dieses Ensemble ab dem frühen 18. Jahrhundert das Städtchen Sète. Sechs Brücken überspannen heute den künstlichen Wasserlauf auf seinen rund zwei Kilometern. Bereits 1703 wurde die Kirche Saint-Louis am östlichen Kanalufer geweiht. Heute prägen Kunst und Genuss die historischen Gassen: Die Markthalle und die Restaurants bieten Austern, Muscheln, Tintenfisch oder würzige Pasteten und eine Handvoll Museen erhellt das kulturelle Spektrum der Stadt.

Oben: Auf dem Cadre Royale, dem Kanal-Abschnitt zwischen dem Pont de la Civette und dem Pont de la Savonnerie, fanden schon im 17. Jahrhundert die ersten Joutes, Kampfspiele zweier Bootsmannschaften, statt. Auch heute noch wird diese Tradition fortgeführt.

Frankreich

MONTPELLIER

Kaum eine Stadt in Frankreich wächst derzeit so stark wie Montpellier, deren Einwohnerzahl sich in den letzten 50 Jahren mehr als verdoppelt hat. Begonnen hat dieser Bevölkerungsschub mit einer Flüchtlingswelle aus Algerien, heute ist Montpellier längst hip und trendy. Neue Stadtviertel entstehen ebenso wie innovative Gebäude. Die viertgrößte Universität des Landes lockt junge Menschen, die der 275 000-Einwohner-Stadt ein lebendiges Flair verleihen. Und doch ist bei allem Wachstum der alte Kern der Stadt geblieben – mit der Place de la Comédie, der von breiten Boulevards umschlossen ist, der Kathedrale, dem Triumphbogen, aber auch den alten Türmen, Resten der Stadtmauer oder den Palais und Brunnen. Wer Naturerlebnisse sucht, dem sei der botanische Garten empfohlen. Spannend ist es auch, sich im Kunstmuseum Fabre inspirieren zu lassen.

Links: L'Arbre Blanc, »Weißer Baum«, heißt dieses moderne Gebäude mit Luxuswohnungen. Bodenständiger geht es im Altstadtkern zu (oben).

SAINTES-MARIES-DE-LA-MER

Trutzig wie eine kleine Burg liegt die Kirche am Hafen von Saintes-Maries-de-la-Mer, befestigt von starken Mauern. Im Inneren birgt sie eine der wichtigsten Heiligenfiguren der Sinti und Roma: Die Schwarze Sara wird jedes Jahr in einem berühmten Fest verehrt. Doch auch jenseits der Kirche hat die Hauptstadt der Camargue einiges zu bieten. Lebten die Menschen dort vor 40 Jahren noch zumeist vom Fischfang, ist heute der Tourismus die Einnahmequelle Nummer eins. Zu schön ist die wilde Natur der Camargue, die die Stadt umgibt. Wer in der Stadt bleibt, der findet viele kleine Cafés und Restaurants, in denen er sich nach Spaziergängen oder Wanderungen durch das Rhônedelta deftig stärken kann. Übrigens ist auch diese Stadt, wie das benachbarte Arles, von Vincent van Gogh verewigt worden, sein »Fischerboote«-Gemälde entstand am Strand der Stadt.

Saintes-Maries-de-la-Mer verzaubert durch eine mystische Atmosphäre, die durch die Legende der heiligen Sara und ihrer Verbindung zur Roma-Kultur entsteht.

24./25. MAI: PROZESSION DER GITANS

Ende Mai treffen sich Sinti und Roma aus ganz Europa in Saintes-Maries-de-la-Mer, um ihre Heilige zu feiern. Dann

wird die Statue der Schwarzen Sara mit hübsch verzierten Umhängen geschmückt und in einer großen Prozession ans Meer getragen, wo sie, beschützt von einer Reiterstafette, einmal kurz das Wasser berührt und dann wieder zurück in die Kirche kommt. Diese Zeremonie soll daran erinnern, dass einst die heilige Sara, eine Dienerin Marias, aus Ägypten nach Südfrankreich kam. Ob die dunkelhäutige Schutzpatronin der Gitans tatsächlich genau hier anlandete, lässt sich heute nicht mehr feststellen. Fakt aber ist, dass in dieser Gegend die Christianisierung des Landes angefangen hat. Die Prozession zu Ehren der heiligen Sara lässt Saintes-Maries-de-la-Mer jedes Jahr zum Treffpunkt von Sinti und Roma aus ganz Europa werden; sie feiern bis spät in die Nacht hinein, oftmals mit Spontankonzerten oder Flamencoeinlagen.

Frankreich

CAMARGUE

Weiße Wildpferde und schwarze Kampfstiere, rosarote Flamingos und regenbogenfarbige Frösche, flache Seen in glitzerndem Blaugrau und ein himmelhoher Horizont in den flimmernden Hitzefarben des mediterranen Südens: Die Camargue ist Frankreichs Urbild wilder Romantik, hundertfach besungen von Musikerfamilien wie den Gipsy Kings oder den Manitas de Plata, die aus dieser urtümlichen Landschaft stammen. Dabei ist sie längst in weiten Teilen ein Werk von Menschenhand.

Das Flussdelta zwischen den beiden Hauptmündungsarmen der Rhône umfasst mit 140 000 Hektar Sumpf-, Wiesen- und Weideland sowie Dünen- und Salzfeldern eines der größten Feuchtgebiete Europas. Die landwirtschaftliche Nutzung – hier zumeist Reisanbau – konzentriert sich auf den nördlichen Teil, im südöstlichen Teil der Camargue wird in den flachen Lagunen Salz gewonnen. Der Süden dagegen ist ein in Europa einzigartiges Naturparadies. Die üppigen Graswiesen des Deltas bieten nicht nur den bekannten Camargue-Pferden und -Stieren eine Heimat, sondern auch den zahlreichen Wasser- und Sumpfvögeln. Die Pferde der Camargue sind eine halbwilde Rasse, die sich schon in den Höhlenmalereien von Solutré findet. Werden sie bereits als Jungtiere an Sattel und Zaumzeug gewöhnt, sind sie ausdauernde Reittiere.

Echte Wildtiere der Camargue sind dagegen die Flamingos: Sie lieben es alkalisch, salzige Seen sind ihre Heimat. Dabei verfügen sie über etwas ganz Einzigartiges in der Vogelwelt, das ihnen bei der Nahrungsaufnahme hilft: Ihren großen Schnabel benutzen sie wie eine Suppenkelle, um Wasser aus dem See zu schöpfen. Obwohl es in Europa auch an anderen Orten Flamingos gibt, kann sich die Camargue zu Recht das Zentrum der Flamingos nennen

Oben: Das rosafarbene Gefieder der Flamingos ist eine Folge ihrer bevorzugten Speisen: Krebse und Algen. Bilder rechts: Eine einzigartige Pferderasse: Nirgendwo sonst auf der Welt gibt es Camargue-Pferde. Sie leben in freier Wildbahn, doch sie sind gar keine echten Wildpferde. Auch die einst wilden Stiere tragen längst alle Brandzeichen.

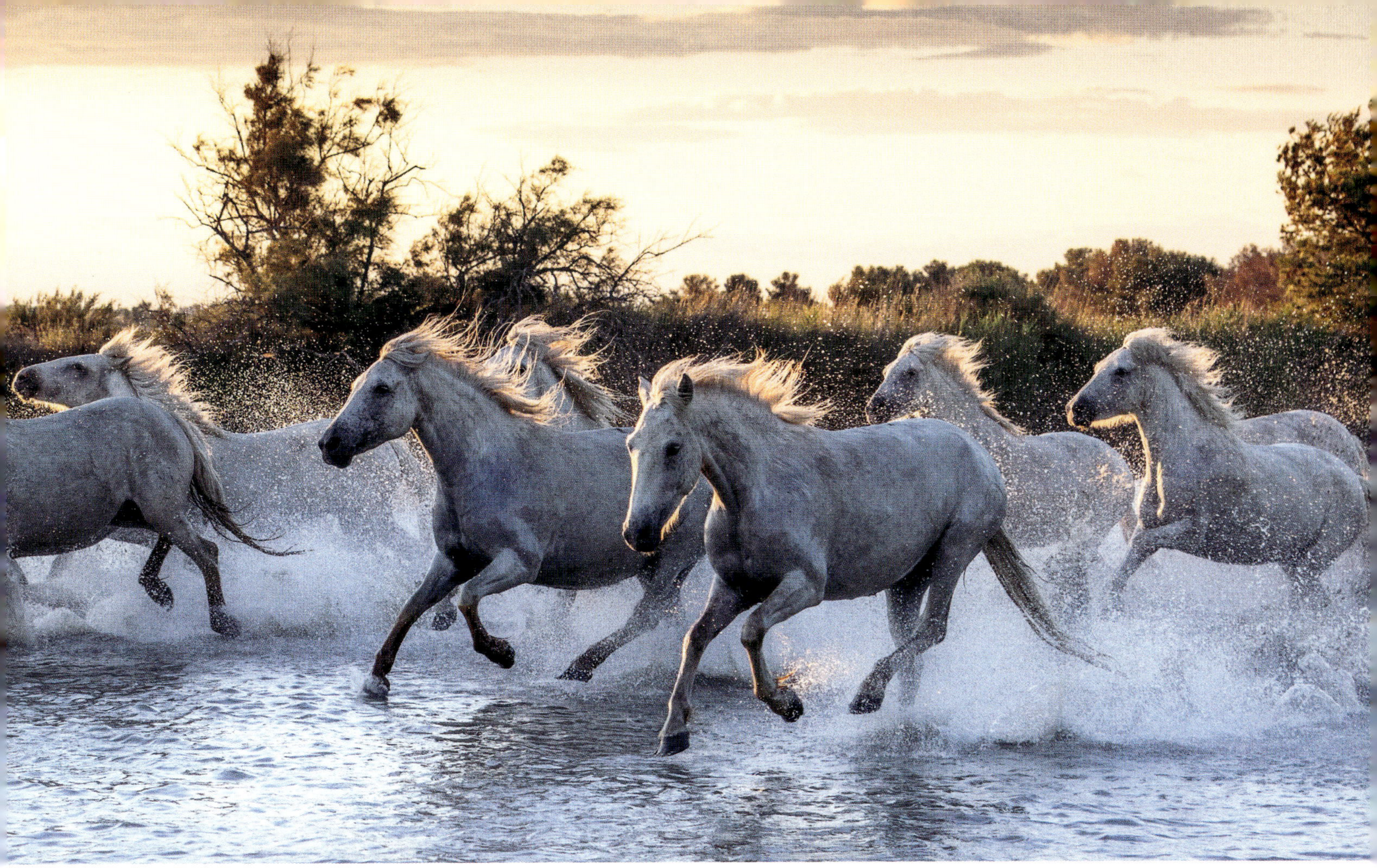

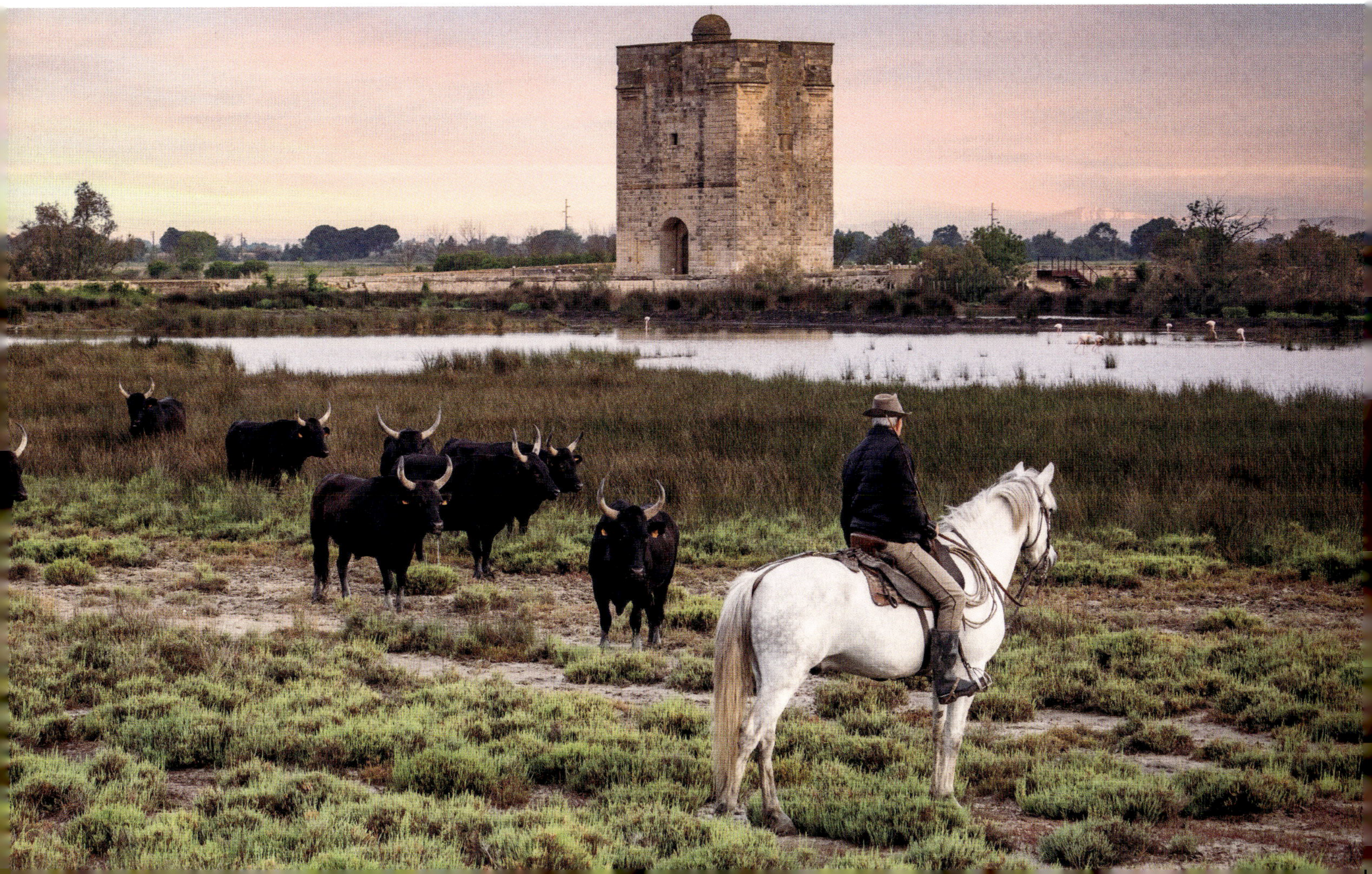

Frankreich

TÖPFER-HANDWERK

Schwerer Tonboden, viel Wasser und Holz für die Brennöfen – die Voraussetzungen für das Töpferhandwerk waren in der Provence ideal. Schon die Römer haben diese Handwerkskunst hier genutzt, wie Ausgrabungen zeigen. Ein bekannter Orte ist vor allem Aubagne, in der Stadt werden sowohl Geschirr als auch Figuren für Weihnachtskrippen getöpfert. Heute hat das Handwerk viele Formen angenommen. Bekannt und als Souvenir sehr beliebt sind beispielsweise die terrakottafarbenen Teller und Schüsseln mit ihren bunten Motiven auf dem Boden. Auch in Dieulefit oder Moustiers ist die Töpferkunst sehr verbreitet. Zentrum der Töpferei ist bis heute zudem Saint Quentin la Poterie; dort wird alle zwei Jahre sogar ein großes Festival der Töpferkunst mit vielen Ausstellungen mit Mitmach-Aktionen gefeiert. Das Festival findet immer in geraden Jahren statt.

Souvenirläden wie diese in Les Baux-de-Provence (rechts) oder Valensole (oben) verkaufen unter anderem auch Töpferware.

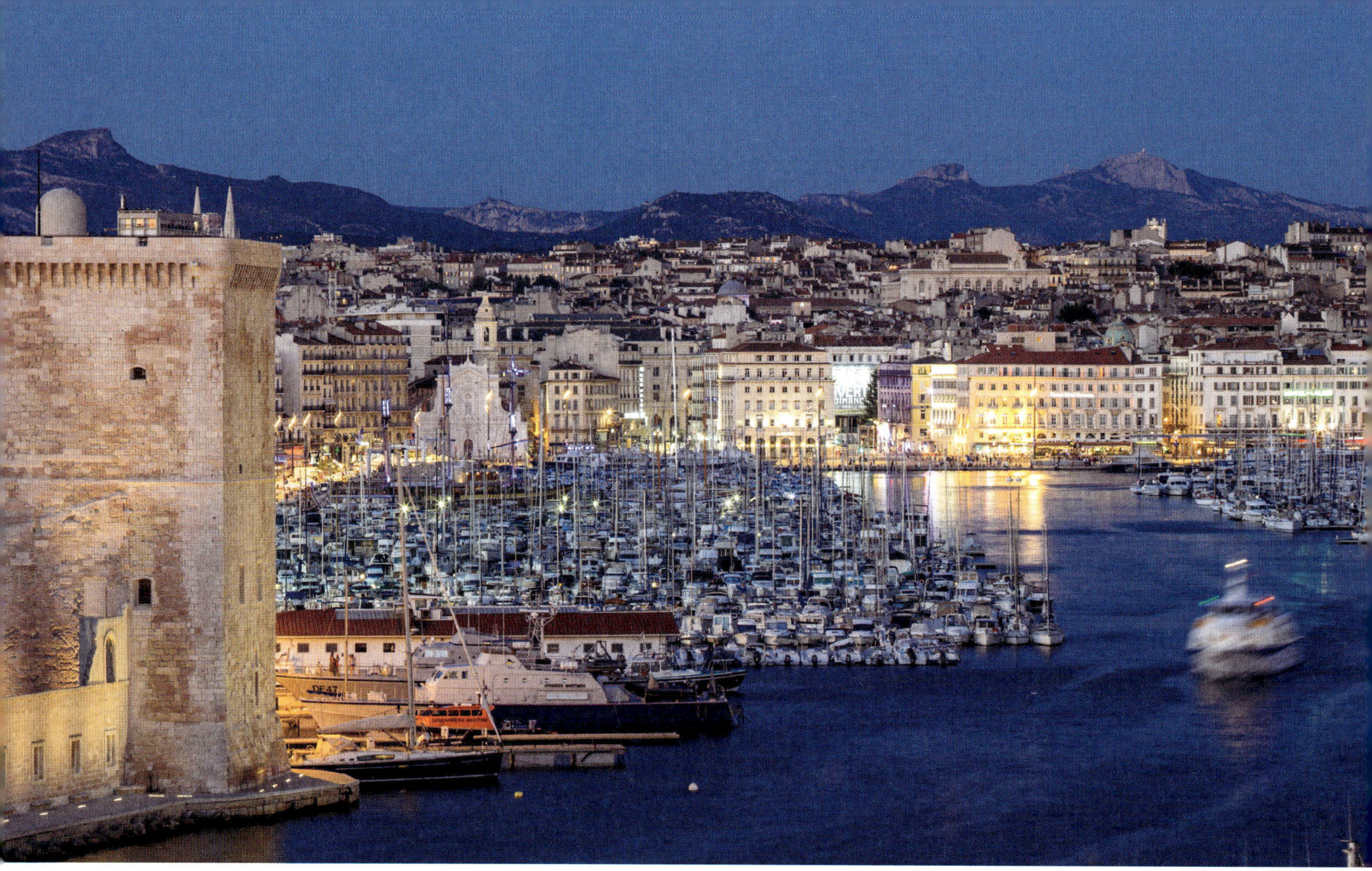

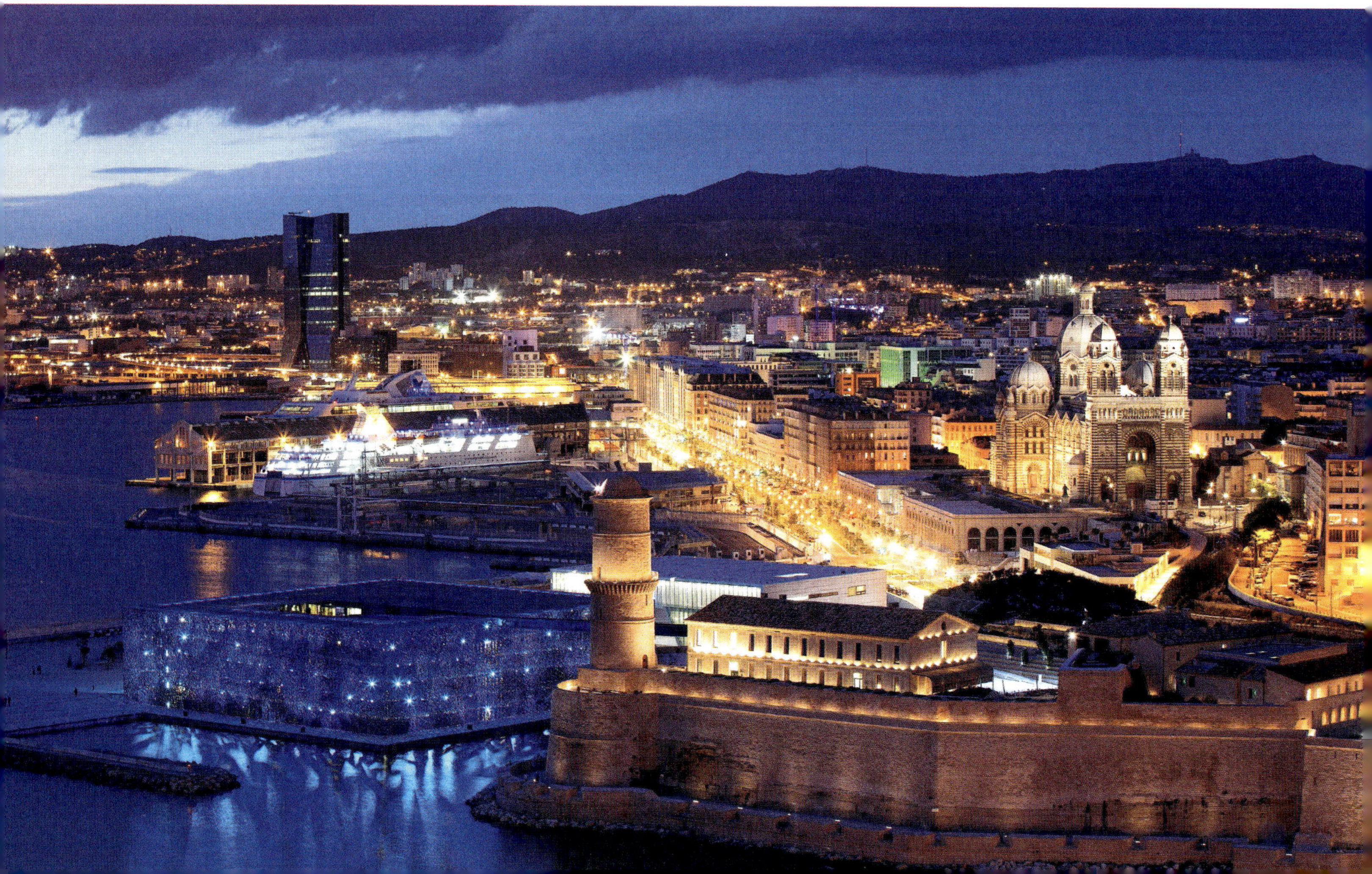

Frankreich

MARSEILLE

Von der Basilika Notre-Dame de la Garde – erhaben auf einem 154 Meter hohen Kalkfelsen als Wahrzeichen der Stadt – hat man einen fantastischen Blick auf die Hafenstadt Marseille, auf das leuchtende Häusermeer, den Vieux Port und die umliegenden Berge sowie zur linken Seite auf die Frioul-Inseln. Die Stadt wurde um 600 v. Chr. von den Phokern gegründet. Um ca. 125 v. Chr. ging das griechische Massalia an die Römer über. Von Karl von Anjou 1252 unterworfen, wurde Marseille 1481 wie die übrige Provence mit Frankreich vereinigt. Angesiedelt zwischen Okzident und Orient, ist Marseille die älteste Stadt Frankreichs – und die zweitgrößte.

Vieux Port, der alte Hafen, mit seinen Jachten und Fischerbooten ist der zentrale Besuchermagnet von Marseilles. Hier landeten einst die Griechen mit Ruderschiffen, fuhren Kreuzfahrerkoggen und mit Spezereien beladene Karavellen ein. Rings um den Hafen finden sich heute Cafés und Restaurants, in denen man Fischspezialitäten wie die legendäre Bouillabaisse probieren kann.

Ein sichtbares Zeichen der Stadt für Seeleute, aber auch für die Einwohner, sollte die Kathedrale von Marseille sein, als sie 1852 erbaut wurde. Vier Jahrzehnte lang bauten die Arbeiter an dem Gotteshaus. So ist sie fast ebenso groß wie der Petersdom in Rom und bietet 3000 Menschen Platz. Allein die Kuppel ist 70 Meter hoch — und prächtig mit Steinlagen und Ornamenten verziert. Zwischen der Kathedrale und dem alten Fort steht ein modernes kubistisches Gebäude, vollverglast und mit einem Muster aus Beton verziert, das wie geklöppelte Spitze wirkt: Der 2013 geschaffene Bau des MuCEM ist etwas Außergewöhnliches: das erste Museum, das sich den Kulturen des Mittelmeerraumes verschrieben hat – eine bislang einmalige Einrichtung. Auf einem Hügel nördlich des alten Hafens liegt das Viertel Le Panier mit seinen verwinkelten, steilen Gässchen und Treppchen – das älteste Viertel Marseilles, in dem einst Fischer und Matrosen lebten. Heute wurden viele der verfallenden Altbauten renoviert, ins Erdgeschoss zogen schicke Geschäfte und Galerien ein. Die beim alten Hafen beginnende weltbekannte Canebière aus dem 17. Jahrhundert ist die Hauptlebensader Marseilles und eine der prächtigsten Straßen der Stadt. Beiderseits schmücken mächtige Fassaden sowie Prunkbauten die Straßen und noblen Querstraßen, in denen sich im 19. Jahrhundert wohlhabende Händler ansiedelten. Zugleich ist die Canebière aber auch eine junge Modemeile mit vielen Geschäften und dem spritzigen Cours Julien.

Links und oben: Blicke auf Stadt und Hafen. Bilderleiste: Vieux Port, Le Panier, MuCEM, Parc Longchamp, Notre-Dame de la Garde.

Frankreich

CALANQUES

Direkt neben der Hafenstadt Marseille liegt der beinahe exotisch wirkende Nationalpark Calanques. Das türkisblaue Wasser des Mittelmeers brandet hier an hohe, üppig von grünen Pflanzen bewachsene Felsen. Neben knapp 90 Quadratkilometern an Land umfasst der Naturpark auch etwa 430 Quadratkilometer Meeresfläche. Die schroffen Kalksteinfelsen, die nur wenigem Erdreich Platz bieten, aber in direkter Nähe zum Meer liegen, schaffen eine einzigartige Flora und Fauna. Neben seltenen Blumen und Kräutern leben hier auch geschützte Tierarten wie Korallen, Fledermäuse und sogar Delfine. Für Kletterer und Wanderfreunde ist der Park ein Paradies, verschiedene Schwierigkeitsstufen und Aufstiege laden dazu ein, einen Tag in der Natur zu verbringen und die unglaublich schönen Panoramen und Aussichten über diesen Landstrich und das Mittelmeer zu genießen.

Das Naturparadies beeindruckt durch fjordähnliche Buchten, alabasterfarbene Klippen und kristallklares Wasser.

Frankreich

CASSIS

Es wirkt wie die kleine, verträumte Schwester des schnell gewachsenen Saint-Tropez. Farbenfrohe Häuser liegen direkt an einem Hafenbecken und es gibt eine Promenade, auf der immer irgendetwas los ist: Tatsächlich schätzen viele Besucher die Atmosphäre von Cassis, weil es sie an das frühe Saint-Tropez erinnert. Eine Atmosphäre, die schon die britische Schriftstellerin Virginia Woolf begeisterte. Im Hafenviertel von Cassis lässt es sich gemütlich an den vielen Cafés und Restaurants entlangschlendern, es geht unaufgeregt und lässig zu. Die Felsen, die den Ort wie ein Schutzwall umschließen, strahlen Wärme auch in den Wintermonaten ab. Schließlich ist Cassis einer der Orte mit den meisten Sonnenstunden des Landes. Das wirkt sich auch günstig auf den Weinbau aus: Rund um den Ort werden weiße Trauben angebaut und zu Weißweinen gekeltert.

Oben: Das Fischerstädtchen Cassis ist heute noch genauso charmant wie 1950. Rechts: Das Cap Canaille faszinierte schon früh diverse Künstler.

ROUTE DE CRÊTES

La Ciotat ist Ausgangspunkt für eine Fahrt über die 15 Kilometer lange Route des Crêtes nach Cassis. Die »Straße der

Bergkämme« führt über die Steilwände der Montagne de la Canaille und bietet prächtige Ausblicke sowohl auf das Meer als auch auf das Hinterland. Westlich von Cassis steigen die weißen Kalkwände senkrecht aus dem klaren Wasser. Bootsfahrten zu den Wänden werden ab Cassis angeboten. Wer von Cassis aus über die kleine Landstraße D559 direkt nach Marseille fährt, findet links abzweigend schmale Zufahrten zu drei sehenswerten Buchten: Port Miou, Port Pin und En-Vau.

Die Route des Crêtes ist recht schmal, sie zu befahren lohnt sich aber! Von La Ciotat bis Cassis schlängelt sich diese Küstenstraße über die Kämme und Steilwände des Massif de la Canaille. Hinter fast jeder Kurve bietet sie neue Postkartenansichten von Meer und Hinterland. Höhepunkte auf der Strecke sind die Falaise Soubeyrane und das Cap Canaille, die höchsten Klippen Frankreichs.

Frankreich

BANDOL

Ein kleiner Hafen mit hübschen bunten Häusern – das ist Bandol, einer der ältesten Küstenorte in Frankreichs Süden. Massige Felsen und die üppigen Wälder der Umgebung halten den kalten Nordwind so geschickt ab, dass das Klima so mild ist, dass es schon Thomas Mann bei seinen Urlauben verzauberte. Wer hier ist, wandert auf dem Chemin de la Corniche einmal um die Halbinsel und sucht sich die besten Strände aus.

Doch der Ort ist nicht nur wegen seiner pittoresken Silhouette bekannt, sondern vor allem für seine Weine berühmt. Die Weine aus Bandol sind AOC-Lage und für ihr vollmundiges Aroma bekannt. Sie werden aus der Mouvède-Traube gekeltert, die in dieser Region gern angebaut wird. Eine Route des Vins führt zu den Winzern der Region. Und wer schon mal unterwegs ist, sollte sich das Hinterland nicht entgehen lassen: Schöne Dörfer locken in den Bergen, eingebettet zwischen unzähligen Olivenbäumen, Obstbäumen und Weinpflanzungen.

Ganz oben: Allgegenwärtig in Bandol sind die steilen Rebhänge in der unmittelbaren Umgebung, die man schon von der Marina aus erblickt. **Oben:** 300 Meter vor der Küste von Bandol liegt die kleine Insel Bendor. Bis 2021 wurde hier ein Hotel betrieben.

Frankreich

SANARY-SUR-MER

Das Küstenstädtchen galt als Zufluchtsort deutschsprachiger Schriftsteller, die vor den Nazis fliehen mussten. Namhafte Literaten wie Thomas Mann, Lion Feuchtwanger oder Franz Werfel hielten sich in den 1930er-Jahren in Sanary-sur-Mer auf und machten das Städtchen über die Grenzen Frankreichs hinaus bekannt. Heute erinnert eine Gedenktafel mit 36 Namen am Office de Tourisme an die Exilanten, und ein ausgeschilderter Rundweg folgt ihren Spuren. Sanary-sur-Mer ist aber nicht nur ein geschichtsträchtiger, sondern auch ein bezaubernder Badeort mit viel provenzalischem Flair. In dem gleich hinter dem malerischen kleinen Hafen beginnenden historischen Ortskern bieten stilvolle Restaurants und Delikatessenläden Spezialitäten der lokalen Küche an. In der Umgebung von Sanary-sur-Mer locken einige traumhafte Badestrände. Bis heute ist das ehemalige Fischerdorf Treffpunkt der Hautevolee und im Stadtgebiet liegen zahlreiche Luxusvillen im Grünen versteckt.

Ganz oben: Die Église Saint Nazaire bildet ein stilvolles Element der pittoresken Hafenzeile an der Côte d'Azur.

Frankreich

CÔTE D'AZUR

Als »Blaue Küste« bezeichnen die Franzosen die größtenteils felsige Küstenlandschaft zwischen dem Massif de l'Estérel und den Seealpen. Aber natürlich ist Côte d'Azur nicht nur ein geografischer Begriff. Vielmehr verbinden sich damit verschiedene Assoziationen: Glitzer und Glamour, Stars und Sternchen, Strand- und Nachtleben, Traumschiffe in den Häfen und Villen über dem Meer. Tatsächlich hat sich nach den ersten Filmfestspielen von Cannes 1946 sukzessive der internationale Jetset dieser Traumlandschaft bemächtigt. So wurden aus Fischerdörfern wie Saint-Tropez rasch exklusive Ferienorte. Das charmante Antibes lässt heute noch erahnen, wie es einmal war. Ganz zurückgezogen haben sich die Reichen und Schönen noch nicht von der »Côte«, aber die Situation hat sich weitgehend normalisiert. Nun wird von den Reisenden das reizvolle gebirgige Hinterland mit der üppigen Vegetation, den atemberaubenden Schluchten und idyllischen Dörfern entdeckt.

Èze (oben) und Saint-Jean-Cap-Ferrat (rechts) sind zwei der schönsten Orte der Côte d'Azur.

Frankreich

TOULON

HYÈRES

ÎLE DE PORQUEROLLES

Toulons Reize erschließen sich nicht unmittelbar. Die Stadt lebt vom Schiffbau sowie von dem großen Militärhafen. Als bedeutender Stützpunkt der französischen Marine war Toulon sowohl alliierten Bombenangriffen als auch der Zerstörungswut der deutschen Besatzer, die vor ihrem Rückzug 1944 die Hafenanlagen und die Zitadelle in die Luft sprengten, ausgesetzt. Das Stadtbild wird daher von gesichtslosen Zweckbauten geprägt. Dennoch gibt es in Toulon einiges zu entdecken. Das Musée National de la Marine etwa informiert mit einer umfangreichen Ausstellung über die Geschichte der französischen Marine. Die hinter der Marina beginnende malerische Altstadt wurde nach dem Krieg zumindest in Teilen wiederaufgebaut und präsentiert sich heute als lebendiges und geschäftiges Einkaufsviertel. Auch an der Uferpromenade der Darse Vieille finden sich zahlreiche Restaurants, Bars und Geschäfte.

Links: Notre-Dame-du-Cap-Falcon ist eine katholische Kapelle auf Cap Brun vor Toulon. Oben: Place de la Liberté.

Picasso, Dalí, Cocteau, Man Ray – sie alle zählten in den 1920er-Jahren zur Entourage des mäzenatischen Ehepaars de Noailles, das sich in Hyères eine Villa hatte bauen lassen, umgeben von noch heute prächtigen Terrassengärten, den Jardins Remarquables. Sie sind Teil der grünen Ader, die von der einstigen Festungsanlage bis in den modernen Teil der Stadt reicht. Vor allem aber machte sich Hyères einen Namen als Stadt der Palmen, denn von hier sandten die Züchter die exotischen Gewächse in die ganze Welt. Schon im 19. Jahrhundert lockte das sogar im Winter milde Klima auch die europäische Aristokratie an; ihr verdankt Hyères seine Grandhotels, die noblen Villen und das Casino. Zu Füßen des Schlosshügels drängt sich rund um die Place Massillon der mittelalterliche Kern der Stadt. Marktstände, Obstläden, Bäckereien und Antiquitätengeschäfte sorgen für die aktuelle, typisch provenzalische Atmosphäre.

Der Verlauf der schmalen Gassen mit ihren eng aneinandergedrängten Häusern versetzt den Besucher in eine andere Zeit.

Türkisblaues Wasser, seicht abfallende Strände und trotzdem noch Geheimtippcharakter: Nur wenige Plätze in Südfrankreich vereinen diese Eigenschaften, einer liegt auf der zu den Îles d'Hyères gehörenden Île de Porquerolles. Dort zählt Notre-Dame zu den schönsten Stränden Europas. Während im Hinterland der Insel Weinstöcke in Reih und Glied gepflanzt sind und Olivenbäume Schatten spenden, spielt sich am kleinen Hafen von Porquerolles das Leben ab. Es bildet das Zentrum des kleinen Archipels und ist per Fähre von Giens aus gut zu erreichen. 340 Menschen leben auf der zwölf Quadratkilometer großen Insel, die im Sommer mit Restaurants und Geschäften ganz auf Touristen eingestellt ist. Porquerolles ist autofrei, deswegen lohnt es sich, ein Fahrrad zu leihen, um die schönsten Strände wie etwa den Plage d'Argent oder den Plage de la Courtade zu erreichen.

Fast ein wenig verzaubert wirkt das Inseltrio vor Toulon. Die Île de Porquerolles ist die größte Insel der Inselgruppe von Hyères. Viele Segelboote ankern in ihren Buchten.

Frankreich

MASSIF DE L'ESTEREL

Der von rotem Porphyr geprägte Esterel wirkt nach wie vor fast unbewohnt – und das, obwohl das Gebirgsmassiv direkt an der berühmten Côte d'Azur liegt. Doch diesem Urgebirge, wesentlich älter als die Alpen, ist durch die Jahrmillionen andauernde Erosion kaum Humusschicht geblieben, sodass Menschen keine Lebensgrundlage in dem bis zu 600 Meter hohen Massiv sahen. Bizarre Felsformationen machten zudem die Erschließung immer schwierig, was heute ein Glück für die Besucher darstellt, die über die traumhaft schöne Küstenstraße fahren, die erst 1902 praktikabel ausgebaute Corniche de l'Esterel. Besonders im Licht der untergehenden Sonne ist die kurvenreiche Tour zwischen Agay und Les Trayas ein ästhetisches Erlebnis, bei dem felsige Kaps mit winzigen Strandbuchten abwechseln.

Oben: Vom Cap Dramont hat man einen tollen Blick auf die kleine Île d'Or mit ihrem Wachturm. Sie inspirte Hergé zu Tim und Struppis »Schwarzer Insel«. Links: Der kleine Ort Anthéor gehört zu Saint-Raphaël.

Frankreich

SAINT-TROPEZ

Seit Roger Vadim hier 1956 den Film »Und ewig lockt das Weib« mit Brigitte Bardot in der Hauptrolle drehte, hat sich das einstmals verträumte Fischerdorf zu einem mondänen Badeort entwickelt. Saint-Tropez ist als Tummelplatz der Reichen und Schönen weltweit ein Begriff. Wie kein anderer Ort an der Côte d'Azur verkörpert er den Traum vom »süßen Leben«. Den Sommer über liegen in der Marina die Luxusjachten dicht an dicht. Die sündhaft teuren Bars und Klubs sind gut besucht, die Altstadtgassen voll von Tagesausflüglern.
Trotz dieses Hypes ist Saint-Tropez ein malerischer kleiner Küstenort geblieben. Die Stadt liegt im Süden einer weiten, tief ins Land einschneidenden Bucht und ist von traumhaften Badestränden umgeben. Lange vor den Touristen ließen sich Maler wie Signac, Seurat, Bonnard oder Matisse von dem Charme des Städtchens inspirieren. Auf der Festung aus dem 16. Jahrhundert wartet ein traumhafter Blick über den Golf.

Ganz oben: Ein historisches Segelboot von 1913 kreuzt im Rahmen der Regatta »Les Voiles de Saint-Tropez« vor dem Hafen. Nicht nur zu Regatta-Zeiten liegen Hunderte der edelsten und größten Jachten der Welt in den beiden Hafen-Bassins (oben).

Frankreich

CANNES

Am Golfe de la Napoule siedelten schon die Kelten und die Römer, zum attraktiven Ziel wurde die Bucht aber erst im 19. Jahrhundert durch die Engländer und ihrem Bau von schönen Villen, Hotels und dem Boulevard La Croisette. Die Altstadt Le Suquet zieht sich oberhalb des alten Hafens am Mont Chevalier empor. Den Gipfel zieren ein aus dem 11. Jahrhundert stammender Wachturm und das daneben stehende Musée de la Castre. Von der Aussichtsplattform hinter der gotischen Kirche Notre-Dame-de-l'Espérance hat man einen herrlichen Blick auf die gesamte Bucht.

Cannes ist die Stadt der Festivals: Das Filmfestival mit der Verleihung der Goldenen Palme für den besten Film im Mai, die Wahl der besten Kino- und Fernsehwerbespots im Juni, und schließlich kommen im Herbst noch die Fernsehgewaltigen der ganzen Welt, um Programme zu kaufen oder zu verkaufen. Zentrum all dieser Aktivitäten ist das Palais du Festival am Westende der Croisette.

Goldene Palmen und schimmerndes Licht, das nicht nur Künstler wie Picasso faszinierte, machten das Fischerdorf zur mondänen Bade- und Filmfestival-Destination. Oben: Von einem üppigen Garten umgeben ist das Kloster Lérins auf der Insel Saint-Honorat.

Frankreich

ANTIBES

Mit seiner Geschichte, die bis in 4. Jahrhundert v. Chr. zurückreicht, ist der heutige Nobelort eine der ältesten Siedlungen an der Côte d'Azur. Antipolis nannten die griechischen Gründer sie; auf der antiken Akropolis erbauten die Grimaldi im 14. Jahrhundert ihre Burg. Nicht nur die Lage an der Engelsbucht – direkt gegenüber von Nizza – sucht ihresgleichen. Auch in Sachen Architektur kann sich Antibes einiger Superlative rühmen. Etwa der Farbenpracht seiner Altstadthäuser. Vor allem im einstigen Viertel der Safranhändler strahlen die Fassaden in Tönen von Rosa, Gelb, Grün oder Rot. Vielleicht inspirierten sie Picasso in seinem Schaffen. Denn der Künstler besaß im Grimaldi-Schloss ein Atelier. Noch zu seinen Lebzeiten wurde es in ein ihm gewidmetes Museum umgewandelt. Ebenfalls eng mit der Geschichte von Antibes verbunden ist die Geburt eines der ältesten europäischen Jazzfestivals.

Bildleiste von oben: Hafenbefestigung Port Vauban; verschachtelt eng ist die *vielle ville*; Jugendstilmarkt am Cours Masséna.

Frankreich

SAINT-JEAN-CAP-FERRAT

Im Schatten mächtiger Pinien und versteckt hinter hohen Mauern, liegen an den steil ins Meer abfallenden Küstenhängen von Cap Ferrat prächtige Millionärsvillen. Die Fondation Ephrussi de Rothschild, die wohl schönste Villa der Halbinsel Cap Ferrat, ist heute öffentlich zugänglich: Das hochherrschaftliche Gebäude inmitten prachtvoller Gartenanlagen zeigt die Einrichtung der Baronin Rothschild. Für Normalverdiener ist ein Grunderwerb in Saint-Jean-Cap-Ferrat außerhalb jeder Reichweite. Doch selbst sehr vermögende Menschen werden versuchen, eventuell doch in anderen Gegenden zum Zuge zu kommen. Denn in dem malerischen Ort zwischen Nizza und Monaco kostet der Quadratmeter gute 30 000 Euro. Unbebaut, versteht sich. Die Halbinsel an der Côte d'Azur, die an drei Seiten vom Meer umgeben ist, gilt damit als teuerster Ort der Erde.

Einst nur besiedelt von Bauern und Fischern, kamen schon im 19. Jahrhundert Ausflügler aus Nizza per Kutsche auf die Halbinsel, die ihr kosmopolitisches Flair bewahrt hat.

ÈZE

Das Dörfchen thront wie ein Adlernest auf einem 427 Meter hohen Felsen über dem Mittelmeer. Eine dicke Steinmauer umgibt die Häuser, die sich hoch in den Bergen um einen Bergfried scharen. Um die ehemalige Festung wurde ein exotischer Garten angelegt, von hier reicht der Blick an schönen Tagen bis Korsika. Sehr wahrscheinlich, dass genau dieser Blick auch Friedrich Nietzsche inspirierte. Er dichtete im Winter 1883/84 immerhin einen Teil seines Werkes »Also sprach Zarathustra« in Èze. Fakt ist dagegen, dass Nietzsche vor allem von einem bestimmten Wanderweg begeistert war und ihn in zahlreichen Briefen erwähnte. Heute heißt der Weg, auf dem der Philosoph oft unterwegs war, Sentier-Friedrich Nietzsche. Längst haben Luxushotels, Souvenirshops und Boutiquen den Ort in eine viel besuchte Touristendestination verwandelt. Dass viel von seinem Charme verloren ging, ist fast zwangsläufig damit verbunden.

Château Eza wurde einst vom schwedischen Prinzen Wilhelm als Sommerresidenz erbaut und beherbergt heute ein stilvolles Hotel.

PABLO PICASSO UND DIE CÔTE D'AZUR

Schon als Kind liebte er das Licht des Mittelmeeres. Als jungen Künstler jedoch verschlug es Picasso (1881–1973) erstmal für

längere Zeit nach Paris. Als die deutschen Besatzer ihm dort Ausstellungsverbot erteilten und auch sein Antrag auf die französische Staatsbürgerschaft abgelehnt wurde, lebte der schon zu dieser Zeit weltberühmte Kubist sechs Jahre isoliert in innerer Emigration in Paris. Erst mit Kriegsende machte er sich auf in Frankreichs sonnigen Süden. Die Provence und die Côte d'Azur erinnerten ihn an seine spanische Heimat und waren ihm ein unerschöpflicher Quell der Inspiration. So erkundete er Sorgues, Arles, Ménerbes und Antibes. 1948 ließ er sich im Keramikstädtchen Vallauris nieder, wohnte dann in der Villa »La Californie« bei Cannes und verbrachte seine letzten Lebensjahre mit Jacqueline Roque am Rande von Mougins. Beigesetzt ist Picasso im Schloss von Vauvenargues östlich von Aix-en-Provence, das er bereits 1958 erworben hatte.

Pablo Picasso mit einem Kunsthändler in seiner Villa »La Californie«.

Frankreich

NIZZA

Die einzige Großstadt an der Côte d'Azur wartet mit einem vielfältigen kulturellen Erbe auf. Obwohl die Metropole seit 1860 endgültig zu Frankreich gehört, wirkt die Herrschaft des italienischen Hauses Savoyen, das sich über Jahrhunderte mit den Franzosen um den Besitz der Grafschaft Nizza stritt, bis heute nach. Die Italiener haben nicht nur in der Architektur, sondern auch in der Alltagskultur reiche Spuren hinterlassen. Im historischen Zentrum ähnelt Nizza vielerorts mehr einer italienischen Kleinstadt als einem mondänen französischen Badeort.

Zwischen dem historischen Zentrum und Port Lympia ragt die Colline du Château 92 Meter empor. Obwohl von dem Schloss, dem der Hügel seinen Namen verdankt, wenig mehr als einige Grundmauern übrig sind, lohnt ein Aufstieg. Der Weg führt durch eine mediterrane Gartenlandschaft zu einer Aussichtsterrasse, von der aus man den Blick über die Dächer von Nizza, den Hafen und das Meer schweifen lassen kann.

Die Altstadt selbst präsentiert sich als äußerst lebendiges Viertel, das nicht nur mit zahlreichen barocken Bauten, sondern auch mit einer bunten Gastronomieszene und vielfältigen Einkaufsmöglichkeiten aufwartet. In den malerischen Gassen des Quartiers locken unzählige kleine Läden, Marktstände und Restaurants mit kulinarischen Köstlichkeiten. Das Herz der Altstadt schlägt am Cours Saleya, einem lang gestreckten Platz, auf dem täglich, außer montags, ein Blumenmarkt stattfindet.

Am südwestlichen Ende der Altstadt beginnt die berühmte Promenade des Anglais – bis heute das unbestrittene Wahrzeichen der Stadt. Ihr Name erinnert an die reichen englischen Kurgäste, die im Jahr 1824 an der Stelle der heutigen Prachtstraße in eigenem Interesse einen nur zwei Meter breiten Gehweg anlegen ließen; die Stadt förderte das Projekt. Heute führt die Promenade des Anglais insgesamt über sechs Kilometer die Küste entlang und ist eine viel befahrene Autostraße. Trotz des hohen Verkehrsaufkommens ist sie eine beliebte Touristenattraktion. Direkt hinter den Stadtstränden lädt ein breiter, von Palmen gesäumter Fußgängerstreifen zum Flanieren ein. Architektonische Höhepunkte an der Promenade des Anglais sind das denkmalgeschützte Hotel Negresco, dessen auffallende Kuppel Gustave Eiffel entworfen hat, sowie die Art-déco-Fassade des Palais de la Méditerranée, das aufwendig saniert wurde und heute ein Luxushotel beherbergt.

Das Erbe der Antike wie auch der Belle Époque prägt bis heute Stil und Atmosphäre der, wie viele sagen, heimlichen Hauptstadt der Côte d'Azur. Herrlich gelegen an den Ausläufern der Seealpen, zieht sich Nizza als Symbiose aus Pracht und Beschaulichkeit entlang der sichelförmigen Engelsbucht.

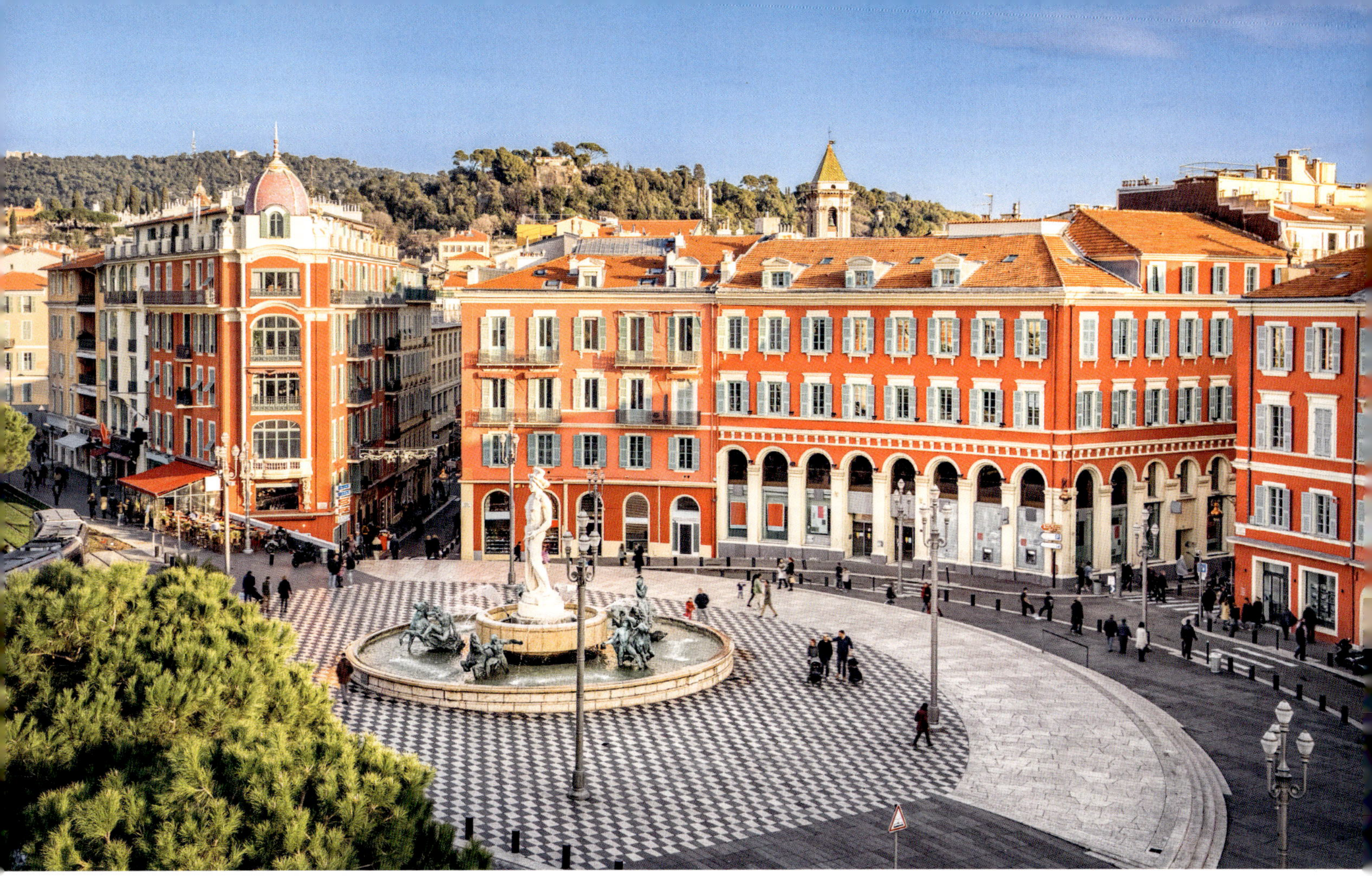

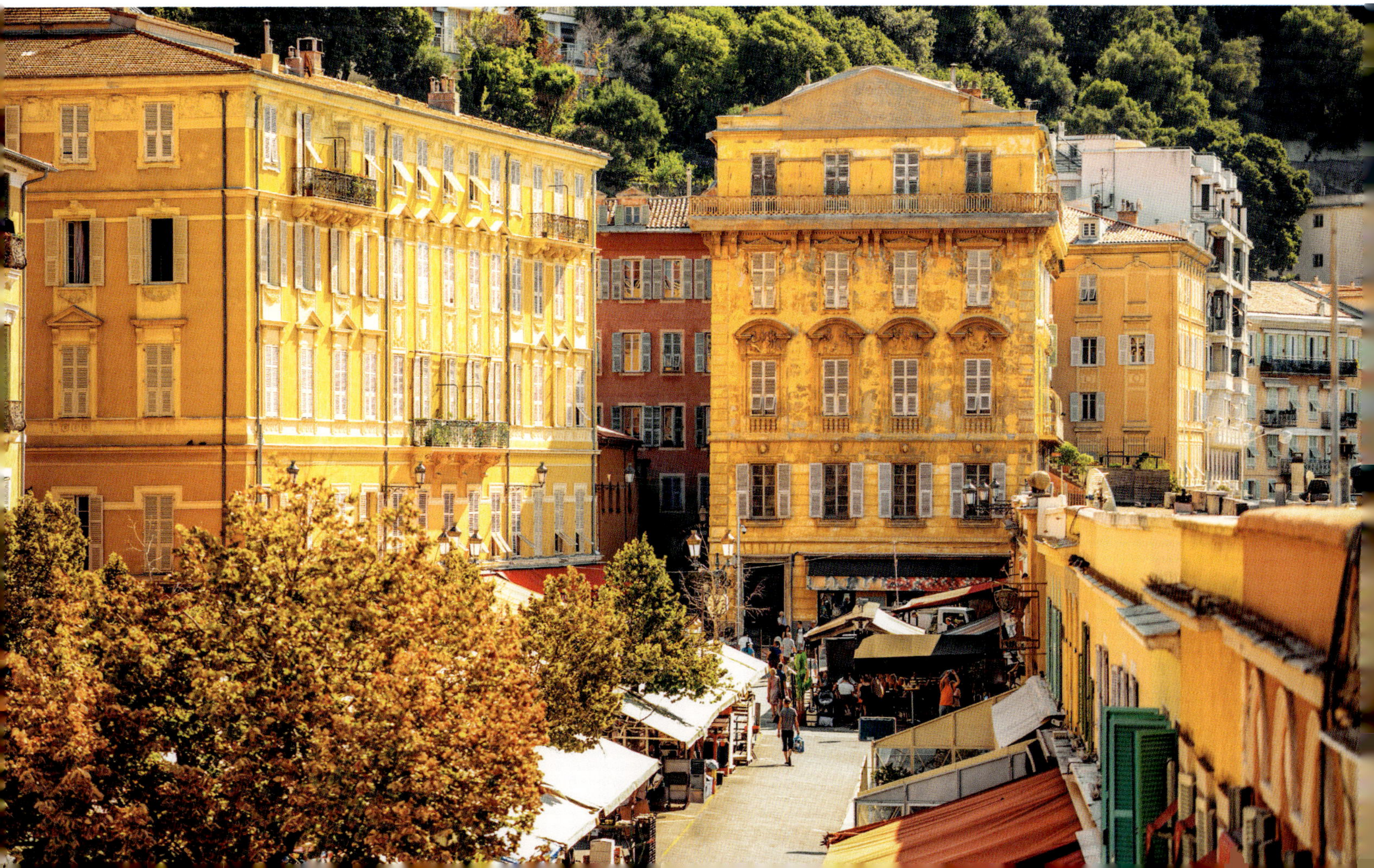

Frankreich

MENTON

Um 1870 entdeckten reiche Engländer die wohltuende Wirkung des milden Klimas der Côte d'Azur. Villen und prächtige Hotels im Stil der Belle Epoque erinnern auch in Menton an die Glanzzeiten dieser britischen Winterresidenz zwischen Alpen und Meer. Den schönsten Blick über die Stadt und die Bucht erhält man vom Friedhof oberhalb der Stadt. Zu ihren Sehenswürdigkeiten zählen die barocke Kirche St.-Michel, der Trausaal im Rathaus mit Fresken von Jean Cocteau sowie das Musée Cocteau in einer Festung aus dem 17. Jahrhundert. Nur wenige Kilometer hinter Menton liegt das Fürstentum Monaco, von dort führt eine steile Straße in das bergige Hinterland nach Èze.

Dank ihres besonders milden Klimas, das wie nirgendwo anders in Frankreich eine üppig exotische Pflanzenwelt gedeihen lässt, erwarb sich die »Stadt der Zitronen« an der Grenze zu Italien schon im 19. Jahrhundert einen legendären Ruf als mondänes Winterreiseziel. Wunderbar verlieren kann man sich in Mentons Gassengewirr.

»FÊTE DU CITRON«

Einmal im Jahr strahlt die Sonne an der Côte d' Azur mit leuchtenden Zitronen und Orangen um die Wette. Es ist die Zeit des großen Zitronenfestes in

Menton. Zwei Wochen lang lockt das Ereignis Hunderttausende Besucher. Dabei begann es 1929 relativ bescheiden. Ein Wirt hatte die Idee, eine Ausstellung zu kreieren, in der sich die Stadt selbst feiern sollte. Immerhin war Menton in dieser Zeit der größte Produzent von Zitronen und Zitrusfrüchten in ganz Europa. Mit Blumen und Zitrusfrüchten gestaltete der Wirt also in den Gärten des Hotels Riviera eine kleine Ausstellung. Schon ein Jahr später fand diese auf den Straßen der Stadt ihren Platz. Als Höhepunkt wurden Wagen durch Menton gezogen, die mit Zitronen und Orangen geschmückt waren. Heute begeistern gigantische Motive aus Zitrusfrüchten die Besucher; vor allem die Biovès-Gärten sind ein Hauptanziehungspunkt.

Neben den normalen Umzügen sind vor allem die Nachtumzüge beliebt. Diese enden mit einem Feuerwerk.

Monaco

MONACO

Ein Felsen und darunter ein schmaler Küstenstreifen: Auf nicht einmal zwei Quadratkilometern erstreckt sich das Gebiet des Fürstentums Monaco, des zweitkleinsten Staates der Welt nach der Vatikanstadt. Dass hier knapp 40 000 Menschen leben, dazu noch Platz ist für das Heer der Touristen und sogar ein Formel-1-Rennen stattfinden kann, ist der dichten Bebauung mit Hochhäusern zu verdanken. Im Jahr 1297 eroberten die Grimaldis, ein Genueser Adelsgeschlecht, den steilen Burgfelsen über der Küste, doch unangefochten blieb ihre Herrschaft nicht. Zu interessant war die strategisch wichtige Festung für mächtigere Konkurrenten. Erst nach Napoleons Sturz 1815 wurde Monaco ein unabhängiges Fürstentum, das die Grimaldi regieren. Bis Mitte des 19. Jahrhunderts war Monaco ein verschlafenes Nest. Dann sorgten Casino und Eisenbahnanschluss für einen ersten Tourismusboom. Schick war Monaco schon damals, weltbekannt wurde es erst durch die Heirat von Fürst Rainier und Hollywood-Diva Grace Kelly.
Obwohl die wichtigen Sehenswürdigkeiten dicht beieinanderliegen, erfordert die Stadterkundung eine gute Kondition, denn Monaco ist an Steilhänge gebaut. Das malerische, von mittelalterlichen Gassen durchzogene historische Zentrum erstreckt sich über einen 60 Meter hohen Felsen im Süden der Hafenbucht. Hier befindet sich auch das Palais Princier, die Residenz des Fürsten. Große Teile der heute sichtbaren Palastanlage stammen aus dem 16., ihre Anfänge gehen auf das 13. Jahrhundert zurück. Die Prunkräume sind der Öffentlichkeit zugänglich gemacht worden und können besichtigt werden. Vor dem Hauptportal findet jeden Tag um 11.55 Uhr eine Wachablösung statt. Ein Stück weiter südlich des Palastes lockt das Ozeanografische Museum nicht nur mit mehreren Aquarien, sondern auch mit Filmen von Jacques Cousteau. Gegenüber ragen die im Sonnenlicht glitzernden Hochhäuser von Monte Carlo in den Himmel empor. Hauptattraktion ist natürlich die prachtvolle Place de Casino mit der weltberühmten Spielbank und dem altehrwürdigen Hôtel de Paris – eine der exklusivsten Herbergen Europas.
Ein Besuch des berühmten Spielkasinos von Monte Carlo gehört zum Pflichtprogramm eines jeden Monaco-Besuchs. Diese mittlerweile 170 Jahre alte Institution hat nicht unwesentlich dazu beigetragen, dass Monaco als Refugium der Reichen und Schönen in aller Welt bekannt ist. In der Salle Garnier des Kasinogebäudes residiert auch die Opéra de Monaco.

Oben: Der Hafen spiegelt wider, für was Monaco steht: Reichtum, Pracht und Glanz. Überraschend verschlungen zeigen sich einige der Altstadtgassen (links und untere Bilder der Bildleiste). Bildleiste oben: Spielbank und Kirche Notre-Dame-Immaculée.

SANREMO

In der Metropole der Blumenriviera verbinden sich das Einst und Jetzt auf charmante Weise. Prachtvolle Villen und Belle-Époque-Paläste mit üppigen Gärten, von Palmen gesäumte Strandpromenaden, noble Einkaufsstraßen und der Altstadt-Hügel La Pigna – sie alle tragen bei zum Bild des mondänen Badeortes. Jazz- und Popmusikfestivals, Glücksspiel im eleganten Casinò Municipale und sorgloses Flanieren am Saum des Meeres: Noch immer atmet Sanremo den noblen, kosmopolitischen Geist des 19. und 20. Jahrhunderts. Andererseits ist es eine lebendige zeitgenössische Stadt mit Strand- und Markttreiben, prächtigen öffentlichen Gärten, eleganten Fußgängerzonen und aktiven Kunsthandwerkern. Bis zur Jahrhundertwende entstanden in dem einstigen Fischerort gut zwei Dutzend Hotels sowie fast 200 Villen. Ihre Besitzer waren Kunstsammler oder Wissenschaftler wie etwa Alfred Nobel, aber auch Vertreter des Adels wie Kaiserin Sisi und Zarin Marija Alexandrowna.

Die »Stadt der Blumen« ist wegen ihres milden Klimas ein beliebter Badeort.

IMPERIA

In Imperia beginnt die Riviera dei Fiori als Teil der Riviera di Ponente; der Küstenabschnitt erhielt diese Bezeichnung wegen der hier weitverbreiteten Blumenzucht. Die Hauptstadt der Provinz Imperia entstand aus zwei Teilen. Porto Maurizio ist von alter Bausubstanz geprägt, Oneglia weist eine hohe Dichte an Industriebetrieben auf. Die Silhouette der Stadt wird von der in ihren Ausmaßen imposanten Basilica di San Maurizio bestimmt, die zwischen 1781 und 1838 errichtet wurde. Die Geschichte der ligurischen Seefahrt wird im Museo Navale veranschaulicht. Im einzigen Planetarium Liguriens kann man einen Blick in den Nachthimmel werfen. Die Hauptattraktion des Stadtteils Oneglia ist das Olivenmuseum, in dem die Geschichte des Anbaus der Ölbaumfrucht dokumentiert wird, denn in der Umgebung von Imperia dominieren ausgedehnte Olivenhaine das Landschaftsbild.

Imperia wird vom größten Kirchenbau Liguriens überragt, der klassizistischen Basilica di San Maurizio. Direkt daneben erstreckt sich der Altstadthügel Parasio.

FINALE LIGURE

Die Gemeinde setzt sich aus den drei Orten Finalpia, Finale Marina und Finalborgo zusammen, die völlig unterschiedlich sind. Von Savona aus erreicht man zunächst Finalpia; diese Ortschaft entwickelte sich um das sehenswerte Kloster Santa Maria di Pia (15. Jahrhundert) herum mit seiner Kirche aus dem 18. Jahrhundert, deren Rokokofassade aufwendig mit Stuck verziert ist. Touristisches Zentrum von Finale Ligure ist Finalmarina mit seinem Sandstrand, hinter dem eine prächtige palmengesäumte Promenade verläuft. Jenseits dieser Straße befindet sich die an drei Seiten von schmucken Bürgerhäusern umrahmte Piazza Vittorio Emanuele II mit ihrem monumentalen Triumphbogen. Das von alten Stadtmauern umgebene Finalborgo erstreckt sich etwa zwei Kilometer landeinwärts. Das Auto lässt man am besten außerhalb stehen und betritt Finalborgo durch eines der Stadttore wie etwa die Porta Reale.

Die Häuser in den Gassen um die Piazza Garibaldi in Finalborgo wurden restauriert und erstrahlen wieder in altem Glanz.

Italien

GENUA

Einst das Zentrum einer Seerepublik unter dem Geschlecht der Doria, ist die ligurische Metropole noch durch viele historische Gebäude geprägt. Genuas Altstadt bietet eine überwältigende Fülle an Baudenkmalen, die die reiche und wechselvolle Geschichte von »La Superba« dokumentieren. Spannend ist auch der Kontrast zwischen den prachtvollen Flaniermeilen und dem Labyrinth von engen Gassen in der Altstadt. Genua musste in der jüngeren Vergangenheit einen massiven Strukturwandel bewältigen (u. a. Schließung von Stahlwerken und Werften). Befeuert wurde der Wandel auch durch die Feierlichkeiten 1992 aus Anlass des 500. Jahrestags der Entdeckung Amerikas durch den Genuesen Christoph Kolumbus sowie den Status als Kulturhauptstadt Europas 2004. Die Hafenanlagen erstrahlen seither in neuem Glanz. Bis heute ist Genua eine quirlige Hafenstadt mit viel Flair.

Oben: Genuas imposante Hafenanlagen. Bildleiste: Blick durch eine Altstadtgasse gen Hafen; die 1125 gestiftete gotische Kirche San Matteo; Palazzo Reale.

Italien

PORTOFINO

Offenbar waren einst Delfine weit verbreitet im Golf von Tigullien und dieser Umstand gab dem schon 986 urkundlich erwähnten Fischerdorf seinen Namen. Schon genuesische Handelsschiffe nutzten den geschützten Naturhafen als Zuflucht; in der Neuzeit begannen die eleganten Jachten erfolgreicher Künstler und anderer berühmter Persönlichkeiten vor dem Amphitheater aus pastellfarbenen Häusern zu ankern. Durch das Lied »Love in Portofino« wurde die kleine Gemeinde ab den 1950er-Jahren weltbekannt. Leinwandstars wie Gina Lollobrigida und Rock Hudson agierten in der Kulisse des Luxushotels Splendido vor der Kamera. Sophia Loren erkor Portofino anschließend zu ihrem Lieblingsort. Bis heute prägt ihn die Anwesenheit sowohl italienischer Prominenz als auch des internationalen Jetsets. Zentraler Platz im Alltagsleben Portofinos ist der Hafen mit seinen Bars und Trattorien und edlen Geschäften.

Bunte Fischerboote schaukeln auf dem Wasser des kleinen Naturhafens, der sich zur Piazza Martiri dell'Olivetta, öffnet.

Italien

CINQUE TERRE

Wie aus der Natur herausmodelliert wirken die Cinque Terre, die fünf kleinen, farbenfrohen Dörfer auf den steilen Küstenhängen zwischen Levanto und Portovenere. Jahrhundertelang waren sie nur zu Fuß oder über das Meer zu erreichen, der Tourismus entdeckte sie spät. Heute zählt die Region zum Welterbe. Ein ins Meer ragender Felsen mit dem markanten Wachtturm Torre Aurora aus dem 16. Jahrhundert teilt Monterosso, das nördlichste und größte der fünf »terre« in das strandreiche Fegina-Viertel mit einigen Belle-Époque-Villen und die Altstadt. Aus deren Geflecht hangwärts verlaufender »caruggi« ragt die Kirche San Giovanni Battista mit ihrer Streifenfassade hervor. Wahrzeichen des auf einem Felssporn am Saum grüner Hügel gelegenen noblen Dorfes Vernazza, das vielen als das schönste der Cinque Terre gilt, ist der Turm des mittelalterlichen Castello dei Doria. Von hier reicht der Blick über den kleinen Hafen mit Sandstrand und angrenzender, quirliger Piazza bis zur Kirche Santa Margherita di Antiochia, deren Turm 40 Meter über der Bucht aufragt. Hinter ihr bilden die hohen, in Richtung Weinberge aufgestapelten, typisch ligurischen Häuser ein farbenfrohes Mosaik.

Als einziges und kleinstes Dorf der fünf liegt Corniglia nicht direkt am Meer, sondern thront auf einem Felsen 100 Meter über ihm – umgeben von dicht (oft mit Reben) bewachsenen Terrassenfeldern. »La Lardarina«, eine Treppe mit 377 Stufen, verbindet als Alternative zum gewundenen Sträßchen Küste und Borgo. Dessen bunte Turmhäuser reihen sich um die Via Fieschi, die als Hauptgasse auch die Mitte des 14. Jahrhunderts erbaute Kirche San Pietro mit dem Aussichtspunkt am Ende des Kaps verbindet. Geschickt nutzten die Einheimischen jeden Meter in dem schmalen Tal von Manarola, um ihre Häuser fantasievoll verschachtelt auf der Steilklippe neben- und übereinander zu setzen. Treppengassen verbinden sie – und die Fischerboote wurden mittels Seilwinde vom Hafen hinaufgezogen, um sie in der Via Birolli, der einzigen Straße des Ortes, zu parken. Kein Wunder, dass Manarola schon früh auch Künstler anzog. Riomaggiore ist das optisch vielleicht romantischste der Cinque-Terre-Dörfchen. Rechts und links einer winzigen Bucht, an der sich eine Rampe für die Fischerboote befindet, zieht sich der Ort nach oben. Die Fassaden sind in mediterranen Farben gestrichen, aber meist verwittert.

Bildleiste von oben: Die Namensgeber der Cinque Terre – die fünf Dörfer Monterosso al Mare (auch oben), Vernazza (auch rechts oben), Corniglia, Manarola und Riomaggiore (auch rechts unten) – wirken wie aus der Landschaft modelliert. Enge Gassen, steile Treppen und farbenfrohe Fassaden prägen die Orte.

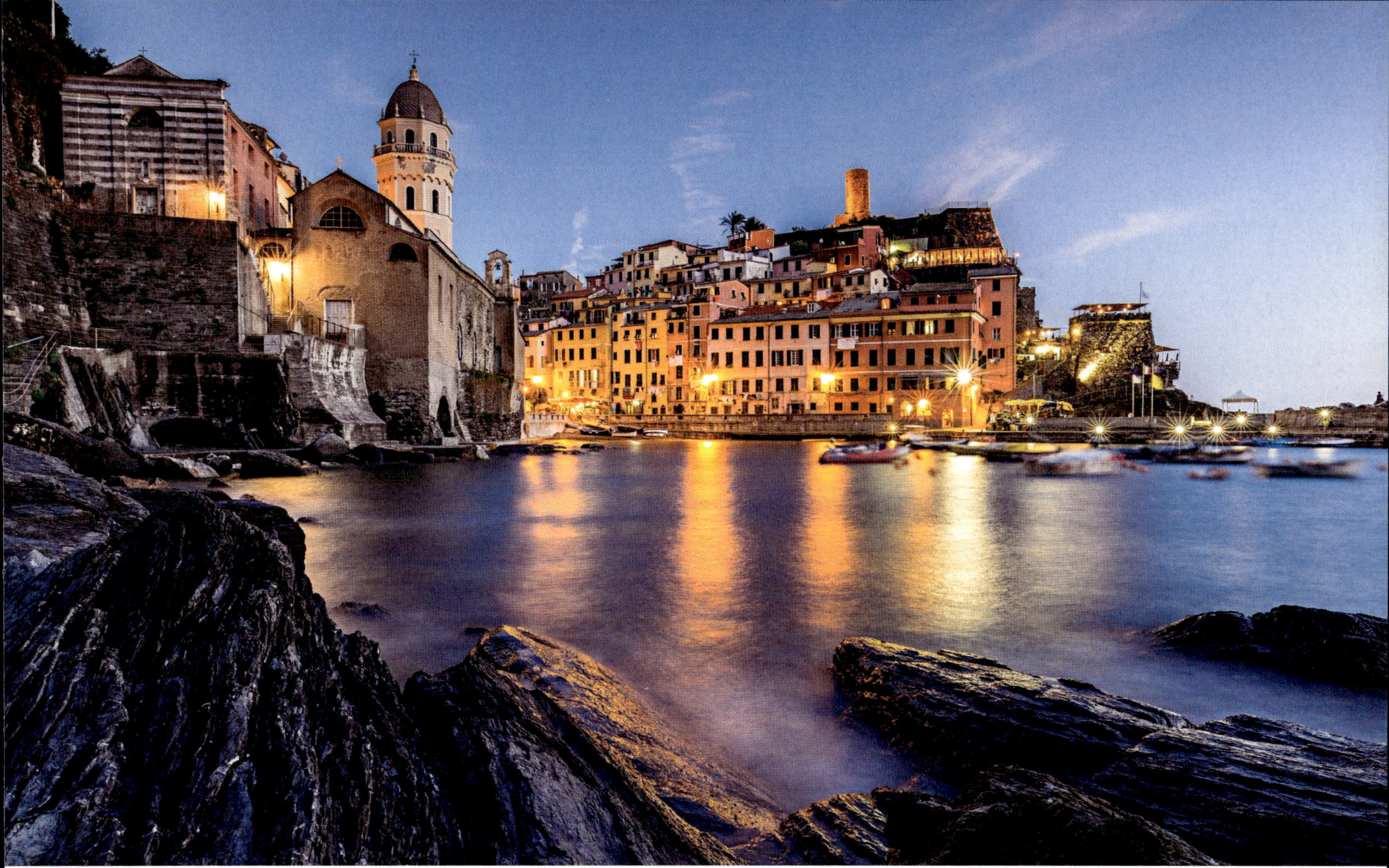

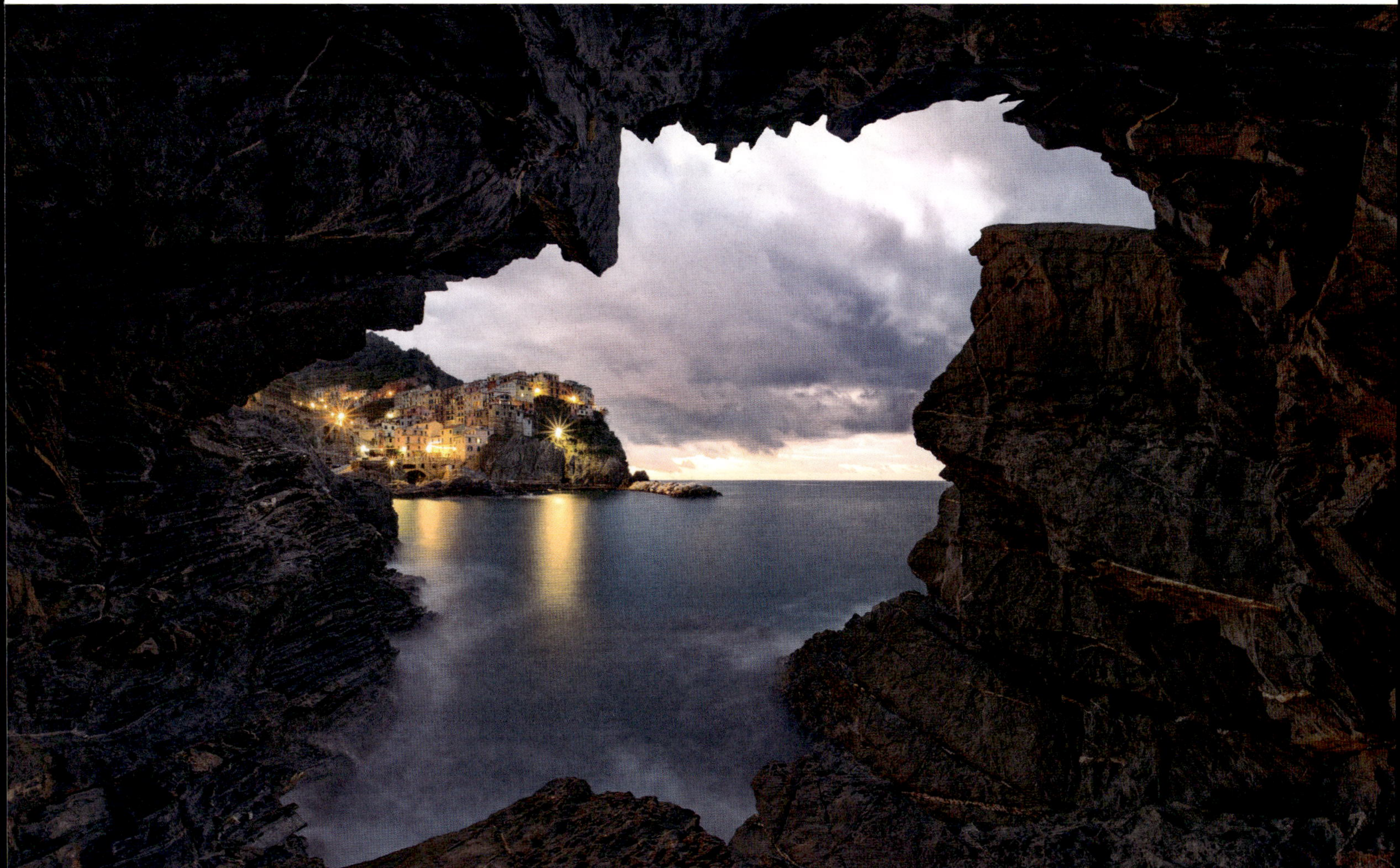

Italien

PORTOVENERE

Portovenere zählt zu den städtebaulichen Schmuckstücken an der Küste Liguriens. Benannt nach Venus, der Göttin der Liebe und Schönheit, macht das Klippenjuwel seiner antiken Götterpatin alle Ehre. Vor allem der britische Romantik-Dichter Lord Byron trug bei zum Ruhm des Küstenorts am Südzipfel der Riviera Levante. Im Rücken der von einer großen Aushöhlung geprägten Felszunge erstreckt sich das bunte Band der Turmhäuser. Seit der Herrschaft der Genueser prägen die Festung Castello Doria und das Stadttor Porta di Borga mit seinem hohen Turm das Bild von Portovenere. Auch andere Teile der mit Zinnen bekrönten Mauer sind noch erhalten und ziehen sich fast bis zum Hafen dahin. Von dessen Bucht aus staffelt sich Portoveneres historischer Kern, pastellfarben und mit (Treppen-)Gassen, den Hang hinauf – überragt von der auf das 12. Jahrhundert zurückgehenden Kirche San Lorenzo mit ihrer hellen Kuppel.

Links: Weit zieht sich das Kap von Portovenere ins ligurische Meer. Ein Kirchlein setzt seit Jahrhunderten den baulichen Akzent.

LA SPEZIA

Keinem Geringeren als dem berühmten Camillo Benso von Cavour hat die an dem nach ihr benannten Golf gelegene Stadt ihre Entwicklung zu einer wichtigen Basis der italienischen Marine zu verdanken. Der Politiker trieb den Ausbau des Hafens voran und veranlasste noch vor seinem Tod 1861 die Errichtung des Arsenale Militare Marittimo. Bis heute ist der Flottenstützpunkt eine wichtige Einnahmequelle der Stadt geblieben. Da die Stadt während des Zweiten Weltkriegs stark zerstört wurde, kann sie nicht mit vielen historischen Sehenswürdigkeiten aufwarten. Allerdings verfügt sie über eine facettenreiche Museumslandschaft und gilt allein deshalb als kulturelles Zentrum der Region. Sehenswert sind vor allem das Archäologische Museum sowie das im Marinearsenal residierende Schifffahrtsmuseum. Das im Stadtzentrum gelegene CAMec verfügt über eine bemerkenswerte Sammlung von Werken moderner Kunst.

Entlang einer Bucht erstreckt sich La Spezia, die nach Genua wirtschaftlich bedeutendste Stadt Liguriens.

WESTLICHES MITTELMEER
TYRRHENISCHES MEER UND STRASSE VON SIZILIEN

Elba, Ischia, Capri ... das sind die Namen, die hier Urlaubssehnsucht verheißen. Die Luft ist erfüllt von salziger Meeresbrise und dem süßen Duft von Orangen- und Zitronenhainen, die die Küstenlinie säumen: Als Tyrrhenisches Meer bezeichnet man jenen Streifen des Mittelmeeres, der durch die Inseln Korsika und Sardinien, das Ligurische Meer, die italienische Westküste sowie durch Sizilien begrenzt ist. Sein Name leitet sich von den seefahrenden Etruskern ab (»Tyrrhenoi«). Die teilweise über 3700 Meter tiefe See ist ein Paradies für Segler, die das Inselhüpfen zwischen den Inseln des Toskanischen Archipels mit Abstechern in die Häfen des Festlands verbinden. Auch bei Tauchern gilt es als ein bevorzugtes Reiseziel. In der faszinierend vielfältigen Unterwasserwelt mit ihren gelben Krustenpolypen sowie den roten und schwarzen Korallen kann man große Schwärme leuchtend bunter Fische bestaunen.
Südlich schließt sich die Straße von Sizilien an, die durch den Golf von Tunis mit der nordafrikanischen Küste verbunden ist und mit dem Maltakanal auch den gleichnamigen Inselstaat einschließt.

Schon im 5. Jahrhundert v. Chr. bezeichnete der griechische Dichter Aristophanes Capri als herrlichste Insel der Faulenzerei. Später erlagen nicht nur Griechen, sondern auch Schöngeister aus aller Welt dem Zauber des Eilands, von dessen Felsen, so heißt es, schon die legendären Sirenen ihren verführerischen Gesang erschallen ließen.

Frankreich

KORSIKA

Die viertgrößte Mittelmeerinsel wird auch »Insel der Schönheit« genannt. Vielleicht liegt es am azurblauen Meer und den kleinen vorgelagerten Inseln, vielleicht am Hochgebirge – immerhin sind hier 50 Berge über 2000 Meter hoch. Keine Mittelmeerinsel ist so grün wie Korsika, und das würzige Aroma von Steineichen, Eukalyptus, Schwarzkiefern und Lavendel liegt hier überall in der Luft. Doch das Schönste ist für viele Besucher sicherlich die über 1000 Kilometer lange Küste – mal mit weißen Sandstränden, mal mit blauen Fjorden, dazwischen steile Klippen und Felsen. Strände wie aus dem Bilderbuch finden sich etwa am Golf von Valinco im Südwesten der Insel.

Korsika blickt auf eine lange und bewegte Geschichte zurück. Bereits im 7. Jahrhundert v. Chr. setzten ligurische Einwanderer nach Korsika über. Infolge der Verschmelzung mit den Ureinwohnern entstand eine blühende Megalithkultur, von der noch heute zahlreiche Dolmen und Menhire eindrucksvoll Zeugnis ablegen. Nach der Besatzung durch die Griechen und Römer ging Korsika 1077 als Lehen an Pisa. Die Zitadellen bei Corte, Bastia und Calvi sowie die genuesischen Wachtürme entlang der Küste geben Kunde von der 500 Jahre währenden Herrschaft Genuas. 1769 wurde die Insel schließlich Frankreich einverleibt.

Um die vielen unterschiedlichen Facetten der Insel kennenzulernen, empfiehlt sich eine Rundreise. Von der lebendigen Hafenstadt Bastia aus fährt man zunächst um das landschaftlich abwechslungsreiche Cap Corse, dann weiter die Westküste entlang. Von Porto aus gelangt man ins Herz der Insel bis nach Corte. Dann geht es wieder zurück ans Meer: Hier lockt Ajaccio, die Geburtsstadt Napoleons, mit zahlreichen Kulturangeboten und unzähligen Bademöglichkeiten. 1811 ernannte Napoleon Bonaparte, der berühmteste aller Korsen, »seine« Stadt zur Hauptstadt der Insel, und daran wurde bis heute nicht gerüttelt. Der 1492 gegründete Ort ist stark von der Erinnerung an seinen berühmten Sohn geprägt. In seinem Geburtshaus befinden sich Dokumente, Porträts und andere Erinnerungsstücke der Familie. Bonifacio, das einstige Piratennest in spektakulärer Lage hoch auf den weißen Kreidefelsen, lädt zu einem Stadtbummel durch seine verwinkelten Gassen ein. Über den Col de Bavella, eine der schönsten Gebirgslandschaften der Insel, und die verträumte Castagniccia erreicht man wieder den Ausgangspunkt, den Fährhafen Bastia.

Oben: Seinen Namen verdankt das Hafenstädtchen der vorgelagerten Insel de la Pietra, die bei Sonnenuntergang blutrot leuchtet: L'Île-Rousse. Sie ist über einen Damm mit dem Festland verbunden. Rechts: Korsika begeistert mit unberührter Natur.

Frankreich

Korsika

GOLF VON PORTO

Die UNESCO-Welterbestätte an der mittleren Westküste von Korsika umfasst die Küstenregion um den Golf von Porto und schließt auch Unterwasserhabitate sowie die Inseln Elbo und Gargallo ein. Seit 2006 lautet die offizielle Bezeichnung »Golf von Porto: Calanche von Piana, Golf von Girolata, Scandola-Reservat«. Damit ist auch der Umfang des geschützten Gebiets mit den namengebenden Buchten und Halbinseln erfasst. Das Areal wurde für seine landschaftliche Schönheit ausgezeichnet, für seine Fauna und Flora sowie für die traditionelle Land- und Weidewirtschaft seiner Bewohner. Viele Seevogelarten wie Möwen, Kormorane und die selten gewordenen Seeadler finden hier ein ideales Nist- und Brutgebiet. Rund um die Buchten und Höhlen der zerklüfteten Felsenküsten hat sich eine reiche und anderswo kaum noch anzutreffende Unterwasserfauna und -flora erhalten.

Steile Felswände, grüne Wälder und das blaue Meer kennzeichnen die Felslandschaft der Calanche am Golf von Porto.

Frankreich

Korsika

CALVI

Calvi, einst ein genuesischer Stützpunkt mit einer weit ins Meer hinausragenden Zitadelle, hätte nach der Übernahme durch die Franzosen sicherlich an Bedeutung verloren, wäre da nicht seine reizvolle Lage. Die weite Bucht und das lebendige Hafenviertel mit seinem mediterranen Flair sind ein mächtiger Touristenmagnet. Viele kommen auch aufgrund der exzellenten Küche hierher, vielfältig und nicht zu teuer, verspricht sie Gaumenfreuden pur. Auch das jährlich hier stattfindende Jazzfestival sorgt für regen Publikumsverkehr. Etwas außerhalb der Stadt thront die hübsche Chapelle de Notre-Dame-de-la-Serra. Innen wie außen schön anzusehen, kann man darüber hinaus von hier einen fantastischen Rundblick über die Küste genießen. Auch wenn sich in Calvi im Hochsommer viele Touristen tummeln, verliert das Städtchen nie sein fast italienisch-heiter anmutendes Flair.

Calvi im Nordwesten Korsikas ist eine charmante Küstenstadt mit einer beeindruckenden Zitadelle.

Korsika

AJACCIO

Im Jahr 1811 ernannte Napoleon Bonaparte, der berühmteste aller Korsen, »seine« Stadt zur Hauptstadt der Insel, und daran wurde bis heute nicht gerüttelt – der 1492 gegründete Geburtsort Napoleons ist stark von der Erinnerung an seinen berühmten Sohn geprägt. Sehenswert ist die 1582 bis 1593 erbaute Kathedrale mit schlicht gehaltener Fassade und reicher Innenausstattung, an deren Besichtigung sich gleich ein Bummel durch die stark italienisch geprägte Altstadt mit ihren vielen Restaurants, Bars und Pizzerien anknüpfen lässt. Auch die Rue Cardinal Fesch – zugleich Hauptstraße des alten Hafenviertels Borgo – lädt zum Flanieren ein. Für Interessierte lohnt ein Besuch des Maison Bonaparte am Place Letizia: Im Geburtshaus Napoleons befinden sich Dokumente, Porträts und andere Erinnerungsstücke der Familie. Das Musée Fesch besitzt eine bedeutende Sammlung italienischer Malerei, die in Frankreich nur noch vom Louvre übertroffen wird.

Berühmter Sohn der Stadt: Napoleon Bonaparte wurde 1769 in Ajaccio geboren.

WANDERPARADIES KORSIKA

GR20
Dieser Wanderweg ist ein Fest für die Nase. Dass Korsika einen ganz speziellen Duft besitzt, wusste schon Napoleon zu

schätzen. Und wo kann man das besser erkennen als beim Wandern? Doch Vorsicht: Der GR20 gehört zu den schwierigsten Trails in Europa und wird oftmals unterschätzt. Wer ihn in Gänze laufen will, sollte wirklich fit sein.

Monte Cinto
In fast perfekter Dreiecksform ragen die Spitzen des Monte Cinto stolze 2706 Meter empor und bilden damit den höchsten Berg der Insel. Das gleichnamige Massiv liegt im Nordwesten Korsikas und bildet dort auch eine Wetterscheide, denn oftmals stauen sich hier die Wolken und regnen sich leicht ab, um dann weiter gen Süden zu passieren. Nicht nur Regen gibt es, im Sommer sind auch Schneefälle alltäglich. Der Berg, der nah an dem Wanderweg G20 liegt, ist ein beliebtes Ziel für Bergsteiger, die, ausgehend von der Schutzhütte Refuge de Tighiettu, oftmals einen Aufstieg unternehmen. Die Zeit bis zum Gipfel beträgt etwa vier Stunden.

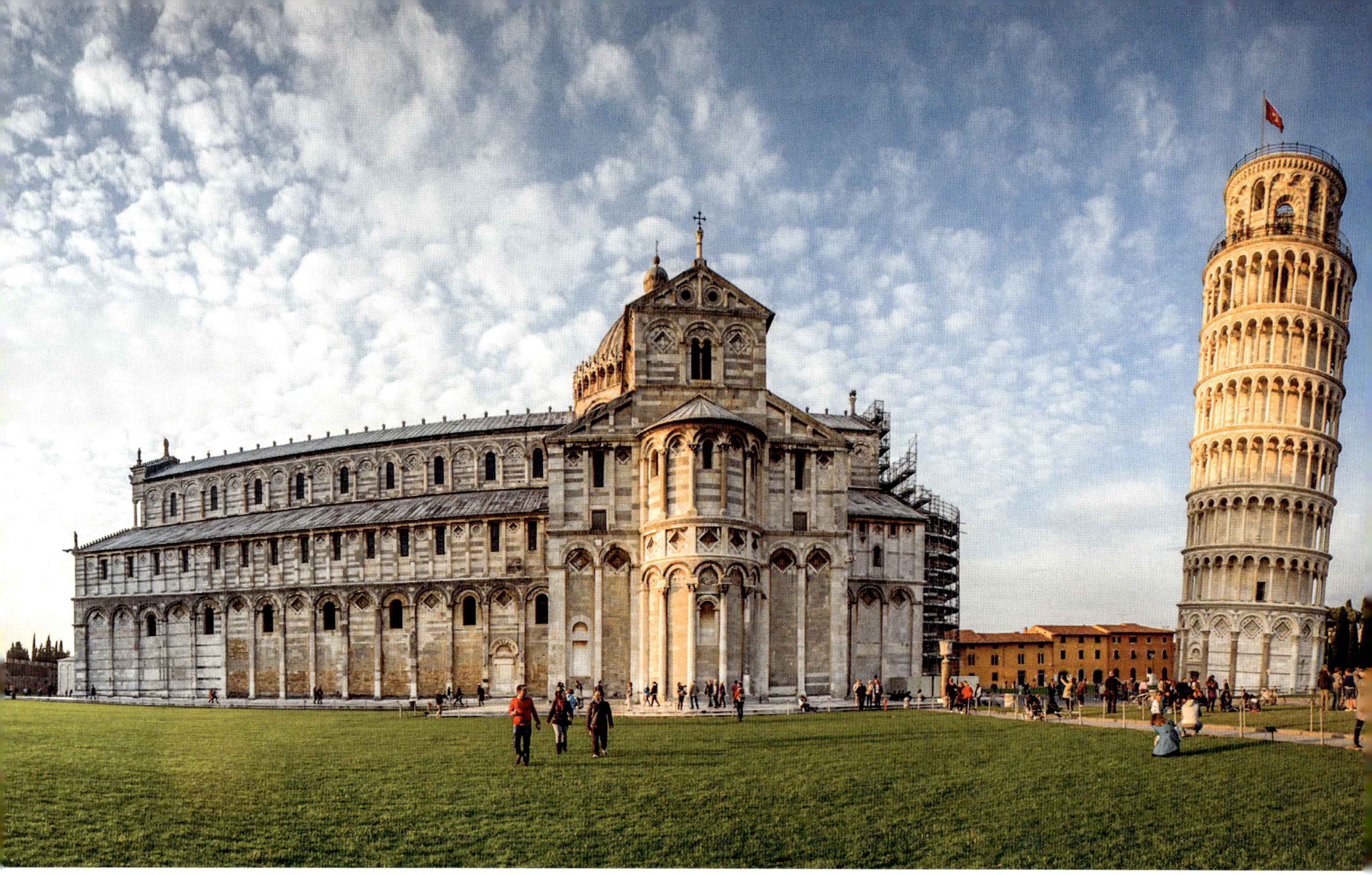

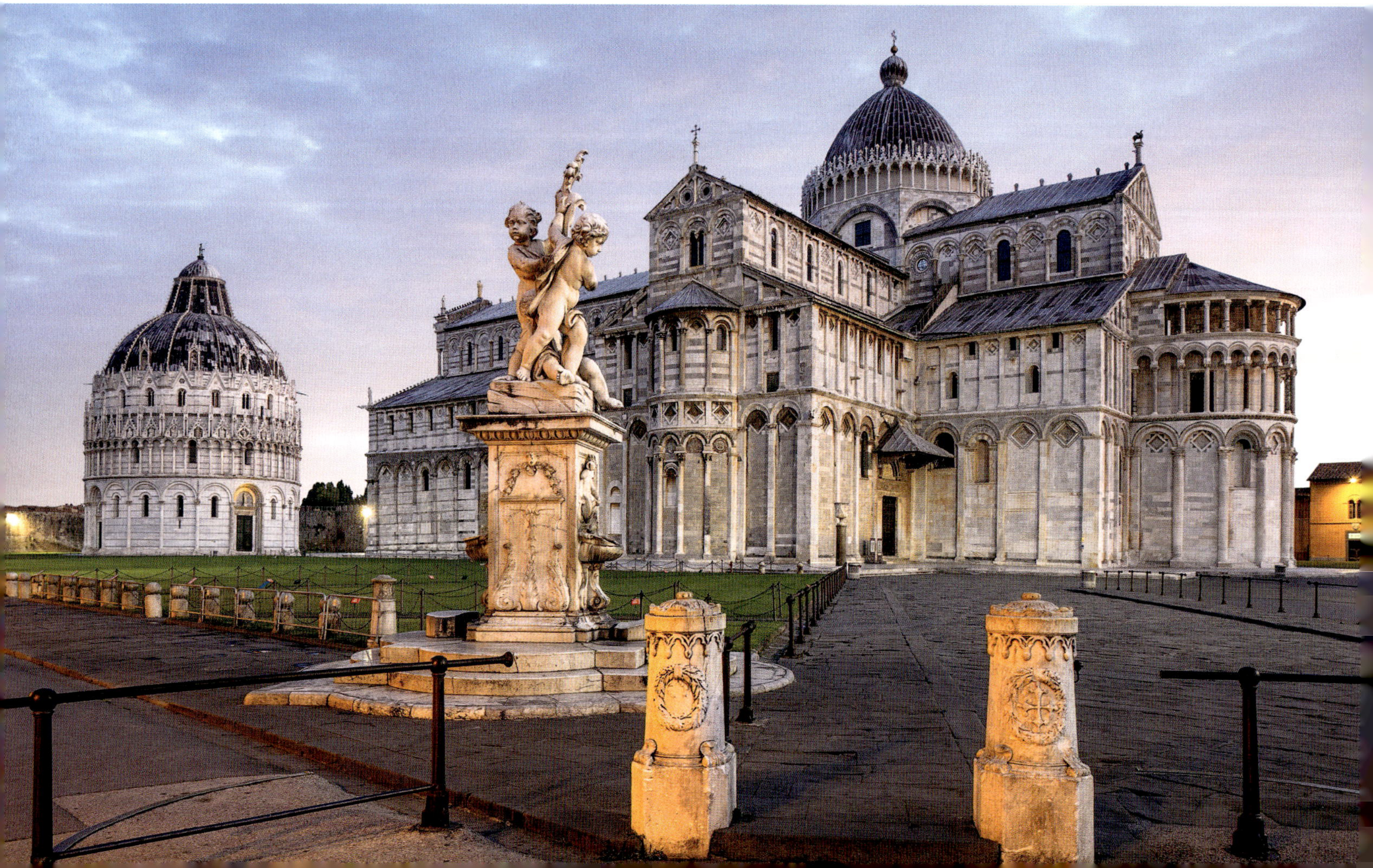

Italien

PISA

Einst galt die Handelsstadt Pisa als Königin der Meere, doch schließlich unterlag sie den mächtigen Rivalen Genua und Venedig. Einzig die Universität blieb führend im Land und zeugt von einer tief verwurzelten Bildungstradition. Ein wahres Wunderwerk besitzt Pisa mit seinem »Campo dei Miracoli«, dessen Besuch natürlich bei einem Aufenthalt nicht fehlen darf. Aber die Stadt hat noch mehr zu bieten: In der Altstadt befindet sich mit der Piazza dei Cavalieri einer der schönsten Renaissanceplätze Europas: Hier stehen der Palazzo dei Cavalieri sowie der Palazzo della Carovana; auch die Kirche Santo Stefano ist einen Besuch wert. Die Eingangshalle der Stadtverwaltung, des Palazzo Gambacorti, kann ebenfalls besichtigt werden. Entspannen kann man im verträumten botanischen Garten. Ebenfalls lohnend ist ein Bummel durch das Stadtviertel Borgo Stretto.

1063 begann man außerhalb der damaligen Stadtmauer von Pisa mit den Bauarbeiten für den Dom nach den Plänen des Architekten Buscheto. Die prächtige, 35 Meter lange Fassade entwarf Rainaldo. Die Porta di San Ranieri am rechten Querschiff schuf im Jahr 1180 Bonanno Pisano. Die reich verzierte Kassettendecke im Gewölbe des Mittelschiffs stammt aus dem 17. Jahrhundert. Der frei stehende Campanile, ein zylindrischer Bau, wurde 1173 von Pisano begonnen, neigte sich jedoch schon während der Bauarbeiten und ist heute als »Schiefer Turm« weltberühmt. Lange befürchtete man einen Einsturz, doch mittlerweile ist der Turm durch ein neues Fundament abgesichert. Die Gestaltung des Baptisteriums zeigt – bedingt durch die lange Bauzeit (1152–1358) – bereits den Übergang von der Romanik zur Gotik. Ein Schmuckstück ist die frei stehende Kanzel mit dem Skulpturenschmuck von Nicola Pisano. Der Camposanto – der durch Bogengänge umschlossene Friedhof – weist in den Kapellen und an den Wänden des Kreuzgangs wertvolle Wandbilder aus dem 14. und 15. Jahrhundert auf. Die Bauten des Domplatzes wurden durch die einheitliche Verwendung von weißem Carrara-Marmor und architektonische Elemente wie Arkadenreihen und Säulengänge als stilistisch einheitliches Ensemble gestaltet. Anders als in vielen anderen Städten, deren Domplätze zugebaut wurden, blieb hier auch die Weitläufigkeit der Gesamtanlage erhalten.

Linke Seite: Pisas magisches Ensemble auf der Piazza dei Miracoli: die prächtige Fassade des Doms, daneben der frei stehende Campanile, als »schiefer Turm« weltberühmt. Auf der anderen Seite steht das zylinderförmige Baptisterium. Oben: Santa Maria della Spina am Arno. Bildleiste von oben: Wehrmauer, am Arno, Museo delle Navi Antiche, Orto Botanico mit Gewächshaus.

Italien

LIVORNO

Livorno war lange Zeit der (rund 20 Kilometer südlich gelegene) Hafen von Pisa und wurde 1405 von den Genuesen übernommen, die die Stadt 1421 für 100 000 Goldgulden an Florenz verkauften. Im Jahr 1571 gründeten die Medici einen neuen Hafen und ließen eine von einem Wassergraben, dem Fosso Reale, umgebene Stadt auf fünfeckigem Grundriss anlegen – das heutige Zentrum der knapp 160 000 Einwohner zählenden Stadt an der Riviera degli Etruschi. Im 19. Jahrhundert entwickelte sich Livorno zu einem der ersten europäischen Zentren der Aufklärung. Im 20. Jahrhundert war die Stadt eines der Zentren des Kommunismus: Hier wurde 1921 die Kommunistische Partei Italiens (KPI) gegründet. Heute lohnt sich ein Besuch in Livorno wegen der Altstadt und des Stadtviertels Venezia Nuova, das ein wenig an die »Serenissima« erinnert. Am Abend tummelt sich entlang der Uferpromenade (nicht nur) die Jugend.

Am ersten Augustwochenende findet im Stadtteil »Neu-Venedig« das mehrtägige Kulturfest »Effetto Venezia« statt.

ELBA

Nur zehn Kilometer vor dem italienischem Festland gelegen und von kristallklarem Wasser umgeben, ist Elba ein Touristenmagnet. Etrusker und Römer erkannten bereits die Schönheit der nach Sizilien und Sardinien drittgrößten italienischen Insel. Während in ihrem Inneren kahle Granitgipfel bis zu 1000 Meter in die Höhe ragen, ist die Küste von üppiger tropischer Vegetation bedeckt. Geschützt durch alte Kastanienwälder oder hohe Pinien, finden sich hier eine Fülle herrlicher Badebuchten. Dank des milden Klimas prägen Kastanien, Weingärten, Olivenbäume, aber auch intensiv duftende Macchia das Bild von Elba. Badende genießen die zahlreichen meist naturbelassenen Kies- und Sandstrände an den zum Teil noch recht mittelalterlich geprägten Küstenorten im Westen wie im Osten. Eine Besonderheit sind die »natürlichen Badewannen« zwischen Fetovaia und Seccheto im Südwesten.

Oben: Die Hauptstadt Portoferraio erreicht man mit der Fähre von Piombino aus. Rechts: Leuchtturm und Festung von Portoferraio.

Italien

SARDINIEN

Als »Insel der Hirten und Banditen« hat man Sardinien bezeichnet. Sie ist nach Sizilien die zweitgrößte Insel im Mittelmeer. Mehr als zwei Drittel der Insel sind hügelig oder bergig. Die stark zergliederte Küstenlinie ist insgesamt rund 1850 Kilometer lang – Raum genug für herrliche Sandstrände und oft noch unberührte Buchten. Das Wasser ist türkisblau und schon oft wegen seiner hervorragenden Qualität ausgezeichnet worden. Nicht umsonst trägt die Insel den Beinamen »Traum in Blau«. Die Tauchgründe im Norden und Nordosten der Insel zählen zu den besten der Welt, Ähnliches gilt für die Segelreviere. Ganz anders dagegen ist das Landschaftsbild im Inselinneren, zum Beispiel in der Barbágia, wo die Gipfel des Gennargentu bis auf mehr als 1800 Meter Meereshöhe reichen. Die Dörfer liegen hier häufig weit auseinander, dazwischen erstrecken sich kahle Berghänge, Kork- und Steineichenwälder und dichte Macchia.

Oben: Der Leuchtturm von Porto Cervo am Capo Ferro ist ein Wahrzeichen an der Küste. Links: Felsformation an der Costa Paradiso.

Italien

Sardinien

LA MADDALENA

Der Archipel La Maddalena im Norden Sardiniens ist ein geo-marines Schutzgebiet mit 62 größtenteils unbewohnten Inseln. Bizarre Granitformationen, sattgrüne Inseln, seichte Gewässer und Prärien aus Seegras bieten ideale Bedingungen für Seesterne, Korallen und Seeanemonen, für Delfine, Thunfische und nistende Meeresvögel. Die von Meeresströmungen und stetigem Wind geformten Eilande sind abwechslungsreich und sagenhaft schön, vor allem ihre Strände mit dem türkis funkelnden Wasser sind beliebte Ausflugsziele. Allen voran die berühmte Spiaggia Rosa der Isola Budelli, der je nach Lichteinfall in den unterschiedlichsten Rosa-Schattierungen leuchtet. Seine Färbung entsteht durch die Skelettierung von Moostierchen. Der Strand darf zwar nicht betreten werden, wird aber von vielen Ausflugsbooten angesteuert, um die Passagiere zumindest von Weitem ein Auge auf das Phänomen werfen lassen zu können.

Der Jachthafen Cala Gavetta (oben) ist der Ausgangspunkt für den unfassbar schönen Archipel (Bilder links).

Italien

Sardinien

CASTELSARDO

Die engen Altstadtgassen des kleinen Städtchens, das sich zur exklusiven Vereinigung der »schönsten Orte Italiens« zählen darf, ziehen sich einen Felshang hinauf. Auf der Anhöhe ragt das Castello di Castelsardo 115 Meter hoch über dem Meer auf – der Blick reicht hinüber bis nach Korsika. Im Castello befindet sich das Museo dell'Intreccio, das die uralte Tradition der Korbflechterei präsentiert. Die Cattedrale di Sant'Antonio Abate, die im 17. Jahrhundert auf den Fundamenten einer romanischen Kirche errichtet wurde, erhebt sich ebenfalls hoch über dem Meer. Sie besticht durch ihren steil über dem Meer emporragenden Glockenturm und die Krypta. Alljährlich am Ostermontag findet in Castelsardo die Lunissanti-Prozession statt, bei der maskierte Gestalten zu Chormusik Fackeln durch die Straßen tragen. Spektakulär scheint fünf Kilometer südöstlich der wie ein Rüsseltier geformte Felsen Roccia dell'Elefante die Küste zu bewachen.

Die Häuser von Castelsardo ziehen sich hinauf bis zur Burg.

Sardinien

ALGHERO

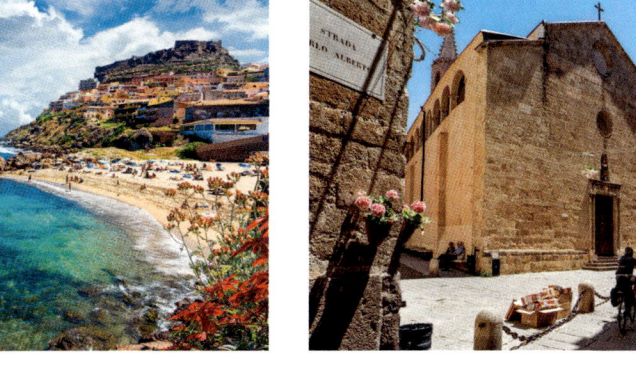

Als »Spanische Stadt« bezeichnen die Sarden die 1102 von den Genuesen gegründete Stadt an der Westküste Sardiniens. 1353 geriet sie unter spanische Herrschaft, katalanische Siedler vertrieben anschließend die einheimische Bevölkerung. Bis auf den heutigen Tag hat sich der katalanisch gefärbte Dialekt der Einwohner erhalten, auch das weitgehend mittelalterlich geprägte Stadtbild, die Glockentürme der Kathedrale Santa Maria und die Chiesa di San Francesco können den spanischen Einfluss nicht verleugnen. San Francesco lockt mit seinem Kreuzgang – das Untergeschoss stammt aus dem 14. Jahrhundert, das Obergeschoss wurde erst im 18. Jahrhundert daraufgesetzt. Während des sommerlichen Musikfestivals, des Estate Musicale Internazionale d'Alghero, finden hier auch Konzerte statt. Flaniermeile der Stadt und Schauplatz des abendlichen Korso ist die Piazza Civica.

Trutzig erhebt sich die Chiesa San Francesco mitten in der Altstadt. Wer sie besucht, sollte unbedingt den Glockenturm erklimmen. Von oben hat man die tollste Aussicht.

Sardinien

CAGLIARI

Die Hauptstadt Sardiniens liegt ganz im Süden der Insel am Golfo di Cagliari. Sie ist umgeben von »stagni« genannten Strandseen und Kalkhügeln. Cagliari geht auf eine Gründung der Phönizier zurück, diese nannten sie Karalis, »felsige Stadt«. Aus römischer Zeit stammt das gut erhaltene Amphitheater (15 000 Plätze), das aus den Kalksteinfelsen herausgeschlagen wurde und in dem noch heute Aufführungen stattfinden. Umgeben von mittelalterlichen Mauern und Türmen erstreckt sich Cagliaris Altstadt, das Quartiere Castello, auf einer Hügelkuppe oberhalb des Hafens. Die Prachttreppe der Bastione di Saint Remy führt hinauf zum großen Aussichtsplatz Terrazza Umberto. Sehenswert sind die Herrenhäuser, die Kathedrale, der Palazzo Boyl und die Bastione San Remy mit einem herrlichen Ausblick von der Terrazza Umberto I. Unweit davon ragt der Torre dell'Elefante auf, ein 35 Meter hoher Festungsturm aus dem 14. Jahrhundert.

Im 19. Jahrhundert wurde der Bastione San Remy in Cagliari attraktiv umgestaltet.

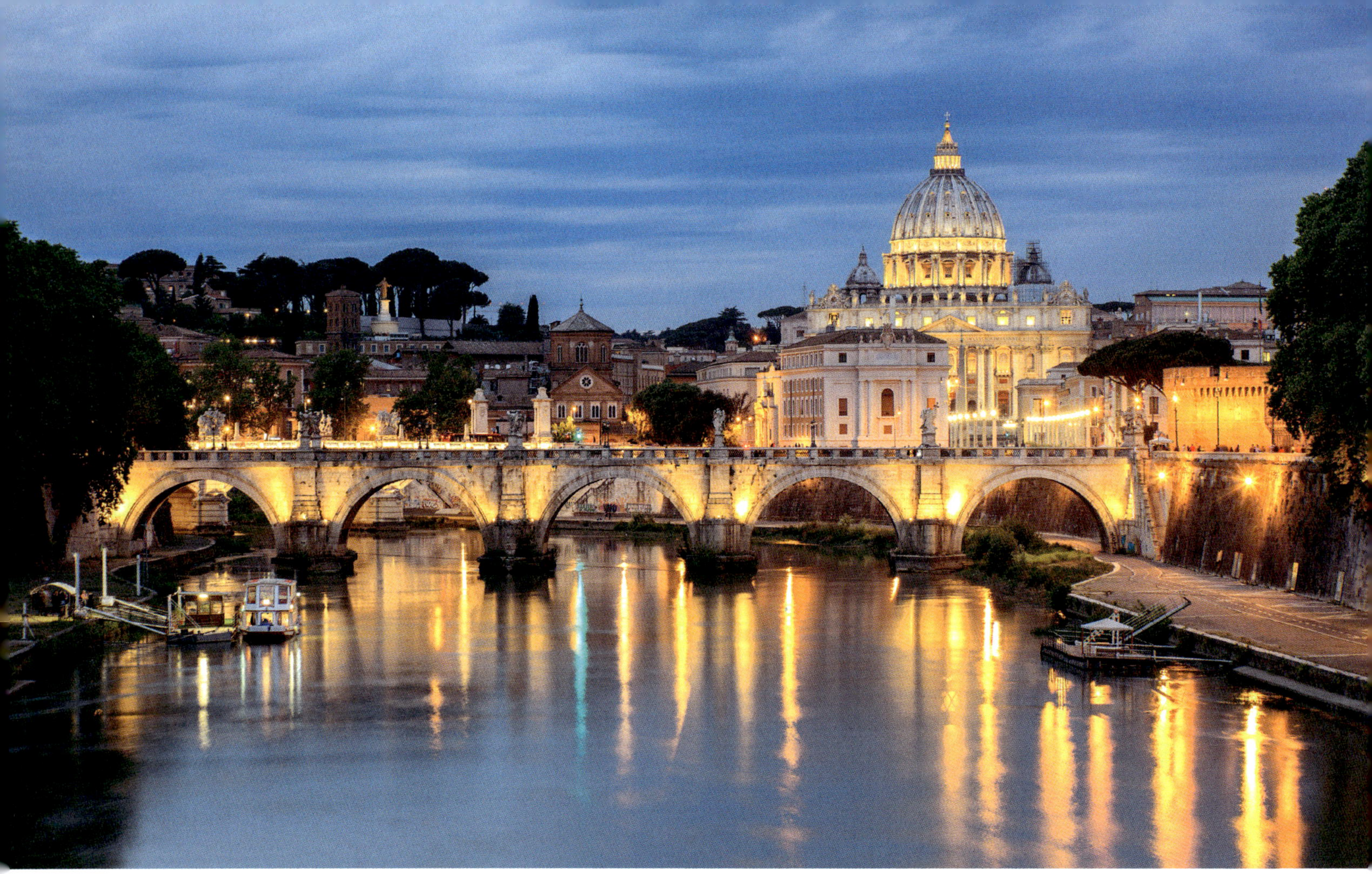

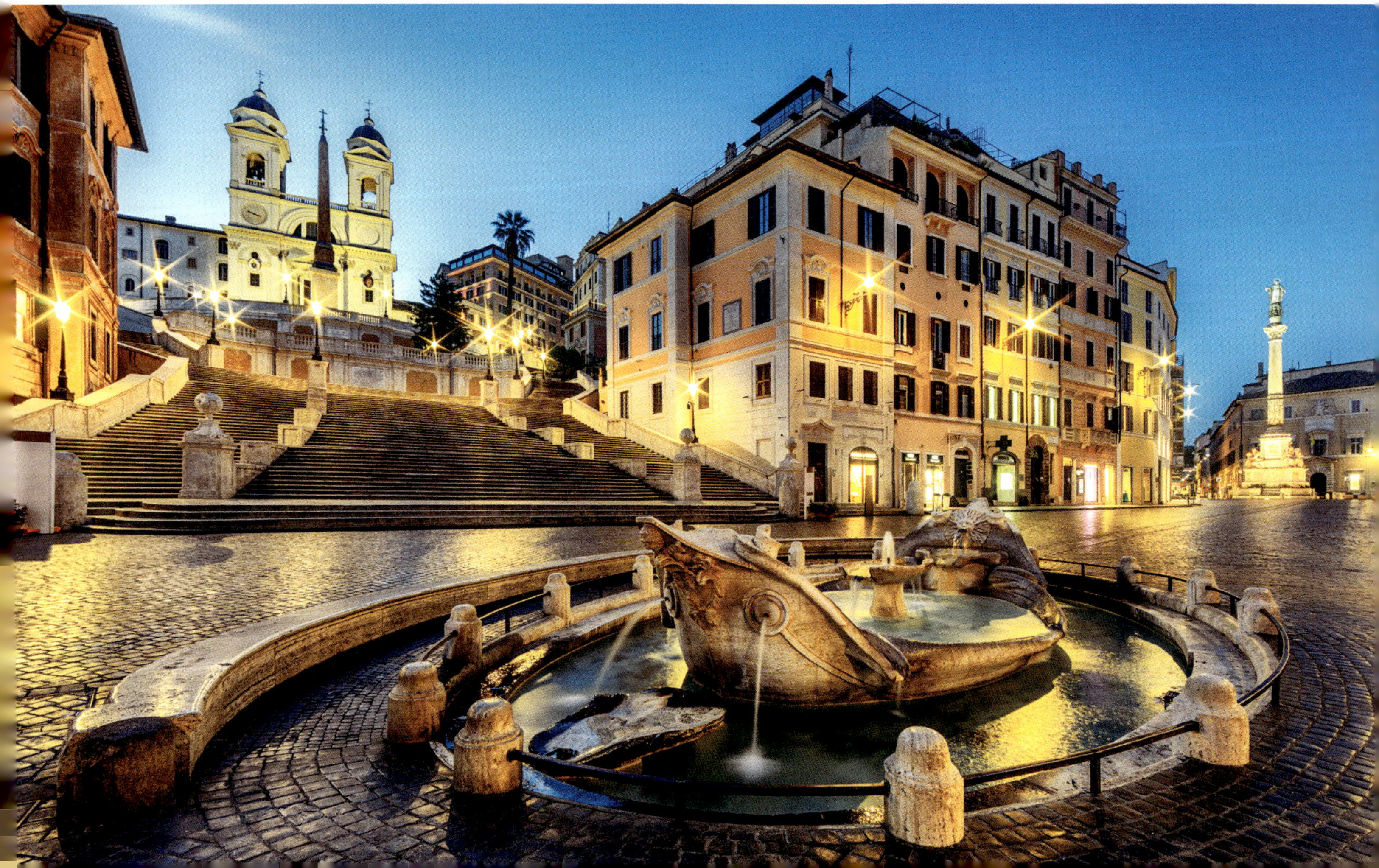

Italien

ROM

Die Stadt am Tiber – erbaut auf sieben Hügeln – blickt auf eine lange, bewegte Geschichte zurück, die ihre Spuren in Stadtvierteln, Plätzen, Straßenzügen, Baudenkmälern und Kunstschätzen in allen nur denkbaren Baustilen und Kunstrichtungen hinterlassen hat. Heute sind nicht mehr alle antiken sieben Hügel im Häusermeer der Metropole auszumachen, aber von der Piazza del Quirinale auf dem Quirinal, dem höchsten unter ihnen, hat man eine herrliche Aussicht auf die Stadt. Als Gründungsjahr Roms wird 753 v. Chr. angegeben, wobei die ersten Siedlungsspuren deutlich älter sind. Einschneidend war das Jahr 509 v. Chr., als die Zeit der römischen Republik begann. Rom wurde Herrin des Mittelmeers, in der Kaiserzeit Herrscherin über die damals bekannte Welt. Von der Glanzzeit des antiken Weltreichs künden das Forum Romanum mit Titusbogen, Maxentiusbasilika und Atrium Vestae, die Kaiserforen mit der Trajanssäule und der Palatin mit den Ruinen der Kaiserpaläste. Das Kolosseum, ein gigantisches Amphitheater, war Schauplatz von Gladiatorenkämpfen. Das um 120 errichtete Pantheon sollte zahlreiche Architekten immer wieder zu Nachschöpfungen inspirieren.

Nach dem Zerfall des Römischen Reiches begann im Mittelalter das Zeitalter der Päpste – diesmal war Rom vor allem geistliches Zentrum. Die Päpste begannen die Stadt großflächig umzugestalten und ließen unter Mitwirkung berühmter Künstler prächtige Kirchen und Paläste im Stil der Renaissance und des römischen Barock errichten. Zu den Stätten des Heiligen Stuhls in Rom gehören u. a. der Laterankomplex, die Patriarchalbasiliken Santa Maria Maggiore und San Paolo fuori le Mura sowie die Paläste Palazzo di Propaganda Fide, Palazzo Maffei und Palazzo del Sant'Uffizio. Der Rundbau der Engelsburg war ursprünglich Grabmal Kaiser Hadrians, dann Festung der Päpste. Politische Bedeutung erhielt Rom erst wieder im 19. Jahrhundert, als Italien vereint und Rom Hauptstadt des Königreichs wurde.

Rom liegt rund 20 Kilometer von der Küste Latiums entfernt, über Civitavecchia gehen hier die Kreuzfahrtschifftouristen an Land. Zu den markantesten Sehenswürdigkeiten gehören: der Petersdom, ein Monumentalbau der Renaissance (links oben), die Piazza di Spagna mit der Spanischen Treppe (links unten), das Forum Romanum mit den Mercati di Traiani (oben). Bildleiste von oben: Blick über das Häusermeer von Rom zum Monumento Nazionale a Vittorio Emanuele II.; der weitläufige Petersplatz mit den Sixtinischen Museen; die Fontana di Trevi, ein Herzstück der Stadt; die imposante Engelsburg und das Kolosseum, das wohl berühmteste Amphitheater der Welt.

Italien

Rom

PETERSDOM

Die ab dem Jahr 1506 errichtete Peterskirche gehört mit einer überbauten Fläche von rund 15 000 Quadratmetern zu den größten Gotteshäusern der Welt. Gebaut wurde sie an jenem Ort, wo bereits unter Kaiser Konstantin eine erste Peterskirche stand. Ihre Fassade ist rund 45 Meter hoch und 115 Meter breit. Die Höhe bis zur – die Kuppel krönenden – Laterne beträgt 132 Meter. Im Inneren des riesigen Doms haben 60 000 Gläubige Platz. Die berühmtesten Künstler ihrer Zeit wirkten an der Ausgestaltung mit: die Architekten Bramante und Sangallo, die Maler Michelangelo und Raffael, die Bildhauer Bernini und Maderno. Nahe dem von Bernini entworfenen Grabmal für Papst Urban VIII. kann man zu den Grotten hinabsteigen, wo sich das Grab des Petrus befinden soll. Die goldene Abschlusslaterne der Kuppel taucht das Innere in ein mildes Licht.

Rund eineinhalb Jahrhunderte dauerte der Neubau der Peterskirche. Trotz der vielen beteiligten Architekten wirkt er innen wie außen wie aus einem Guss.

Rom
FORUM ROMANUM

Rom
PANTHEON

ROMS BRUNNEN

In Rom gibt es an fast jeder Straßenecke, auf beinahe jedem größeren oder kleineren Platz einen Brunnen – alles in allem müssen es viele Tausend sein, die das Auge

"Nun zeig ich euch, an welchem Ort der Stadt / Jedweder Mensch am leichtesten zu finden ist, / Damit ihr nicht lange laufen müsst, wenn einen ihr / Wollt treffen, sei er ein Gauner, sei er Biedermann«, so der Dichter Plautus (250 bis 184 v. Chr.). Der »Ort«, von dem er sprach, war das Forum. Auf diesem zwischen Palatin und Kapitol gelegenen Platz sowie in den dort vom 6. vorchristlichen Jahrhundert an errichteten Gebäuden fanden religiöse Zeremonien statt und politische Versammlungen, es wurden Reden gehalten und Waren angeboten. Tagsüber wimmelte es dort von Menschen – auch von solchen, die nur dem Müßiggang frönen wollten. Mit dem Niedergang des Römischen Reiches verfielen auch die Bauten des Forums, die nun ihre Funktion eingebüßt hatten. Im Mittelalter war der Platz dann als »Campo Vaccino«, als »Kuhweide«, bekannt.

Der Bogen von Septimius Severus und der Tempel des Saturn sind nur zwei der weltberühmten antiken Wahrzeichen des Forum Romanum.

Das Pantheon war, wie sein griechischer Name besagt, ein allen Göttern geweihter Tempel. Der Kuppelbau, dessen Durchmesser und Höhe jeweils 43,4 Meter betragen, hat ein wechselvolles Schicksal hinter sich: Im Jahr 27 v. Chr. angelegt, wurde er 80 n. Chr. durch ein Feuer zerstört und während der Regierungszeit von Kaiser Hadrian wieder aufgebaut. Im 5. Jahrhundert schloss man die »heidnische« Kultstätte, aber Papst Bonifaz IV. verhinderte ihre Zerstörung. Dann wurde sie in eine christliche Kirche umgewandelt. Die runde Öffnung in der Kuppel, der »Oculus« (Auge), hatte eine mystische Bedeutung: Sie sollte die Verbindung zur Welt der Götter herstellen. Im Inneren des ehemaligen Tempels befinden sich unter anderem das Grab des Malers Raffael und das Viktor Emanuels II., des ersten Königs des geeinten Italien.

Das Pantheon gilt als der größte Kuppelbau der Antike. Sein Innenraum wird von einer Kuppel mit Kassettendecke überwölbt, die Wände sind durch Nischen und Säulen gegliedert.

erfreuen. Die künstlerischen Brunnen sind ein indirektes Erbe der Antike. Sie wurden am Ort der ehemals den Wassergeistern geweihten Heiligtümer (Nymphäen) angelegt – im Altertum befanden die sich gerade dort, wo die Aquädukte endeten, die das Trinkwasser aus vielen Hundert Kilometern entfernten Gebirgen in die Stadt transportierten. Drei von ihnen sind bis heute noch immer intakt, und sie speisen auch nach wie vor die Brunnen, die die Päpste dort errichten ließen, wo sich einst die heidnischen Nymphäen befanden: Die Aqua Virgo versorgt den Trevi- und die Aqua Claudia den Mosesbrunnen; die Aqua Augusta endet in den Wasserfällen bei der Villa Aldobrandini.

Auf der Piazza Navona befinden sich zwei der berühmtesten Brunnen der Stadt: die Fontana dei Quattro Fiumi, der von Bernini geschaffene »Vierströmebrunnen«, und der ebenfalls barocke Neptunbrunnen (oben im Vordergrund).

Italien

TERRACINA

Die Stadt – heute ein bekannter Badeort – war einst eine bedeutende römische Handelsstadt, von der noch einige Zeugnisse erhalten sind. Die verheerenden Bombenangriffe des Zweiten Weltkriegs hatten den unerwarteten Nebeneffekt, dass viele der antiken Stätten freigelegt wurden, darunter auch ein Teil der legendären Via Appia sowie das Originalpflaster des römischen Forums. Aus dem Mittelalter stammt der Dom San Cesareo, an dessen Stelle sich einst ein Tempel befunden hat. Zu seinen Schätzen gehört ein Mosaikfußboden aus dem 13. Jahrhundert.

Oben: In der Oberstadt liegt die Piazza del Municipo, einst ein Teil des gigantischen römischen Forum Emilianum. Heute steht hier das namensgebende Rathaus. Ihm gegenüber steht die Cattedrale San Cesareo.
Links: Ein Zeugnis der Antike: der Tempel des Jupiter, Terracinas bedeutendste Ausgrabungsstätte oberhalb der Stadt.

Italien

GAETA

Gaeta war einst eine Festung des Königreichs Neapel. Ihre Altstadt, deren Silhouette von dem aragonischen Kastell und der Kirche San Francesco geprägt wird, liegt malerisch auf einer Halbinsel. Die Stadt lohnt einen Besuch vor allem wegen des einzigartigen Glockenturms des Doms aus dem 12. Jahrhundert, dessen Ziegel bunt gebrannt sind. Eine Kuriosität hat die kleine Kirche San Giovanni a Mare, die im 10. Jahrhundert errichtet wurde, vorzuweisen: Ihr Fußboden wurde von den Erbauern in weiser Voraussicht schräg konzipiert, damit das Meerwasser bei Hochwasser wieder abfließen kann.

Oben: Eine Christusstatue wacht in Gaeta über die Häuser und die Bucht. **Rechts:** Cattedrale dei Santi Erasmo e Marciano e di Santa Maria Assunta lautet der offizielle Name des Doms der Stadt, dessen außergewöhnlicher Campanile weithin sichtbar ist. Die Kirche selbst wurde barock umgestaltet, nur dem Turm sieht man sein Alter an.

Italien

PONZA

Zugvögel lieben Ponza ebenso wie Taucher. Denn hier ist die Welt noch weitgehend intakt – über und unter dem Meeresspiegel. Fast ein kleines Wunder ist das mondsichelförmige Stückchen Land im Tyrrhenischen Meer – denn trotz seiner Schönheit aus dramatischen Felsküsten, terrassierten Hängen und glasklarem Wasser ist ein Massenansturm an Touristen bislang ausgeblieben. Die Geschichte des vulkanischen Winzlings reicht indes zurück bis in die Antike. Nur etwa 3000 Menschen leben auf dem hügeligen, steilküstigen Inselzwerg, vor allem in Ponza-Stadt, von dessen Hafen sich die hellen Häuserkuben hangwärts staffeln, und in Le Forna, an der schmalsten Stelle der Insel. Ansonsten: Ruhe und im Sommer der Duft blühender Myrten. Badestrände, die oft nur vom Wasser aus erreichbar sind. Oder durch einen langen Tunnel. Wie die von einer hohen Tuffsteinwand begrenzte Spiaggi di Chiaia di Luna. Bereits in römischer Zeit wurde dieser Zugang geschaffen. Auch Jacques Picard (1922–2008) geriet hier ins Staunen: Mit seinem Boot »Trieste« tauchte der berühmte Tiefseeforscher 1953 vor Ponza hinab bis auf rekordhafte 3150 Meter.

Mit ihren Cafés und Geschäften verströmt Ponza-Stadt typisch italienisches Ferienflair.

Italien

ISCHIA

Schon früh am Morgen strömen die Touristen in Neapels Hafen in die Boote, um nach einer guten Stunde auf dem Golf von Neapel die Hauptinsel des Phlegräischen Archipels zu betreten, die Vegetation und bunten Häuschen zu bewundern, das milde Klima und die zahlreichen Thermalquellen zu genießen. Die Mauern des im Osten über das Meer wachenden Kastells sind das Wahrzeichen Ischias und kultureller Höhepunkt, die Terrassen der Thermalbecken in den Poseidongärten die unbestrittenen Helden Heilung Suchender. Am schönsten zeigt sich die Üppigkeit Ischias im Parco La Mortella, in dem Pflanzen aus aller Welt einen Wettbewerb des Wachstums und der Blüte austragen. Entstanden ist Ischia vor Tausenden von Jahren durch einen Vulkanausbruch. Bis heute ist diese Vergangenheit dank der Fumarolen, durch die heißes Wasser austritt, sichtbar. Schon die Römer fanden Gefallen an dem fruchtbaren, mit Tonerde und diversen Thermalwässern gesegneten Eiland.

Großes Bild: Neben der Hauptinsel von Ischia beeindruckt das Castello Aragonese auf einer Felseninsel. Kleine Bilder: Autofrei und schon deshalb ein Ort der Erholung ist Sant'Angelo; der botanische Garten La Mortella umfasst 3000 Pflanzenarten.

Italien

CORRICELLA

Nur gut eine halbe Stunde braucht das Schiff vom Hafen Neapels zu jenem von Procida. Im Sommer findet sich kaum Platz an Bord; aber wenn die heißen Monate vorbei sind, gehört das Eiland wieder weitgehend sich selbst. Nur die Wellen spielen dann an den Stränden, Schafe grasen hoch über den steilen, von der Sonne gebleichten Klippen. Eine kühle Brise streicht durch die Zitrushaine, kitzelt die Reben, den wilden Fenchel, die Kronen der Mittelmeer-Eichen. Und in den Gassen der wenigen Inselorte, deren farbenfrohe Häuser-Ensembles mitunter anmuten wie konstruktivistische Gemälde, klingen nur wenige fremde Schritte. Selbst in der Terra Murata, dem ältesten bewohnten Inselteil, in dem auch die prächtige Klosterkirche San Michele steht, sind die Einwohner Procidas dann fast unter sich.

Als habe ein Riese mit Bauklötzchen gespielt, so mutet der sonnenverwöhnte Fischerort an. Überragt von der Kuppel der Kirche Santa Maria delle Grazie ziehen sich seine farbenfrohen Häuserkuben bis zum Hafen.

Italien

NEAPEL

Die drittgrößte Stadt Italiens, am gleichnamigen Golf gelegen, ist wohl die lauteste, hektischste, aber auch liebenswerteste unter den italienischen Metropolen. Über ihren engen Gassen sind noch immer die Wäscheleinen gespannt, hier bilden Reichtum und Armut einen faszinierenden, verstörenden Mix. Im Jahr 1995 wurde die Altstadt mit ihren fast 300 Kirchen, Burgen und Stadthäusern zum Weltkulturerbe erhoben.

Am besten erlebt man ihr Flair in der Straßenschlucht, die die Altstadt durchschneidet und Spaccanapoli (»spaltet Neapel«) genannt wird. An der Piazza del Gesù Nuovo erinnert eine 34 Meter hohe Pestsäule an die Pesttoten des 17. Jahrhunderts. Gleich drei Kastelle finden sich im Zentrum: Castel dell'Ovo, Castel Nuovo im Hafenbereich sowie Castel Sant'Elmo auf dem Vomerohügel. Sehenswert sind auch der Palazzo Reale und das Teatro San Carlo (1737).

Wie eingeklemmt wirkt Neapels Dom im engen Gassengewirr der Altstadt. Das ab dem 12. Jahrhundert auf Fundamenten älterer Kirchen errichtete Gotteshaus vereint viele verschiedene Stile in sich – das ist bereits am Portal sichtbar, das fantastische gotische Skulpturen einrahmen. Im barocken Inneren fällt es schwer, in der Fülle die einzelnen Kostbarkeiten zu erkennen: Da wären beispielsweise die Deckenfresken von Domenico Zampieri (1633) in der Reale Cappella del Tesoro di San Gennaro mit den Reliquien des Stadtpatrons. Oder die frühchristliche Taufkapelle San Giovanni in Fonte aus dem 4. Jahrhundert, die hinter der Apsis verborgen liegt. Die nicht weit entfernte kleine, aber üppigst ausgestattete Barockkirche Cappella Sansevero prägt eine Fülle barocker Elemente mit vielen kunstvoll gearbeiteten Marmorstatuen, darunter der bewegende »Verschleierte Christus«.

Die ebenfalls gotische Kirche Santa Chiara (14. Jahrhundert), die Grablege der Anjou-Könige mit

Italien

POMPEJI

Es war der 24. August im Jahr 79 n. Chr., als plötzlich der riesige Stöpsel, der jahrhundertelang den Schlund des Vulkans Vesuv verschlossen hatte, in die Luft flog: Eine

riesige Wolke aus Schlacke, Steinen und Asche verdunkelte die Sonne, regnete auf die römischen Städte Pompeji und Herculaneum nieder und begrub sie unter sich. Begleitet wurde der Ausbruch von heftigen Erdbeben und rot glühender Lava, die sich über den Kraterrand zu Tal wälzte. Der Ausbruch, den der Schriftsteller Plinius der Jüngere von einem Schiff aus miterlebte und später detailliert beschrieb, kam für die Einwohner völlig überraschend. Die meisten konnten nicht mehr flüchten, sondern wurden – ebenso wie ihre Stadt – unter einer bis zu sechs Meter dicken Asche-, Lava- und Schlackeschicht begraben und von dem Naturereignis quasi mumifiziert. Diesem Umstand verdanken wir vieles, was wir heute über das römisch-antike Alltagsleben wissen.
Bis zum 16. Jahrhundert war Pompeji vergessen, die Ausgrabungen begannen erst im Jahr 1748 und förderten im Lauf der Zeit zwei fast komplett erhaltene antike Städte zutage – nicht nur Tempel, Theater und Foren, sondern auch Wohnhäuser und viele Dinge aus dem römischen Alltag: Läden, Küchen, Herbergen, Latrinen, Werkzeuge, Bordelle und natürlich die berühmten Fresken, meist in strahlendem Rot.

einem sehenswerten, da sehr farbenfroh ausgeschmückten Kreuzgang, lohnt einen Blick. Hinter der Kirche Della Madre de Buon Consiglio kann man hinabsteigen in die mit Fresken geschmückten Katakomben aus dem 2. Jahrhundert. Luftiger geht es zu in den Funicolari, den in höher gelegene Stadtteile führenden Zahnradbahnen. Von unschätzbarem Wert sind die Funde im Museo Archeologico Nazionale, zu dessen Schätzen der »Farnesische Stier« aus den Caracalla-Thermen in Rom und das Mosaik der Alexanderschlacht aus Pompeji zählen.
Kein Besuch Neapels ohne eine Fahrt mit der Metrò dell'Arte: Wer die Linie 1 zwischen Piazza Garibaldi und Rione Alto besteigt, erlebt beeindruckende Kunst im Untergrund. Hunderte Künstler haben sich seit Beginn dieses Projektes in den 1990er-Jahren mit über 200 Kunstwerken an der Metrò dell'Arte beteiligt, die über 15 Haltestellen verteilt sind.

Links: Das »alte Neapel« liegt nahe am Hafen. Hier spielt sich das Leben auf den Straßen ab. Und alles vor dem Auge des Vesuvs (großes Bild). Oben: Im barocken Inneren des Doms von Neapel ist es schwer, in der Fülle alle Kostbarkeiten zu sehen.

Italien

CAPRI

Schon Kaiser Augustus und sein Nachfolger Tiberius haben hier den legendären Sonnenuntergang genossen. Von Tiberius' Villa Iovis an der Nordostspitze der Insel sind noch Reste erhalten. Capri ist eine relativ kleine, aber recht steile Insel; die schroffen und teilweise bizarren Kalksteinklippen ragen bis zu 589 Meter hoch aus dem Golf von Neapel auf. An der Küste findet sich eine Reihe von Höhlen und Grotten, die durch das Absinken der Insel in den letzten 2000 Jahren entstanden sind. Der Eingang der bis zu 30 Meter hohen Blauen Grotte, einer Karsthöhle, liegt nur etwa einen Meter über dem Wasserspiegel. In Marina Grande legen die Fähren vom Festland an. Inselziele sind die Orte Capri und Anacapri an den Hängen des Monte Solaro, die Felsnadeln »I Faraglioni« vor der Küste sowie die Felsklippen des Arco Naturale im Osten.

Rechts: Vom Monte Solaro, dem höchsten Gipfel von Capri, hat man einen traumhaften Blick über die Insel. Oben: Boote vor dem Eingang der berühmten Blauen Grotte.

Italien

POSITANO

SORRENT

Schon in der Antike ließen sich wohlhabende Römer prächtige Sommersitze auf der grünen, bergigen Halbinsel von Sorrent errichten. Inzwischen ist die reizvolle und vielfältige Kulturlandschaft zu einer Art Mythos und zum Inbegriff des berühmten Dolce-Vita-Lebensgefühls geworden. »Besucht man einen Freund, dann läuft man nicht, sondern man klettert oder rollt«, schrieb John Steinbeck über das einstige Fischerdorf Positano. Seine engen Gassen und steilen Treppen um die Kirche Santa Maria Assunta lockten ab den 1950er-Jahren Künstler aus aller Welt an. Aber auch Franco Zeffirelli hegte eine jahrzehntelange Liebe zu dem schönen Küstenflecken am Beginn der Amalfitana. In seiner Villa Treville war die Callas ebenso zu Gast wie Liz Taylor, Liza Minnelli, Elton John und Leonard Bernstein.

Links und oben: Einer der schönsten Flecken der Amalfiküste liegt am Beginn der Amalfitana: Positano ist berühmt für seine malerische Lage an zwei Hängen des Monte Angelo a Tre Pizzi (1443 Meter).

Rund um den Golf von Neapel führt eine wunderschöne Küstenstraße mit grandiosem Blick auf den Golf nach Sorrent, das vis-à-vis von Capri auf einer Halbinsel liegt. Schon die römischen Kaiser ließen sich in dem auf steilen Felswänden wie auf einer Naturbühne thronenden Städtchen Villen und Tempel bauen. Im 18. Jahrhundert erlebte der Ort eine Renaissance, als ihn vor allem Künstler für sich entdeckten. Heute ist Sorrent, wo übrigens der Dichter Torquato Tasso 1544 geboren wurde, einer der beliebtesten Bade- und Luftkurorte Italiens. An den Dichter erinnert eine Marmorstatue auf der Piazza Torquato Tasso. Der Dom, errichtet ab dem 14. Jahrhundert, ist allein schon wegen seiner Intarsienarbeiten sehenswert, für die Sorrento berühmt ist. Von der Villa Comunale aus bietet sich ein herrlicher Blick über den Golf von Neapel.

Sorrent thront auf einem steil abfallenden Kalksteinplateau über dem Meer und wird von Ausläufern der Monti Lattari eingerahmt.

Italien

RAVELLO

Luftlinie einen Kilometer von der Küste entfernt (über die Straße mit mehreren Spitzkehren sind es sechs Kilometer) thront Ravello in 350 Meter Höhe. Der Ausblick von hier über Küste und Meer ist fantastisch. Mehr als zwei Dutzend italienische Adelsfamilien ließen sich in Ravello Villen und Paläste bauen. Ein echtes und besonderes Schmuckstück ist die im 13. Jahrhundert errichtete und im 19. Jahrhundert veränderte Villa Rufolo mit ihren wunderschönen Gärten, die für die Öffentlichkeit zugänglich ist. Auch der Dom Ravellos, ein Meisterwerk arabisch-byzantinischer Mosaikarbeit, ist weithin bekannt. Der Reiz von Ravello hat Besucher seit Jahrhunderten verzaubert. Berühmte Schauspieler, Schriftsteller, Komponisten und Künstler haben hier Zuflucht und Inspiration gesucht; Richard Wagner zum Beispiel ließ sich von den Gärten der Villa Rufolo für das Bühnenbild seiner Oper »Parsifal« inspirieren.

Links: Die Chiesa dell'Annunziata gehört zur Villa Rufolo. Der Blick von hier über Küste und Meer ist atemberaubend (oben).

AMALFI

Amalfi, heute ein hübscher Badeort mit 6000 Einwohnern, war vom 9. bis zum 11. Jahrhundert eine bedeutende Seerepublik und stand in Konkurrenz mit Genua, Pisa und Venedig – damals zählte es 50 000 Einwohner. An den einstigen Glanz erinnert nur noch die alle vier Jahre gemeinsam mit den einstigen Rivalen ausgetragene Ruderregatta. Im 14. Jahrhundert wurde Amalfi durch eine Sturmflut weitgehend zerstört, weshalb wenig Historisches erhalten geblieben ist. »Chiostro del Paradiso« heißt eines der wenigen Zeugnisse: Der »paradiesische Klostergang« ist Teil des Erzbischöflichen Ensembles, das um 1200 im maurischen Stil umgestaltet wurde. Mitten im Gassengewirr mit seinen zahlreichen Treppen steht der Dom, der auf das 9. Jahrhundert zurückgeht und 1203 im arabisch-normannisch-sizilianischen Stil umgebaut wurde. Zwei herrlich gelegene ehemalige Klöster beherbergen heute Luxushotels, wo schon Henrik Ibsen und Ingrid Bergman nächtigten.

Der Domplatz von Amalfi ist ein beliebter Treffpunkt in der Stadt.

AMALFITANA

Die Region um Amalfi mit ihrer atemberaubenden Steilküste gehört zu den größten Naturschönheiten Italiens. Erschlossen wird dieser Abschnitt durch eine kurvenreiche

Panoramastraße, von der man einen überwältigenden Ausblick auf den Golf von Salerno genießt. Die 1997 von der UNESCO zum Weltkulturerbe erklärte Kulturlandschaft Costiera Amalfi umfasst die Südseite der Halbinsel von Sorrent. Traumhafte Ausblicke auf das blaue Mittelmeer, auf herrliche Buchten und malerische, eng an die Felsen geschmiegte Ortschaften erlaubt die Straße entlang der Steilküste, die zu den schönsten Küstenabschnitten Italiens zählt. Etwa 45 Kilometer zieht sich die Straße in Serpentinen oberhalb des Meeres hin. Der einzige Wermutstropfen: Zur Hauptreisezeit lockt sie so viele Touristen an, dass es immer wieder zu kilometerlangen Staus kommt. Der Schönheit der Strecke tut das jedoch keinen Abbruch. Hier ist Italien zweifellos das Land, wo die Zitronen blühen! Seit dem 19. Jahrhundert wussten Künstler die Reize dieser Küste zu schätzen und erkoren Orte wie Ravello, Atrani oder Positano zum Feriendomizil oder gleich ganz zum Altersruhesitz.

Italien

TROPEA

Borgo dei Borghi, das »Dorf der Dörfer« – mit diesem Titel darf sich Tropea als Jahresgewinner einer italienischen Fernsehsendung seit Kurzem schmücken. Doch eigentlich hätte es des TV-Preises gar nicht bedurft. Denn die Perle der kalabrischen Mittelmeerküste lobten schon antike Dichter wie Plinius. Viele Kulturen prägen das Städtchen, von dem der Blick bei gutem Wetter bis zu den Liparischen Inseln reicht. Eindrucksvoll zieht sich Tropeas historischer Kern entlang einer steilen Klippenwand. Die ersten Häuser balancieren geradezu auf der 40 Meter hohen Abbruchkante und scheinen fast mit dem natürlichen Stein zu verschmelzen. Das einst ummauerte Gassenknäuel, in dem sich kleine Plätze und einst noble Palazzi verstecken, endet bei der mittelalterlichen Kathedrale. Vom nahen Largo Villetta bietet sich ein schöner Blick auf den quirligen Porto, der Legende nach einer der fünf Häfen des Herkules.

Rechts: Eine direkte Falllinie bilden die Steilküste und die Mauern der Palazzi von Tropea. Oben: Santa Maria dell'Isola.

Italien

LIPARISCHE INSELN

Sieben Feuerberge, bekannt auch als Äolische Inseln nach dem antiken Götterliebling und Windherrscher Aiolos, bilden den fast noch unberührten Archipel nördlich von Sizilien. Leicht machen es die sieben Schwestern ihren Verehrern nicht: Zwei Stunden dauert allein die Fährpassage von Milazzo am Nordostzipfel Siziliens nach Vulcano. Und wer von diesem Eiland dann noch weiter zu den anderen Inselschönheiten will, zum quirligen Lipari etwa, dem lieblichen Salina, dem exklusiven Panarea oder den beiden verträumten Naturparadiesen Filicudi und Alicudi, braucht viel Zeit. Die Einheimischen haben sie meist. Eine gewisse Unaufgeregtheit hat sich daher auf fast allen der bewohnten Inseln des Archipels erhalten; selbst auf Stromboli, das es immerhin schon 1950 erstmals auf die Kino-Leinwand schaffte und den Besucher mit Schwefelgeruch und mitunter Aschewolken empfängt. Zwei Hafendörfer, Schilf und Macchia: Wer nach Stromboli kommt, hat meist nur den Vulkan im Sinn, dem die Insel ihren Namen verdankt. Der Feuerberg ist das Ziel. Drei Routen führen hinauf zum fast 1000 Meter hohen Kraterrand – aus dem immer wieder Rauchwolken puffen. Denn der Stromboli ist ständig mehr oder minder stark aktiv. Roberto Rossellini setzte ihm 1950 ein filmisches Denkmal mit »Stromboli Terra di Dio«. Ingrid Bergman spielte die Hauptrolle – und verliebte sich in den Regisseur.

Bunte Fischerkähne liegen zu Füßen des Castello friedlich am Hafenkai von Lipari-Stadt. Dessen Mauern beherbergen zwei Museen, antike Relikte und mehrere Kirchen. In den schmalen Gassen warten gemütliche Cafés, kleine Fischlokale und die berühmte Inselkeramik auf den Reisenden. Liparis steile Westküste zählt zu den schönsten Plätzen des gesamten Archipels, denn der liparische Bimsstein entlockt dem Meer hier ein fast karibisches Blau.

Ein wenig aus dem Rahmen fällt Strombolis unmittelbare Nachbarin Panarea. Hier poltert und speit zwar kein Vulkan, aber immer mal bringen Promis per Jacht und Heli ein wenig Unruhe in den Alltag. Hier trifft sich seit den 1960er-Jahren das mondäne Norditalien. Luxusjachten ankern in ihren Buchten, und von hier aus starten auch die Helikopter-Rundflüge über den Stromboli-Kessel. Aber die von Agaven, Kapernblüten und Heide-Bougainvilleen bunt getupfte Natur der Insel kennt immer noch kaum Straßen.

Wegen zweier Strandbuchten und der Heilkraft der schwefelhaltigen Schlammbäder viel besucht ist auch Vulcano. Agrarisch geprägt zeigt sich Salina, wo Kapern und der süße Malvasia-Wein gedeihen. Abseits der Touristenströme liegen Filicudi und Alicudi.

Bildleiste von oben: Lipari, Vulcano, Panarea, Alicudi, Salina. Oben: Stromboli bei Nacht. Rechts: Vulcano mit Lipari.

Italien

GELATI, GELATI!

Italienurlaub ohne Eis? Geht gar nicht! Ein *cono* mit erfrischendem *sorbetto* – aus Zitronen vielleicht, aus Feigen und Kirschen. Oder eine *coppa* mit sahnigen Kreationen auf der Basis von Pistazie und Mandel: Egal, ob im Hörnchen oder Becher, ob Frucht oder Milch – das kalte Gaumenglück gehört einfach zum Sommer, zum Urlaub, vor allem nach Italien. Die ersten Eisdielen eröffneten bereits um 1900; ein wahrer Boom entwickelte sich aber erst mit dem Zustrom der Touristen in den 1950er-Jahren. Dennoch begann die Geschichte des süßen, eisigen Vergnügens schon deutlich früher – und zwar auf Sizilien. Zur Zeit der arabischen Herrschaft um 900 n. Chr. schlürften die Menschen dort ein Fruchtgetränk, das mit Schnee oder zerstoßenem Eis vom Ätna kühl gehalten wurde. Von dieser *granita* war es nicht mehr weit zum Sorbet. Um 1690 kombinierte der Sizilianer Francesco Procopio in seinem Pariser Café erstmals die heimatlichen Aromen zusammen mit Milch zu Speiseeis.

Cremige, bunte Eisberge in allen Variationen: In den Gelaterien die Qual der Wahl.

Italien

SIZILIEN

Die größte Insel Italiens kommt in ihrer kulturellen Vielfalt einem ganzen Kontinent gleich. Klassische griechische Tempel, normannische Kathedralen und barocke Paläste machen aus der Insel eine Art überdimensionales Stilkundemuseum. Einen kraftvollen Kontrapunkt setzt die Natur mit dramatischen Felsküsten und Superlativen wie Europas höchstem Vulkan. Mongibello (vom italienischen »monte« und vom arabischen »gebel«, die beide »Berg« bedeuten) nennen ihn die Sizilianer im Wissen um seine bedrohliche Launenhaftigkeit. Doch so heikel das Leben im Schatten des größten Vulkans Europas sein mag: Ein Ausflug auf den 3323 Meter hohen Gipfel des Ätna ist, wenn man auf den vorgegebenen Pfaden bleibt, ungefährlich und ein unvergessliches Erlebnis.

Rechts: Schon Goethe erlag dem Charme des Bilderbuchortes Taormina hoch über dem Meer und mit Blick auf den Ätna am Horizont. **Oben:** Siziliens schönste Barockstadt Noto ist ein einzigartiges urbanes Gesamtkunstwerk.

Italien

Sizilien

PALERMO

Die Stadt war im Ersten Punischen Krieg Hauptstützpunkt der karthagischen Flotte und erlebte in der Folge unter Arabern, Normannen und Staufern kulturelle Blütezeiten sondergleichen. Aus all diesen Epochen hat sich ein immenser Schatz an Baudenkmälern erhalten. In der Altstadt stehen byzantinische Kirchen neben Moscheen, barocke und katalanische Paläste neben klassizistischen Kasernen und arabischen Lustschlössern. Glanzstücke sind vor allem die gewaltige Kathedrale und der Normannenpalast. Sehr sehenswert sind auch die Kirchen San Cataldo, San Giovanni degli Eremiti, das Teatro Massimo und die Katakomben des Kapuzinerkonvents. Vor 200 Jahren noch eine der prächtigsten Residenzstädte Europas, schien Palermo nach dem letzten Krieg dem Verfall preisgegeben. In den 1990er-Jahren streifte »die Schöne« das Stigma mafiöser Dekadenz ab. Seither wird emsig renoviert. Bester Beweis: die exotisch bunten Märkte sowie die Flaniermeilen und Plätze.

Großes Bild: Ein eindrucksvolles Stadtbild bietet Palermo mit dem Labyrinth aus Dächern von Wohnhäusern und Palazzi.

Italien

Sizilien

CEFALÚ

Das unter einem mächtigen Kalkfelsen geduckte Fischerstädtchen wäre allein wegen seiner orientalisch anmutenden Altstadt und des Sandstrands einen Zwischenstopp wert. Immerhin wartet es mit der Ruine eines antiken Heiligtums, mit seinen arabischen Waschhäusern und – im Museo Comunal Mandralisca – mit einer reizvollen privaten Kunstsammlung auf. All dies wird aber im wahrsten Sinne des Wortes vom Dom in den Schatten gestellt. Den Grundstein für diesen ältesten Sakralbau Siziliens aus der Normannenzeit ließ König Roger II. im Jahr 1131 legen. Allein der Anblick der Fassade mit ihrem romanisch strengen Bogenportal und den beiden wuchtigen Wehrtürmen gräbt sich tief ins Gedächtnis ein. Absolut überwältigend ist der hohe, schlanke Innenraum. Meister aus Konstantinopel schufen im Chorbereich noch zu Lebzeiten des Stifters herrliche, golden gleißende Mosaike. Seit 2015 gehört die Kathedrale zum Weltkulturerbe.

Das malerische Cefalù liegt eindrucksvoll vor der Kulisse eines Kalkfelsens und dem intensiv blauen Meer.

Italien

Sizilien

ÄTNA

Der Ätna ist mit 3323 Metern der höchste aktive Vulkan auf dem europäischen Kontinent und einer der aktivsten Schichtvulkane der Erde. Er entstand vor 600 000 Jahren an einer Stelle, an der eine Meeresbucht weit ins Landesinnere hineinreichte. Der Gebirgsstock des Ätna nimmt eine gewaltige Fläche ein, sein Umfang beträgt etwa 250 Kilometer. Die unterste Stufe bis in rund 1100 Meter Höhe besteht nur aus ausgeflossener Lava, darüber dominieren ausgeworfene Aschen (Pyroklastika). Im Hochgebirge des Ätna lebt eine sonst in zentralasiatischen Gebirgen dominierende Pflanzengesellschaft, die Kugelbuschheide. Von Nicolosi oder Zafferana führt die Strada dell'Etna in vielen Kurven bis zum Schutzhaus Sapienza auf 1910 Meter Höhe. Weiter geht's per Seilbahn auf 2600 Meter und zuletzt mit Führer im Allradfahrzeug bis zum Kraterrand. Wer etwas mehr Abstand halten will, kann an seinen Hängen wunderbar wandern.

Der seit vielen Tausend Jahren fast ständig aktive Ätna ist eines der aufschlussreichsten Experimentierfelder für Geowissenschaftler.

Sizilien

SYRAKUS

Beim ersten Blick auf Syrakus mag man kaum glauben, dass es vor 2300 Jahren eine Million Einwohner zählte und unter den griechischen Städten in Süditalien die mächtigste war. Doch ein Gang durch die malerische Altstadt öffnet die Augen. Das historische Herz von Syrakus schlägt seit der Gründung durch die Korinther (um 740 v. Chr.) auf der Insel Ortigia, und dort sind etliche Relikte der frühen Blüte zu finden: der Apollotempel, die Arethusaquelle und ein dorischer Tempel, den man im 7. Jahrhundert zum heutigen Dom ausgebaut hat. Auch von der antiken Neapolis auf dem Festland ist einiges erhalten geblieben: Der archäologische Park umfasst ein römisches und ein griechisches Theater, eine Vielzahl von Katakomben, den riesigen, aus dem weichen Kalkstein gemeißelten Altar Hierons II. und die »Ohr des Dionysios« genannte Grotte. Auch Attraktionen aus Mittelalter und Neuzeit, die Regionalgalerie und das unter Friedrich II. erbaute Castello Maniace lohnen einen Besuch.

Beleuchteter Domplatz mit der Kathedrale der Santa Maria delle Colonne.

Sizilien

AGRIGENT

Die Provinzhauptstadt mag anfangs einen zwiespältigen Eindruck hinterlassen. Allzu unschön haben Hochhäuser und Industrie den breiten Abhang überwuchert. In der überwiegend barocken Altstadt verbirgt sich jedoch so manches gemütliche Plätzchen und bauliche Juwel, allen voran der im Kern normannische Dom. Zum anderen zeigt sich das Zentrum wohltuend wenig vom modernen Wildwuchs überformt. Die meisten Besucher kommen jedoch wegen des berühmten Valle dei Templi, des »Tals der Tempel« in die Gegend, das sich südöstlich von Agrigent erstreckt und seit 1997 Teil des Weltkulturerbes ist. Hier sind auf einem lang gestreckten Bergrücken die Kultbauten des antiken Akragas, das im 5. Jahrhundert v. Chr. neben Syrakus zur stärksten Macht Siziliens aufgestiegen war, wie Perlen aneinandergereiht – monumentale Tempel im klassisch-dorischen Stil.

Der Herakles-Tempel ist der letzte monumentale Tempel in der Valle dei Templi von Agrigent.

Sizilien

ÄGADISCHE INSELN

Viele Legenden ranken sich um die Isole Egadi. Bei den drei bewohnten der fünf abgeschiedenen Inseln so heißt es, handele es sich um eine vom Gott der Unterwelt begehrte Nymphe und ihre beiden Söhne. In der Realität jedoch waren »Mutter« Favignana und ihr »Sohn« Levanzo lange mit dem Festland verbunden. Erst ab 6000 v. Chr. schwammen sie wie der Erstgeborene Marettimo unabhängig im Meer. Gemeinsam locken sie heute mit ursprünglicher Natur, Tauchgründen und überraschenden Relikten ihrer ebenso langen wie vielfältigen Historie. Sie beginnt bereits in der Steinzeit, als sich die Menschen in Höhlen ansiedelten, etwa der Grotta del Genovese auf Levanzo, deren Malereien bis heute erhalten sind. Römisch-byzantinische Funde ergänzen das ruhige Bild Marettimos – während auf Favignana nicht nur der Liberty-Style-Palazzo der Unternehmer-Familie Florio an die große Zeit des Thunfischfangs erinnert.

Felsen, Grotten, weiße Würfelhäuschen und lauschige Buchten prägen den Archipel vor der Ostküste Siziliens.

MALTA
Malta

MARSAXLOKK

Der kleine Archipel mit der Hauptinsel Malta liegt südlich von Sizilien zwischen den Kontinenten Europa und Afrika. Sandgelb ist die erste Farbe, in der sich Malta vom Flugzeug aus präsentiert: Die Felsen der Insel, die Wiesen und auch die Häuser in den Städten – tatsächlich ist dieser Farbton omnipräsent auf der Mittelmeerinsel. Müsste man Malta mit zwei Worten beschreiben, so wären diese vielleicht Sandstein und Ritter, denn wie der Stein beherrscht auch die Vergangenheit des Malteserordens die Insel. Doch nur auf den ersten Blick. Wer genauer hinsieht, erkennt in dem am dichtesten besiedelten Land Europas jede Menge Kultur, von Tempeln aus der Jungsteinzeit über maurisch-trutzige Bollwerke bis zu modernen Architekturhighlights. Und zwischendrin jede Menge Macchia und Wiesenlandschaft, in der es sich herrlich wandern und Rad fahren lässt.

Links: Algenarten färben das Wasser der »Blauen Grotte« an der Südküste himmelblau. Oben: Die halbmondförmige Mellieha Bay ist der beliebteste Strand der Insel.

Eigenwillig waren sie schon immer, die Einwohner von Marsaxlokk. Sie sprechen sogar ihren eigenen Dialekt, dem sogar mancher Malteser nur mit Mühe folgen kann. Doch dafür sind sie weniger bekannt: Das kleine Fischerdorf zählt heute zu den wichtigsten Zielen für Touristen, weil dort die bunten, langen Boote so hübsch im Hafen schaukeln, die sogenannten *luzzus*. Mit den Sandsteinbauten im Hintergrund wirkt die Szenerie ein wenig wie Venedig, nur bunter. Der maltesische Ort ist besonders bekannt für seinen lebhaften Fischmarkt, der jeden Sonntagmorgen stattfindet und Besucher aus der ganzen Insel anlockt. Hier können Gäste frisch gefangenen Fisch und Meeresfrüchte kaufen, die von den örtlichen Fischern direkt an Land gebracht werden. Die malerische Uferpromenade wird gesäumt von gemütlichen Restaurants und Cafés, die traditionelle maltesische Küche und Meeresfrüchte servieren.

Das Fischerdorf Marsaxlokk mit seinen vielen bunten Booten im Hafen ist ein beliebtes Tagesziel für Kreuzfahrtpassagiere.

Malta

Malta

VALLETTA

Die maltesische Hauptstadt verdankt ihr heutiges Aussehen weitgehend dem Johanniterorden, dessen Großmeister Jean Parisot de la Valette die Stadt nach einer überstandenen Belagerung durch die Osmanen 1566 neu gründete. An drei Seiten vom Meer umgeben, liegt Valletta an der Nordküste Maltas auf einem 60 Meter hohen Felsen. Über Jahrhunderte hinweg hatten sich Phönizier, Griechen, Karthager, Römer, Byzantiner und Araber in der Herrschaft über die Insel abgewechselt, bis diese nach der Türkenbelagerung 1565 dem Johanniterorden übergeben wurde. Dieser errichtete dann eine seinerzeit idealtypische Festungsstadt, für die die Architekten Francesco Laparelli und Girolamo Cassar 1566-1571 den wuchtigen Wehrgürtel entwarfen. Innerhalb der Mauern baute der Johanniterorden Paläste, Kirchen und Herbergen im Stil der Renaissance und des Barock. In der

Malta

prächtigen Ausgestaltung des Großmeisterpalastes und seiner beiden Innenhöfe zeigen sich Selbstbewusstsein und Reichtum des Ordens. Zum Dank für die überstandene Belagerung wurde 1567 die Barockkirche Our Lady of Victory erbaut. Die Bibliothek birgt wertvolle Handschriften. In der St. John's Co-Cathedral, einem Schmuckstück barocker Baukunst, wurden die Ordensritter bestattet. Im Inneren ist die Kirche überbordend geschmückt mit Fresken, Vergoldungen und kunstvollen Friesen.

Jeden Mittag um zwölf Uhr knallen die Schüsse aus den Kanonen: Die Saluting Battery ist eine der beliebtesten Attraktionen der Inselhauptstadt. In den Barrakka Gardens, die in der St. Peter and St. Paul Bastion oberhalb des Hafens liegen, huldigen Arkadengänge mit Büsten und Plastiken berühmten Besuchern wie Albert Einstein oder Michail Gorbatschow; Kunstwerke und Denkmäler stehen zwischen bunten Beeten und plätschernden Brunnen und bieten einen schönen Rahmen für Entspannung. Ein Aufzug verbindet die oberen Gärten mit den unteren.

Das in einem Palast aus dem 18. Jahrhundert untergebrachte MUŻA – Museum of Fine Arts beeindruckt mit einer Sammlung von Gemälden italienischer und maltesischer Meister. Das Archäologische Nationalmuseum residiert in einer ehemaligen Herberge der Ordensritter und informiert über die Geschichte Maltas von der Megalithkultur bis zum Mittelalter.

Oben: Die Kuppel der Karmeliterkirche und der Turm der St. Paul's Co-Cathedral beherrschen die Silhouette von Valletta am Marsamxett Harbour. Links: Charakteristisch für Valletta sind die Erker, die in jeglichen Größen die Fassaden zieren.

Malta

GOZO

Wenn das Land in Sicht kommt, die goldenen Äcker in der Sonne glänzen und kleine Häuser zwischen den Hügeln auszumachen sind, wird klar: Das hektische, überfüllte Malta ist endgültig abgestreift. Willkommen auf Gozo! Es ist eine Insel der Ruhe, ein Platz zum Aufatmen und bietet ausreichend Gelegenheit, den leisen Tönen zu lauschen. Etwa dem Gesang des Meeres, dessen Wellen gegen die sandsteinfarbenen Felsen schwappen, sich mal in lang gezogenen Buchten verirren und dort plötzlich zur Ruhe kommen. Während Malta eine Fusion von europäischen Einflüssen darstellt und viele englische Elemente aufweist, bleibt auf Gozo die Hochzeit des Arabischen mit dem Europäischen deutlicher zu spüren. Etwa in den Bauwerken, die teils trutzig und mächtig im maurischen Stil gehalten sind, andererseits elegant, wie Italiener und Franzosen gebaut haben: kleine Häuser, hübsch verziert, leicht und bunt.

Rechts: Am Fungus Rock prangte einst der Felsbogen Azure Window. Oben: Gekrönt wird Victoria von der mächtigen Zitadelle.

TUNIS

Rund zwei Millionen Menschen leben im Großraum von Tunis, dessen Vororte sich zwischen dem Gebirgsrücken des Bou Kornine und den Salzseen der Lagune wie eine Krake entlang der Bucht von Tunis ausbreiten. Die Stadt präsentiert sich als eine Mischung aus Tradition und Moderne, aus Morgen- und Abendland. Wohl nirgendwo sonst in Nordafrika prallen Orient und Okzident so markant aufeinander wie hier. Die berühmte Medina, deren Ursprünge auf die zwischen dem 9./10. Jahrhundert über das Gebiet des heutigen Tunesiens herrschende Aghlabiden-Dynastie zurückgehen, präsentiert sich als Gewirr enger Gassen und steht damit in Kontrast zu dem schachbrettmusterartig angelegten Netz breiter Straßen und Boulevards in der Ville Nouvelle, die während der französischen Kolonialzeit (1881 bis 1956) angelegt wurde. In der Neustadt wird das Stadtbild von repräsentativen Jugendstilbauten und moderner Hochhausarchitektur, in der Medina von den kleinen Läden der Souks, von arabischen Palästen und Moscheen geprägt. Hauptattraktion für Touristen ist dieser Teil der Stadt, dessen einzigartige Architektur über Jahrhunderte Baumeister in der ganzen islamischen Welt inspirierte und der deshalb seit 1979 auf der Welterbeliste steht. Hier ziehen vor allem die zur Zeit der Hafsiden im 13. Jahrhundert entstandenen Souks in ihren Bann. Wie auf allen traditionellen orientalischen Märkten wird jedes Viertel von einem bestimmten Gewerbe dominiert. Östlich der Medina finden sich entlang der Avenue Habib Bourguiba viele schön restaurierte Kolonialbauten der Franzosen, darunter auch das Jugendstiltheater. Außerhalb der Medina lohnt das in einem osmanischen Palast aus dem 19. Jahrhundert untergebrachte Bardo-Museum einen Besuch. Es beherbergt die weltweit größte Sammlung von punischen, römischen und frühchristlichen Mosaiken.

Der Mittelpunkt der Altstadt wird durch die Ez-Zitouna-Moschee markiert, deren Name »Ölbaummoschee« bedeutet. Ihre Anfänge reichen bis in das frühe 8. Jahrhundert zurück, die größte Bedeutung erlangte die Moschee jedoch ab dem 13. Jahrhundert. Ab dieser Zeit entwickelte sie sich zu einer zentralen Universität der islamischen Welt, an der neben anderen Fächern auch Jura und Medizin unterrichtet wurden und deren Bedeutung erst im 20. Jahrhundert verblasste. Die Moschee bedeckt eine Fläche von annähernd 5000 Quadratmetern. Der Innenhof kann durch neun Eingänge betreten werden. Er wird von Säulen aus Marmor, Granit und Porphyr gesäumt, die aus Karthago und anderen antiken Stätten stammen. Die Gebetshalle ist in 15 Schiffe gegliedert.

Links: Anders als die meisten Teile der Ez Zitouna wurde das 43 Meter hohe Minarett erst Ende des 19. Jahrhunderts errichtet.

KARTHAGO

Archäologischen Funden nach zu schließen wurde Karthago um das 8. Jahrhundert v. Chr. von phönizischen Siedlern gegründet. Eine über 40 Kilometer lange Wehrmauer

schützte die Stadt der Punier, die unter den Magoniden (Hamilkar, Hasdrubal, Hannibal) zur dominierenden Handelsmacht im Mittelmeer wurde. Nach dem Sieg der Römer im Jahr 146 v. Chr. wurde Karthago im Dritten Punischen Krieg in Schutt und Asche gelegt. Die Römer überbauten die Ruinen, und Karthago erlebte als Hauptstadt der Provinz Africa eine Renaissance. Nach der byzantinischen Epoche zerstörten die Araber die einstige Weltstadt. Ausgrabungen der punischen Stadt befinden sich auf dem Byrsa-Burghügel, den heute die Kathedrale St.-Louis krönt, ebenso beim Tophet, dem heiligen Bezirk, wo der phönizischen Göttin Tanit einst Menschenopfer dargebracht wurden, und beim Hafen. Aus römischer Zeit stammt die Ruinenanlage der Antonius-Pius-Thermen. Weitere Sehenswürdigkeiten sind Villen mit Mosaiken, mit denen die punische Nekropole überbaut wurde, ein Theater, ein Amphitheater, Circus und Zisternen.

Tunesien

SIDI BOU SAÏD

Ein Kontrastprogramm zum quirligen Tunis bietet das nahe Künstlerdorf Sidi Bou Saïd mit seinen in Blau und Weiß gehaltenen Häuschen entlang steil bergauf führender Gassen. »Ein Bergrücken, auf dem streng rhythmisch weiße Formen wachsen.« So beschreibt der Maler Paul Klee den Küstenort hoch über dem Golf von Tunis. Mit August Macke und Louis Moilliet war er 1914 von Marseille aus unterwegs zum besonderen Licht auf der anderen Seite des Mittelmeeres. Gemeinsam genoss das Trio hier »die Leibhaftigkeit eines Märchens« und saß bei Minztee mit Pinienkernen im berühmten, noch heute bestehenden, von Macke festgehaltenen »Café des Nattes«. Sehenswert ist auch der Palast Dar Ennejma Ezzahra mit seinen üppigen Gärten, in dem sich heute ein Museum für Musikinstrumente befindet. Baron d'Erlanger, der diese orientalische Anlage erbauen ließ, veranlasste, dass der ganze Ort unter Denkmalschutz gestellt wurde.

Im romantischen Künstlerdörfchen bummelt man auf den Spuren von Macke und Klee, die den Ort in ihren Bildern verewigten.

ÖSTLICHES MITTELMEER
ADRIA

Mal karge, mal üppig-mediterrane Vegetation – und immer der Blick auf das Meer: Entlang der Adria begegnen dem Reisenden mittelalterliche Städte, Kunst und Kultur – winzige Felsbuchten und kilometerlange Strände inklusive. Ursprünglich ist das Nebenmeer nach der antiken Stadt Adria im Po-Delta benannt, die heute jedoch gut 40 Kilometer landeinwärts südwestlich von Chioggia liegt und nur noch über einen Kanal mit dem Meer verbunden ist. Die Adria ist ein flaches Nebenmeer, nur zwischen Bari und Albanien erreicht sie Tiefen bis 1645 Meter. Ihre Besiedlung reicht weit zurück: Schon Griechen, Etrusker, Veneter und Römer gründeten erste Städte entlang der Küstenregion.

Italiens Ostküste zeigt sich so facettenreich wie das Land selbst: Dramatisch ragen die Felsen der Halbinsel Gargano in die Höhe, südlich von Ancona drängen sich die Ausläufer der Apenninen bis ans Meer. Ganz anders dagegen die touristischen Hochburgen ab Rimini: Kilometerlange Sandstrände mutierten hier zu Zentren der Massenerholung. Der Veneto zeigt wiederum ein völlig anderes Gesicht mit Kanälen, Lagunen und vorgelagerten Inselchen.

Mit seiner 242 Kilometer langen Küste und den stimmungsvollen mittelalterlichen Städten hat sich die kroatische Halbinsel Istrien zu einem beliebten Ferienziel entwickelt. An die Region schließt sich der Kvarner Golf an, zu dem die Inseln Cres, Lošinj, Krk, Pag und Rab gehören. Karg und rau erstreckt sich die Landschaft an der Küsten Kroatiens ab hier, eine leidenschaftliche Komposition aus Licht, Meer und Karst. Umso überraschender sind die fruchtbaren Täler, die versteckt hinter Felszügen liegen, geschützt vor der berüchtigten Bora, dem eisigen Fallwind.

Ebenfalls zur kroatischen Adriaküste gehört die Makarska Riviera nördlich von Dubrovnik mit ihren vorgelagerten Inseln.

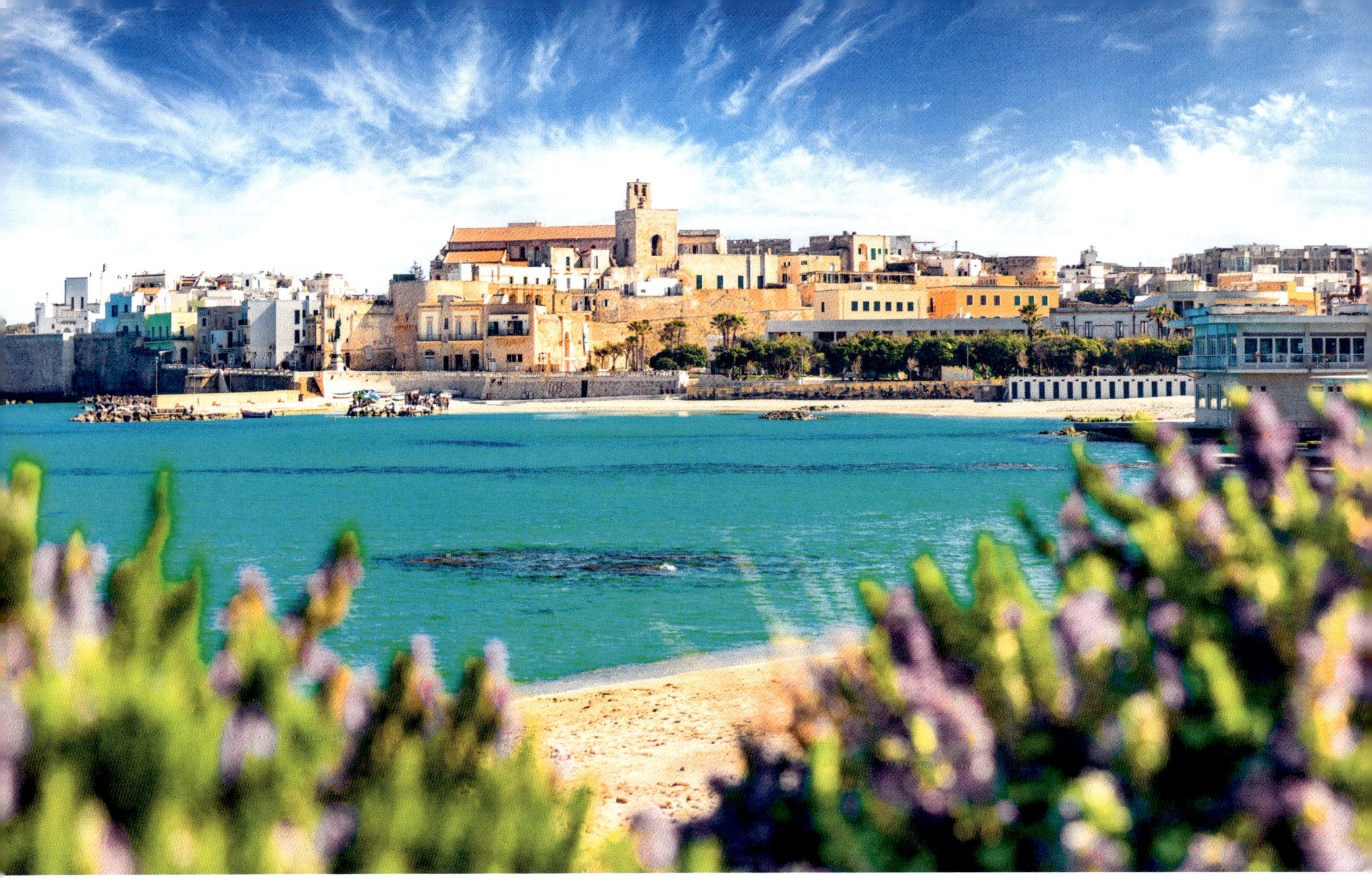

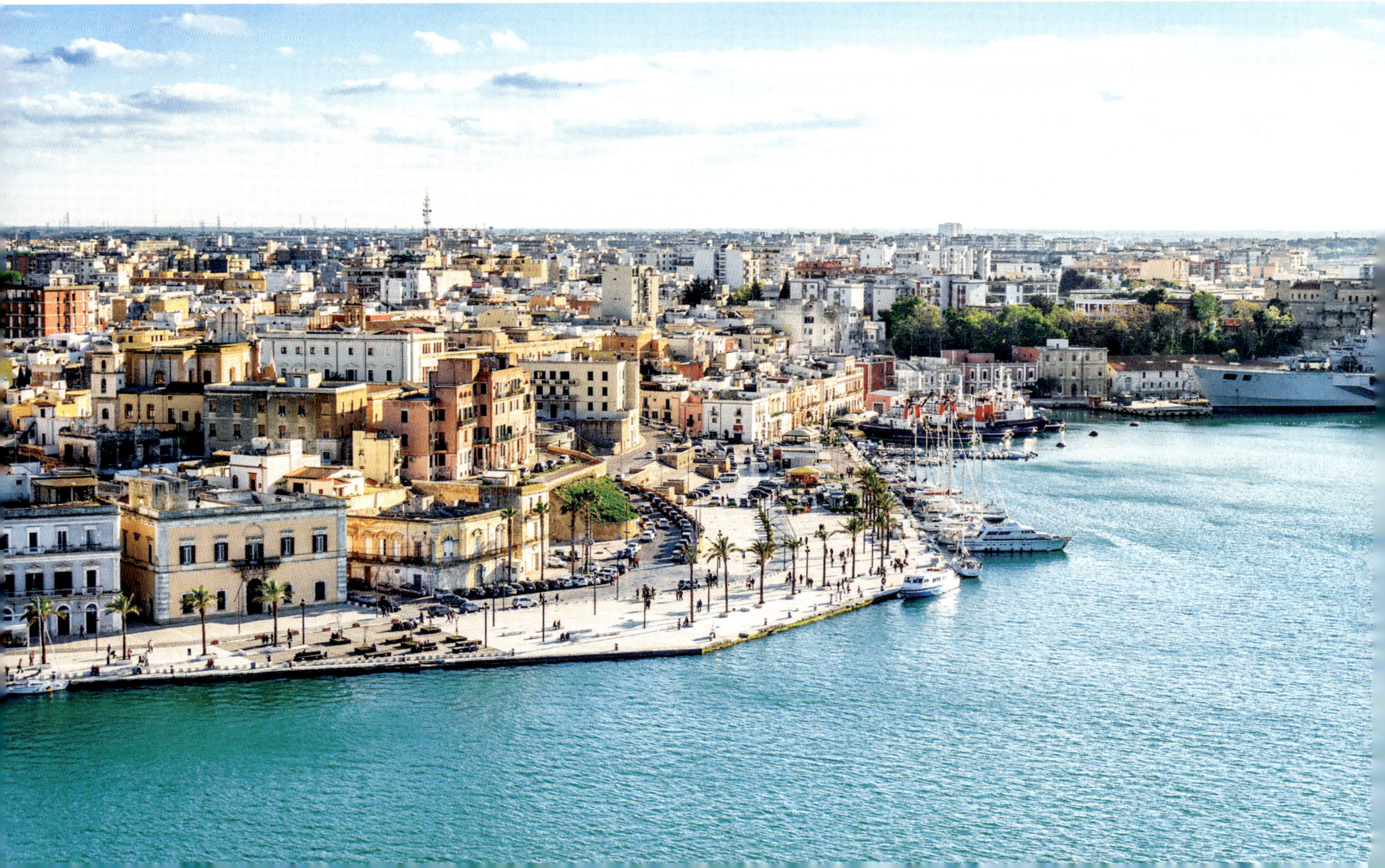

OTRANTO

BRINDISI

BARI

Die einstige Kreterstadt Hydruntum hielt als einzige Stadt Apuliens während der Völkerwanderung dem Ansturm der Goten stand. Otranto betrieb regen Handel mit Venedig und Konstantinopel, was 1480 zu einem jähen und brutalen Ende kam, als die Türken die Stadt einnahmen. Die osmanischen Eroberer plünderten und zerstörten die Stadt und töteten 12 000 Einwohner, die übrigen wurden in die Sklaverei verschleppt. In der Cappella dei Martiri in der Kathedrale sind die Gebeine von 560 Märtyrern aufbewahrt, die sich 1480 weigerten, zum Islam zu konvertieren. Das Innere der Kathedrale Santa Maria Annunziata hat den Charakter einer dreischiffigen romanischen Säulenbasilika. Einige der Säulen sollen aus einem Minervatempel stammen.

Links oben: Otranto präsentiert sich als bunter Stilmix verschiedener Epochen. Als Hauptattraktion der Kathedrale (oben) gilt der bunte Mosaikfußboden (1165). Er zeigt auf 600 000 Steinen Motive aus Geschichte und Sagenwelt.

Seit 190 v. Chr. ist das antike Brundisium Endpunkt der Via Appia, damals symbolisiert durch zwei 19 Meter hohe Marmorsäulen. Schon in der Antike bildete Brindisi eine Art Tor zum östlichen Mittelmeer; von hier war es nicht mehr weit nach Griechenland und Kleinasien. Eine Gedenktafel an der Colonna Romana erinnert an den Dichter Vergil, der hier 19 v. Chr. starb. Nahe der Colonna Romana liegt das sehenswerte Ensemble des Domplatzes. Der aus dem 12. Jahrhundert stammende Dom wurde ab 1743 barockisiert. Weitere interessante Kirchen sind die Templerkirche San Giovanni al Sepolcro und weiter westlich die gleichnamige Kirche mit Kreuzgang aus normannischer Zeit sowie die Kirche Santa Maria del Casale mit schönen Fresken. Das Kastell am Seno di Ponte wurde unter Kaiser Friedrich II. erbaut.

Linke Seite unten: Blick auf Hafen und Altstadt von Brindisi. Durch seinen natürlichen Hafen war es bereits in der Antike bedeutend. Oben: Domplatz und die mit Heiligenfiguren geschmückte Kathedrale.

Mit seinen rund 320 000 Einwohnern ist Bari, die Hauptstadt Apuliens, die drittgrößte Stadt des italienischen Südens und ein bedeutender Hafen; schon das antike Barium war als wichtige Hafenstadt bekannt. Der interessanteste Teil der Stadt liegt auf einer Landzunge zwischen dem alten und neuen Hafen. Hier steht die romanische Kathedrale, die nach 1156 über den Fundamenten der älteren Bischofskirche errichtet wurde. Ebenfalls in der Altstadt befindet sich die Basilika San Nicola (erbaut ab 1087), eine Wallfahrtskirche mit den Reliquien des heiligen Nikolaus. Überragt wird die Altstadt von einem mächtigen Kastell, das 1233 bis 1240 auf alten Fundamenten errichtet und im 16. Jahrhundert baulich angepasst wurde. Ein Gang über die teilweise noch erhaltenen Stadtmauern ermöglicht interessante Einblicke in das Leben der Altstadt. Deutlich hebt sich die Neustadt mit ihrem schachbrettartigen Grundriss und den klassizistisch geprägten Bauten von der Altstadt ab.

Baris *città vecchia* **wirkt fast wie ein Dorf: ein Knäuel enger Gassen.**

Italien

VIESTE

Ob charmante Fischerstädtchen an der wild zerklüfteten Küste, zwischen die sich sandige Buchten schmiegen, oder der Pilgerort Monte Sant'Angelo – die Halbinsel Gargano geizt nicht mit ihren Reizen. Touristisch lange Zeit eher unbeachtet, waren es vorrangig Camper, die den Sporn ab den 1970er-Jahren eroberten. Auf einer felsigen Landzunge weit in die Adria hinausgebaut ist der auf griechische Zeiten zurückgehende Kern des einstigen Fischerortes Vieste. Steile Gassen und Treppengänge, darunter auch die »Scalinata dell'amore«, führen hinauf zur Kathedrale und zum Stauferkastell, von dem aus sich ein herrlicher Blick auf den Hafen und den langen Sandstrand mit Viestes Wahrzeichen, dem legendenumwobenen Pizzomunno-Monolith, bietet. Der Pizzomunno ist ein markanter Kreidefelsen, der sich wenige Meter vor der Küste aus dem Wasser erhebt. Um den Corso Fazzini reihen sich schöne Palazzi des Barock und Klassizismus.

Vieste thront auf einem Felsvorsprung in bis zu 43 Meter Höhe über dem Meer.

TREMITISCHE INSELN

Italiens einziger Archipel in der Adria umfasst exakt eine Handvoll Inseln. Schon Homers Gefährte Diomedes kannte das paradiesisch anmutende Quintett; dem mythischen Griechenkönig verdankt es auch seinen ursprünglichen Namen, die »Inseln des Diomedes«. Kristallklares Meer, angenehme Temperaturen und eine noch weitgehend wilde, intakte Natur mit oft üppiger Vegetation: Kein Wunder, dass die nur zwölf Seemeilen nördlich der Gargano-Halbinsel liegenden Isole Tremiti ein beliebtes Wochenend- und Urlaubsziel nicht nur für Italiener sind. Aber trotz regelmäßiger Schiffsverbindungen zum apulischen Festland, die zumindest den beiden bewohnten Eilanden San Domino und San Nicola vor allem in den Sommermonaten eine beachtliche Besucherschar einbringen, kann von Massentourismus auf dem schon in der Antike und später von Benediktinermönchen besiedelten Archipel keine Rede sein.

Nur an die 500 Menschen wohnen heute auf den Inseln, alle anderen sind Reisende auf der Suche nach etwas Inselglück.

Italien

ANCONA

Schon in der Antike besaß der Hafen Anconas eine große strategische Bedeutung. Als »Tor zum Osten« sorgte er für wirtschaftlichen Wohlstand. Auch heute noch herrscht hier reger Schiffsverkehr zu weiter östlich gelegenen Sonnenzielen. Der Trajansbogen in der kleineren der Hafenbuchten wie auch die Relikte eines Amphitheaters erinnern an die römische Zeit der Stadt, der Arco Clementino an die lange Macht des Kirchenstaates. In der Altstadt zeugt nahe des neoklassizistischen Theaters die Loggia dei Mercanti aus dem 15. Jahrhundert vom florierenden Seehandel. Aus derselben Ära stammt die über mehrere Ebenen reichende Piazza del Plebiscito mit dem Palazzo del Governo. Hoch über den Altstadtgassen thront auf dem Monte Guasco der einst auch als Seefahrerzeichen dienende Dom, und auf der Spitze des Monte Astagno erstreckt sich, umgeben von einem großen Park, die eindrucksvolle Renaissance-Zitadelle. Und im ehemaligen Lazarett Mole Vanvitelliana dreht sich heute alles um das Thema Kultur.

Der Fährhafen, der Reisenden schon früh als Tor in Richtung Griechenland oder Kroatien galt, machte aus Ancona ein beliebtes Ziel. Viel Grün, Strände und eine Fülle historischer Zeugnisse prägen bis heute die Stadt an der traumhaften Riviera del Conero.

Italien

RIMINI

Das älteste der großen Seebäder an der italienischen Adria kann mit einem wundervollen Sandstrand und einer riesigen Auswahl an Hotels, Restaurants und Diskotheken aufwarten. Doch bietet die Stadt, deren Geschichte bis in römische Zeit zurückreicht, auch eine Reihe architektonischer Sehenswürdigkeiten. Die zwei wichtigsten finden sich an den beiden Enden des Corso d'Augusto: die im Jahr 27 v. Chr. eingeweihte Tiberiusbrücke über die Marecchia und der wenig später errichtete Triumphbogen zu Ehren des Kaisers Augustus. Daneben gibt es Paläste, Brunnen und Denkmäler aus der wechselvollen Zeit vom 13. bis 16. Jahrhundert. Eine Besichtigung wert ist auch die Kirche Tempio Malatestiano mit der Renaissancefassade von Leon Battista Alberti, dem Kruzifix von Giotto und dem Fresko von Piero della Francesca. Weltberühmter Sohn der Stadt ist der Filmregisseur Federico Fellini (1920–1993), der ihr mit dem Film »Amarcord« ein Denkmal gesetzt hat und an den die Stadt mit einem Museum erinnert.

Großes Bild: Die Tiberius-Brücke ist ein Relikt aus einer Zeit, als die Römer das Sagen in Rimini hatten. **Links oben:** Herrliche Palazzi umstehen die Piazza Cavour, das Herz der Stadt. **Rechts oben:** Innenraum der Tempio Malatestiano.

Italien

SONNENBADEN AN DER ADRIA

A uch wenn die Region zahlreiche Kulturschätze beherbergt: Gepflegte Sandstrände sind das Kapital der Adria. Kilometerlang erstrecken sich vor allem zwischen Rimini und Ancona flache Strände mit ihren einheitlichen »ombrelloni e lettini« (Sonnenschirmen und Liegen). Namen wie Cattolica, Gabbice Mare oder Senigallia sind Synonyme für einen unbeschwerten Strandurlaub in Gesellschaft vieler anderer Menschen. Insbesondere Cattolica gehört zur Generation der älteren Seebäder Italiens, die bereits Mitte des 19. Jahrhunderts entstanden. Auch im einstigen Fischerdorf Cesenatico entwickelte sich ab dem Ende des 19. Jahrhunderts der Badetourismus. Schon früh entstanden große Hotelpaläste, die zusammen mit den Alleen dem Stadtbild Charme verleihen. Die Region hat sich ihre Qualitäten wie etwa gutes Essen dennoch erhalten. Südlich von Ancona reichen Ausläufer des Berglands bis ans Meer und formen eine schwer zugängliche Steilküste, etwa an der Riviera del Conero.

Liege an Liege am Strand von Vieste (rechts); Umkleidehäuschen in Bibione (oben).

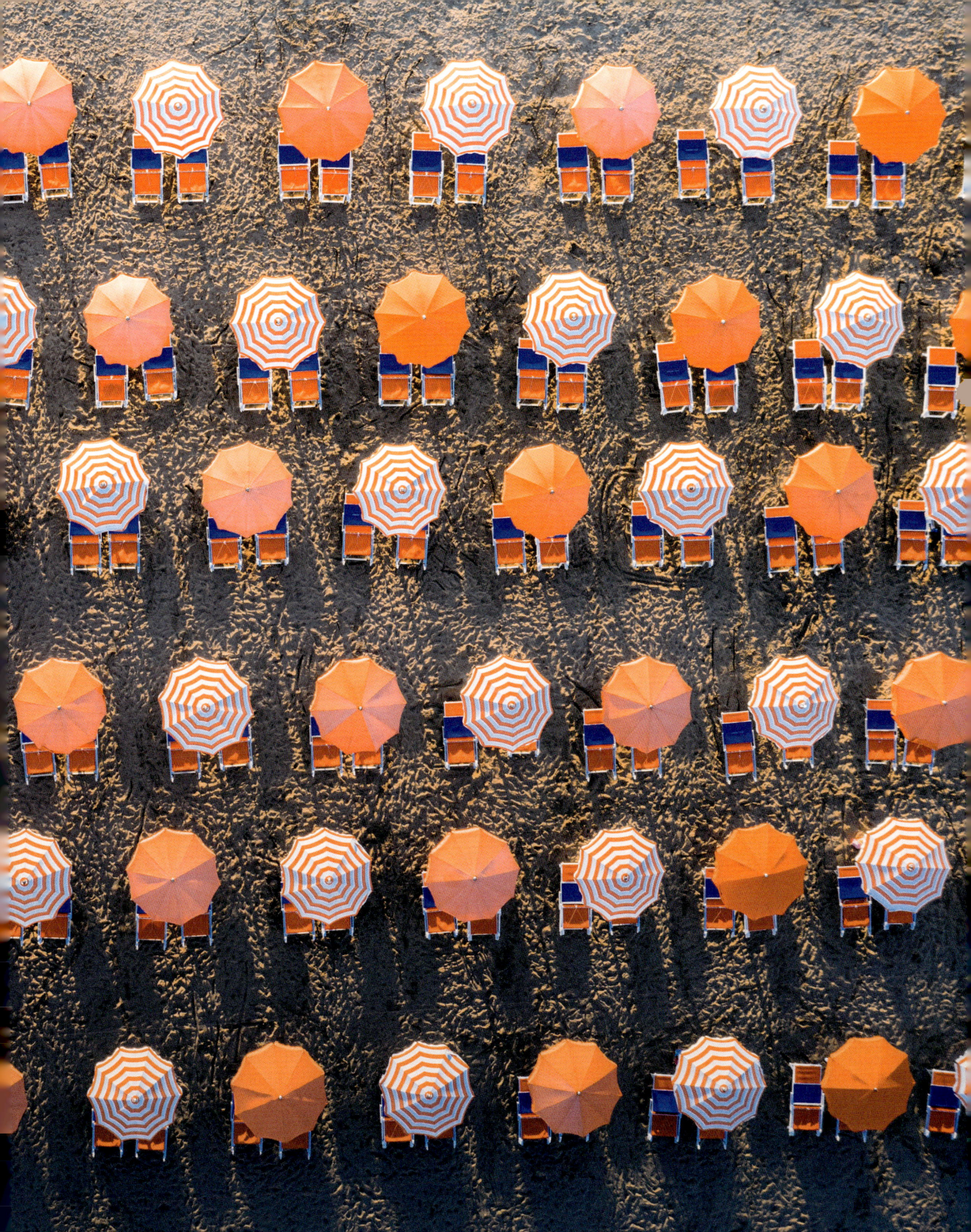

Italien

CHIOGGIA

Die Halbinsel Chioggia mit der gleichnamigen Stadt, die auf zwei Inseln errichtet wurde und über eine Brücke mit dem Festland verbunden ist, gehört seit dem Krieg gegen Genua im Jahr 1380 zur Serenissima. Von Chioggias langer Stadtgeschichte als Bischofssitz zeugt die Kathedrale Santa Maria Assunta aus dem 12. Jahrhundert, die Baldassare Longhena im 17. Jahrhundert neu gestaltete und in deren Innerem sich bedeutende Werke von Künstlern wie Palma Giovane, Domenico Negri und Cima da Conegliano befinden. Bei Reisenden beliebt ist der belebte Stadtkern Chioggias rund um den Corso del Popolo – mit sehenswerten Bauten und vielen gemütlichen Bars – sowie der Sandstrand Sottomarina. Die Stadt am Venta-Kanal ist auch Schauplatz einer Komödie des Bühnendichters Carlo Goldoni: »Viel Lärm in Chiozza« aus dem Jahr 1761.

Links und oben: »Klein-Venedig« wird Chioggia auch genannt – wegen seines Charmes und der Ähnlichkeit mit seiner großen »Schwester«.

PO-DELTA

Das etwa 380 Quadratkilometer große Po-Delta hat sich erfreulicherweise in den vergangenen Jahrzehnten sichtlich von teilweise gravierenden Umweltschäden erholt. 1988 wurde es als Regionalpark unter Naturschutz gestellt, 1999 von der UNESCO in die Weltkulturerbe-Liste aufgenommen und 2015 schließlich als Biosphärenreservat anerkannt. Das einzige Flussdelta an der Küste der Adria bietet eine enorme Vielfalt an Lebensräumen wie brackige Feuchtgebiete, Flussarme, Küstendünen, Sandbänke, Lagunen, Sümpfe und Wälder. Mehr als 360 Vogelarten nisten und brüten hier, darunter der stark gefährdete Purpurreiher, der Löffler, der Braune Sichler, der Kleine Reiher, der Seidenreiher und eine Kolonie von rund 10 000 Rosaflamingos. Schätzungen zufolge gedeihen im Po-Delta außerdem mehr als 1000 Pflanzenarten, darunter verschiedene besondere Orchideenarten.

Das Po-Delta, ein faszinierendes Naturwunder im Norden Italiens, ist ein Mosaik aus Wasser, Land und Leben.

Italien

VENEDIG

Weltweit einzigartig ist die Lagunenstadt mit ihren Wasserstraßen und unzähligen Kunstschätzen. Wer sich nicht gerade in der Hauptsaison mit Tausenden anderer Touristen in den engen Gassen rund um die Piazza San Marco drängt, wird von Venedig begeistert sein. Die traumhaft schöne Stadt im Meer – als Seemacht einst die Herrin des östlichen Mittelmeers – ist nicht zuletzt dank ihrer eigenständigen mittelalterlichen Architektursprache, einer Verschmelzung von byzantinischen, arabischen und gotischen Elementen, schlicht einzigartig. Sie liegt auf etwa 120 Inseln in einer Lagune, einem großen Strandsee der Adria. Mit dem Festland ist Venedig über Dämme und Brücken verbunden.

Errichtet wurde die Stadt auf Pfahlrosten, sie hat 160 Kanäle und 400 Brücken. Ursprünglich war die Siedlung eine Fluchtstätte, die nach dem Einfall der Hunnen angelegt wurde. Die Lagunenbewohner blieben in der anfangs abgeschiedenen Lage über die Jahrhunderte unabhängig. Es gelang ihnen im 8. Jahrhundert, das Erbe Ravennas anzutreten. Im 15. Jahrhundert war Venedig, das über eine eigene Mittelmeerflotte verfügte, die reichste und größte Stadt Italiens. Mit der Entdeckung des Seewegs nach Indien nahm ihre politische Bedeutung seit dem 16. Jahrhundert ab, Venedig blieb aber weiterhin ein wirtschaftliches und kulturelles Zentrum.

Die wichtigste Wasserstraße der Stadt ist der Canal Grande, von dem viele Seitenkanäle abzweigen. An seinem Ende liegen die berühmtesten Bauwerke Venedigs: der von goldgrundierten Mosaiken geschmückte Markusdom, der in seiner heutigen Form auf das 11. Jahrhundert zurückgeht, sowie der benachbarte Dogenpalast, der im 12. Jahrhundert über einem Vorgängerbau von 825 errichtet wurde.

In Venedig trifft man in einer Konzentration wie sonst kaum anderswo auf Kirchen, Klöster, Paläste, Museen und Theater, die Kunstschätze von Tizian, Tintoretto, Tiepolo, Canaletto und anderen Renaissance- und Barockkünstlern bergen. Bildleiste von oben: Markusdom, Canal Grande, Markusplatz, Campo Ghetto Nuovo, Seufzerbrücke.

KARNEVAL

Neben Rio de Janeiro und den Städten entlang des Rheins ist kein Ort weltweit so berühmt für seinen Karneval wie Venedig. Jedes Jahr locken fantastisch verkleidete

Menschen, stilvolle Kostümfeste sowie Musik-, Theater- und Puppenspieldarbietungen Touristen in die Stadt.
Die Tradition des bunten Treibens reicht bis in das hohe Mittelalter zurück und entwickelte im Lauf der Zeit immer prächtigere Formen, mit denen die Tage vor Beginn der Fastenzeit gefeiert wurden. Seinen Ruf als Inbegriff von zügelloser Exotik und Erotik erhielt das Fest, das jährlich am Fastnachtsdienstag seinen Höhepunkt erreicht, allerdings erst im 17. und 18. Jahrhundert.
Einzigartig ist die Maskerade, die ihren Ursprung in den Kostümierungen des Commedia-dell'Arte-Theaters hat. Typisch sind die »bautta«, ein Kapuzenumhang, und die »volto« oder »larva« genannte weiße oder schwarze Halbmaske aus Pappmaché, die die obere Gesichtshälfte bedeckt; zudem gehören für die männlichen Narren ein Dreispitz und für die Damen federnbesetzte Kopfbedeckungen zur Ausstattung.

Italien

Venedig

BURANO

Südlich von Torcello findet man die über eine Holzbrücke mit der Nachbarinsel Mazzorbo verbundene Insel Burano. Sie zählt mit ihren langen Reihen bunter kleiner Häuser zu den malerischsten Flecken in der Lagune von Venedig. Die knalligen Farben der Hausfassaden sollen der Legende nach den Fischern als Orientierungshilfe gedient haben, wenn sie im Nebel nach Hause kamen. Lange Zeit lebten die Bewohner vom Fischfang. Vier eng aneinander liegende Inseln bilden das Ensemble von Burano, das insgesamt durch acht Brücken miteinander verbunden ist. Die Inselgruppe gehört zu den frühesten Siedlungsorten von Venedig. Das Wahrzeichen des Archipels ist zum einem der schiefe Glockenturm von der Kirche San Martino, der hoch über die Silhouette der Stadt hinausragt. Zudem ist die Insel für ihre Klöppel- und Stickereikunst bekannt, denen das Museo del Merletto gewidmet ist.

Links und oben: Es sind die vielen bunten Fischerhäuser an den schmalen Kanälen, die den Charme von Burano ausmachen.

Venedig

MURANO

Das Glasbläserhandwerk wurde in Venedig schon seit frühesten Zeiten gepflegt. Aus Brandschutzgründen und um das Geheimnis der Herstellung farbigen Glases zu wahren, verlegte man das Gewerbe im 13. Jahrhundert auf die nördlich gelegene Insel Murano, wo es noch heute blüht und die Tourismusbranche mit teuren Produkten beglückt. Meisterwerke aus Muranoglas sind viele der Lüster, die in den venezianischen Palazzi bewundert werden können. Raritäten aus Glas zeigt das Museo del Vetro auf der Insel. Ein Besuch lohnt sich aber auch wegen ihrer Bauwerke. Die Basilica di Santi Maria e Donato (12. Jahrhundert) enthält farbenprächtige Bodenmosaiken, und ihr Chor ist außen mit eindrucksvollen zweigeschossigen Kolonnaden verkleidet. Der gotische Palazzo da Mula ist eine der letzten erhaltenen Sommerresidenzen reicher Venezianer auf dieser Insel.

Hoch ragt der Torre dell'Orologio auf dem Campo San Stefano auf. Sein Fundament stammt aus dem 12., der Turm selbst jedoch erst aus dem 19. Jahrhundert.

Italien

GRADO

Das Städtchen am Nordende der Adria, das sich über eine lang gestreckte Laguneninsel hinzieht, war schon zu römischer Zeit Seebad, im Mittelalter sogar Sitz eines bedeutenden Patriarchen. Heute ist Grado einer der meistbesuchten Badeorte im Norden der italienischen Adria. Die kilometerlangen Sandstrände laden zu entspannten Spaziergängen entlang der Küste ein, während das glitzernde, azurblaue Wasser des Adriatischen Meeres zum Schwimmen und Wassersport lockt. Durch den großen Fischereihafen, das mittelalterliche Gepräge der Altstadt sowie die gepflegten Thermal- und Kuranlagen hebt sich Grado wohltuend von vielen anderen Badeorten der Adria ab. Die Basilika von Sant'Eufemia, ein beeindruckendes Beispiel romanischer Architektur, und das antike römische Forum sind nur einige der kulturellen Höhepunkte, die die Geschichte und Tradition der Stadt widerspiegeln. Grado ist auch bekannt für seine kulinarischen Köstlichkeiten, insbesondere für frische Meeresfrüchte und Fischgerichte.

Grado war einst der Hafen der römischen Siedlung Aquileia. Das heutige Seebad und Fischerstädtchen hat sein mittelalterliches Ortsbild bewahren können. »Sonneninsel« wird das kleine Örtchen des Öfteren auch genannt.

Italien

TRIEST

Wenn auch im Schatten von Venedig stehend, hat die Hafenstadt Triest ihren eigenen Reiz. Vom 14. Jahrhundert bis zum Ende des Ersten Weltkriegs herrschte hier die Kaiserdynastie der Habsburger. Italienisch seit 1919, prunkt die Stadt mit den Prachtbauten ihrer Glanzära um 1900, als der noch neue Suezkanal den Seehandel blühen ließ und Triest nach Genua der zweitwichtigste Hafen Italiens wurde, ein Zentrum der Banken und Versicherungen und auch der Literaten. Bis heute sind Triest und sein Umland reich an literarischen Erinnerungen: Rainer Maria Rilke (der seine »Duineser Elegien« nach dem nahen Duino benannte) und James Joyce lebten zeitweise hier, aus Triest selbst stammt Italo Svevo, der eigentlich Ettore Schmitz hieß und mit »Zeno Cosini« erst posthum literarischen Weltruhm erntete. Sie alle sollen Stammgäste der Kaffeehäuser von Triest gewesen sein. Zu den bekanntesten unter ihnen zählen das Caffè degli Specchi an der Piazza dell'Unità und das Caffè San Marco.

Großes Bild: Ähnlich wie Venedig hat auch Triest seinen Canal Grande. **Oben:** Ein etwas kühler steinerner Salon, der sich zum Meer hin öffnet, ist die Piazza Unità d'Italia in Triest. Der Platz ist eines der Wahrzeichen und zugleich der Mittelpunkt der Stadt.

Slowenien

IZOLA

PIRAN

Die slowenischen Adria-Perlen sind so eng aufgereiht, dass es immer nur eines kleinen Hopsers bedarf, um in die nächste zu gelangen. Izola ist solch ein charmantes Küstenstädtchen. Im Meer sind hier für Taucher noch heute die Überreste eines altrömischen Hafenpiers zu entdecken. Die Stadt besticht auch durch ihre bunte Kulturszene. Izola wurde auf einer Insel erbaut und erst später mit dem Festland verbunden. Darauf lässt sich auch der Name zurückführen. Obwohl die Zeugnisse der venezianischen Vergangenheit hier zahlreich sind, ist der Ort doch in erster Linie ein Fischereihafen. Da darf man sich durchaus mal von den kulinarischen Attraktionen verführen lassen, die das Meer zu bieten hat. Ein Muss ist der Besuch der nahe gelegenen Saline, deren weißes Gold den Grundstein für einen gewissen Wohlstand legte. Seit mehr als 700 Jahren wird hier Meersalz geschöpft – noch immer ohne Maschineneinsatz, sondern mühsam von Hand.

Ins Mittelalter versetzt fühlt man sich bei einem Bummel durch Izolas Altstadt.

Klein-Venedig, wie Piran genannt wird, passt nicht ganz, denn Kanäle suchen Besucher hier vergebens. Aber die lauschigen Gassen, Plätze und die Kirche St. Georg (Sv. Jurij) mit einem Venedigs Campanile nachempfundenen Glockenturm wecken durchaus Erinnerung an die Serenissima, die 500 Jahre ihre Hand über den Küstenstreifen hielt. Am kreisrunden Tartini-Platz, dem ehemaligen Hafenbecken, ist venezianische Gotik am zierlichen Eckhaus besonders schön erhalten. Die Einheimischen nennen es »Benečanka«, die Venezianerin, denn darin soll einst ein Kaufmann aus Venedig seine slowenische Kurtisane untergebracht haben. Namensgeber Giuseppe Tartini ziert den Platz als bronzenes Denkmal. Der in Piran geborene Komponist und Geigenvirtuose war im 18. Jahrhundert als »Teufelsgeiger« berühmt. Ein besonderes Panorama genießt, wer zur Kirche hinaufsteigt. Bei klarem Wetter türmen sich jenseits der Adria die schneebedeckten Gipfel der Südalpen am Horizont.

Rechts und oben: Idyllische Gässchen ziehen sich durch die weit ins Meer ragende Stadt.

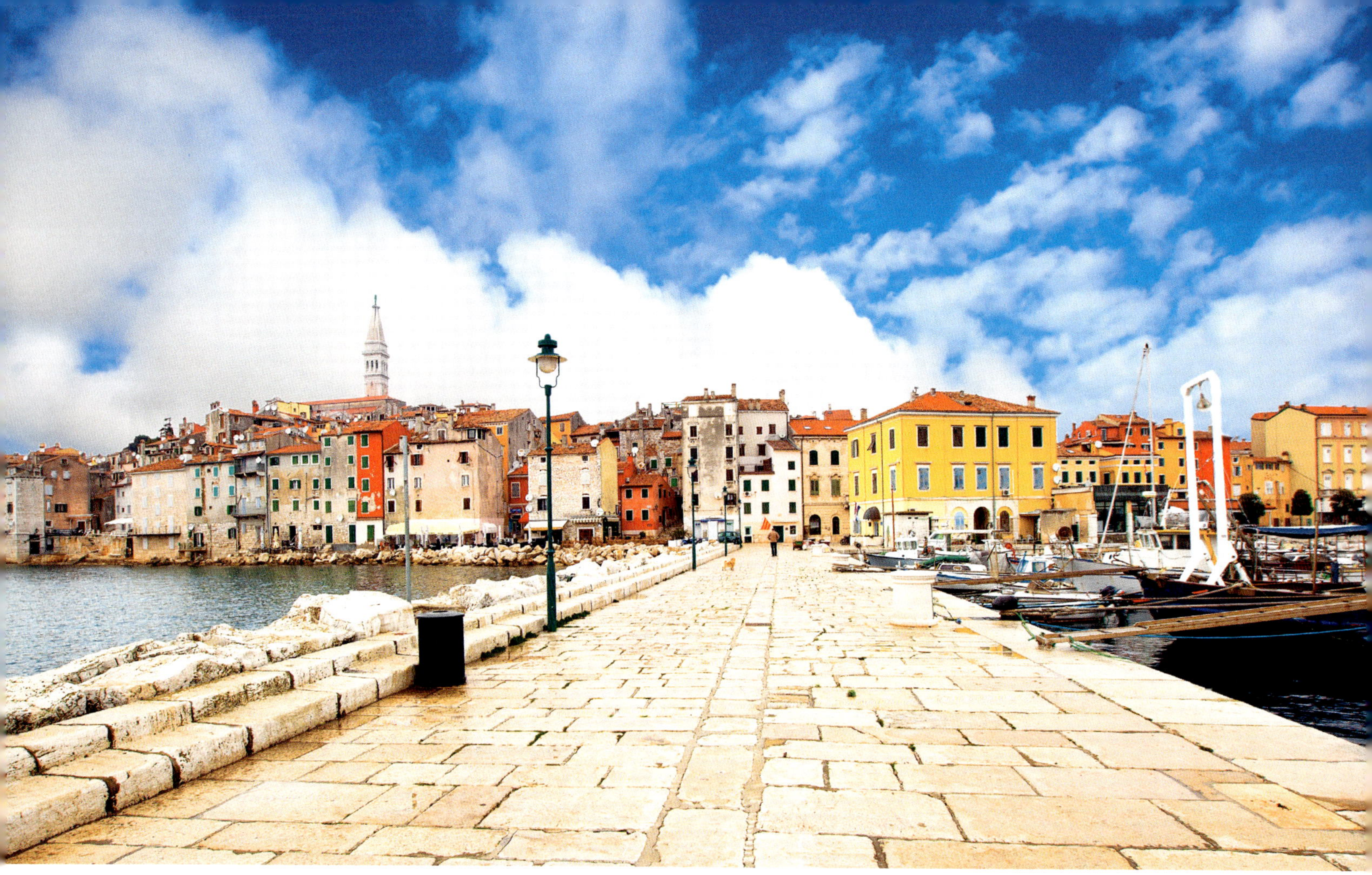

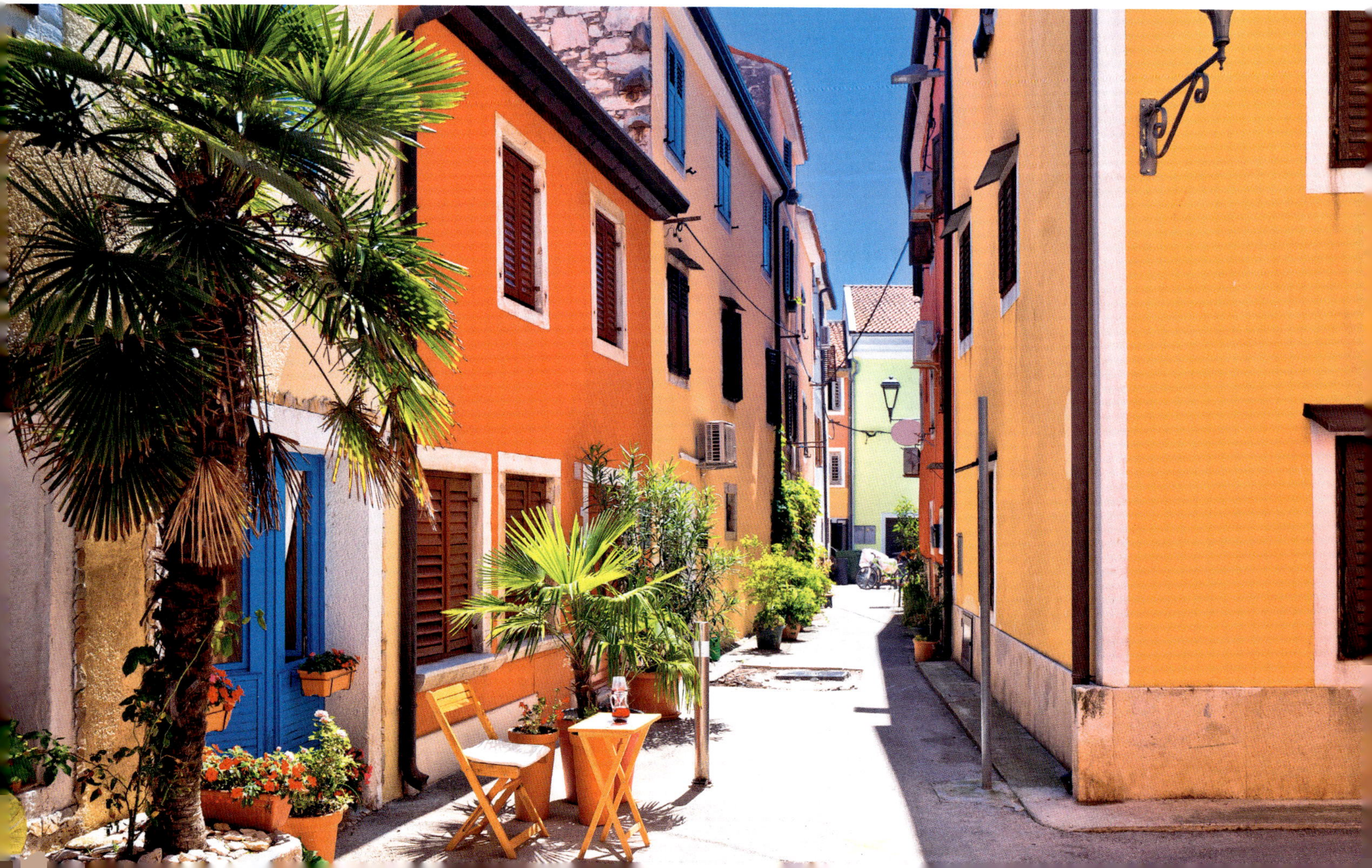

POREČ   NOVIGRAD   UMAG

Poreč ist Istriens Perle unter den Küstenstädten. Hier stören keine großen Hotelburgen das Bild, vielmehr wird alles im alten Stil erhalten oder gebaut. Ein Spaziergang durch den Ort ist wie eine Zeitreise: ins Mittelalter, in die byzantinische Zeit, die römische und natürlich in die venezianische. Aber auch der Tourismus ist mit Discos, Bars, Internetcafés und FKK-Stränden vertreten – Nightlife statt Nachtruhe. Es gibt Pensionen und Hotels für jeden Geldbeutel und Anspruch. Und in jeder Lage: So haben Besucher aus den Fenstern der Stadthotels zwar einen wunderschönen Blick auf das Meer und den Jachthafen, sind aber auch bei den Partys bis zum frühen Morgen live an Bord. Doch es gibt sie auch noch, die romantischen und eher ruhigeren Ecken: in den Innenhöfen der venezianischen Stadthäuser, in denen kleine Restaurants zum Candle-Light-Dinner einladen.

Oben und links oben: So unschuldig die Altstadt von Poreč auch da liegt, der Ort ist eines der bedeutendsten touristischen Zentren Kroatiens.

Umag und Novigrad verbindet nicht nur ihre benachbarte Lage an der Nordwestküste, sondern auch, dass es sich hier um die beiden Orte handelt, in denen noch am häufigsten italienisch gesprochen wird. Der Badeort Novigrad zieht Besucher in seine Vergangenheit – in die verwunschenen Gassen der Altstadt, die zur Burgruine hinaufführen. Im 13. Jahrhundert ließ die Fürstenfamilie Gusii-Kurjakovii diese Festung errichten, die ein düsteres Kapitel birgt: Elizabeta Kotromani, die Witwe König Ludwigs I., war mit ihrer Tochter im Kerker gefangen, bis man sie 1387 ermordete. Während dieser Zeit stickte sie ein Gewand mit geistlichen Motiven, das noch heute in der Pfarrkirche Sv. Maria aufbewahrt wird. Von der Ruine aus schweift der Blick weit über die grüne Landschaft und über den verschlungenen Fjord, an dem die Stadt errichtet ist, bis hin zu dem modernen, kleinen Jachthafen.

Am Abend trifft man sich in den Lokalen an der Meerseite (oben), tagsüber locken die farbenfrohen Gassen (linke Seite unten).

Trotz seiner perfekten Lage am Südzipfel einer Bucht hat Umag in der Nähe seiner Altstadt nur wenig Sand- oder Kiesstrand zu bieten. Vielmehr führen hier betonierte Wege an der Küste entlang oder ragen als Vorsprünge ins Meer. Dennoch lohnt der Ausblick: Weiße Boote dümpeln auf dem tiefblauem Wasser, das in weiter Ferne mit dem Horizont zu verschmelzen scheint. Abends ist die Hafenstraße des ehemaligen Fischerdorfs und der heutigen Touristenstadt romantisch illuminiert. Umag bietet seinen Besuchern vor allem Sport: Zwei Häfen, zahlreiche Tennisplätze – seit 1990 ist hier im Juli der Austragungsort der Croatia Open –, Wassersport sowie zahlreiche Rad- und Wandertouren ins weniger trubelige Landesinnere können unternommen werden. Auch an der Küste entlang Richtung Norden wird es ruhiger. Steht zuerst noch Hotel neben Hotel, breitet sich der Strand bei Savudrija scheinbar endlos aus.

In der Abenddämmerung glänzen Altstadt und Bucht von Umag gleichermaßen.

Kroatien

ROVINJ

Von drei Seiten umgibt Wasser die Stadt, ihre Gebäude sind fast überall direkt ans Meer gebaut. Einige Bars stellen Sofas mit Kissen auf die umspülten Felsen. Wer hier sitzt, kann bei einem Gläschen fast mit den Füßen in den Wellen planschen und am Abend einen perfekten Sonnenuntergang genießen. Am frühen Morgen beginnt im Hafen für die Besucher eine Zeitreise: Denn Rovinj besitzt einen der ältesten Fischereihafen des Mittelmeerraums. Hier machen Fischer mit ihrem Fang fest, Möwen begleiten kreischend ihre schaukelnden Boote. Wer dem einen oder anderen in der Basilika Sv. Eufemija begegnet, sieht, dass sie für einen guten Fang beten. Von Weitem sichtbar ragt ihr 61 Meter hoher Glockenturm zwischen den Dächern empor. Der Sage nach soll der Marmorsarkophag der heiligen Euphemia, eine Märtyrerin zur Zeit des Kaisers Diokletian, im 5. Jahrhundert aus dem Orient übers Meer getrieben und hier gelandet sein.

Vom Boot aus betrachtet, scheint Rovinj mitten im Meer zu stehen und seine Häuser scheinen geradewegs daraus aufzuragen.

Kroatien

PULA

Sie liegt auf sieben Hügeln – wie Rom. Und sie hat etwas Magisches – genau wie die italienische Hauptstadt. Pula blickt auf eine mehr als 3000 Jahre alte, bewegte Geschichte zurück. So tauschte einst ein ungarischer König auf einem der Hügel sein prachtvolles Gewand gegen ein einfaches Ordenskleid, Dante schrieb, vom Ausblick inspiriert, die Verse seiner »Göttlichen Komödie«. Die römische Herrschaft endete im 5. Jahrhundert. Heute ist Pula sicher Istriens lebhafteste und untouristischste Stadt und gerade deshalb einen Besuch wert. An die römische Vergangenheit erinnert vor allem das Amphitheater, das größte Gebäude und somit die attraktivste Sehenswürdigkeit der Stadt. Das einst 23 000 Besucher fassende Oval, in dem Gladiatoren gegen Löwen kämpften, ist aus istrischem Kalk errichtet und dient heute als Konzert- und Festivalbühne. Die unterirdischen Gänge sind zu einem Museum für antiken Wein- und Olivenanbau umfunktioniert. Durch den Sergier-Bogen aus dem 1. Jahrhundert mit seinem feinen Reliefschmuck geht es in die Altstadt und entlang der Ulica Sergievaca vorbei an Restaurants, Modegeschäften und Souvenirshops. Das Forum schmückt an der Ostseite das venezianische Rathaus (13. Jahrhundert), die Nordseite schließt der römische Tempel des Augustus (Anfang 1. Jahrhundert) ab. Hier ist der Mittelpunkt der Altstadt. Bei so viel Römischem übersieht man leicht, dass in Pula auch das ganz normale Alltagsleben stattfindet. Zum Beispiel auf dem Markt in der 1903 eröffneten Halle, deren Konstruktion aus Stahl und Glas im Stil der Wiener Sezession die Fachwelt damals als Meisterwerk der Architektur feierte.

Großes Bild: Fast deplaziert wirkt der monumentale Bau der Amphitheaters, im Vergleich zu dem Pulas Altstadt geradezu winzig erscheint Oben: Über den römischen Sergier-Bogen gelangt man in die Altstadt mit ihren zahlreichen Cafés und Geschäften.

Kroatien

NATURPARK KAP KAMENJAK

Die weit nach Süden ragende Halbinsel Kamenjak windet sich wie ein immer schmäler werdender Lindwurm ins tiefe Blau der Adria. Mit ihren zahllosen Buchten ist sie ein Eldorado für Wasserratten, mit ihren Schotterstraßen bietet sie Radfahrern reizvolle Möglichkeiten, sie zu entdecken. Günstige Winde und Strömungen bieten Windsurfern optimale Bedingungen. Botanisch Interessierte erfreuen sich im Frühjahr an der Vielzahl unterschiedlicher Orchideenarten, die auf Kamenjak blühen. Wer die Küste aufmerksam erforscht, kann hier und da Spuren von Dinosauriern erkennen: Ihre dreiklauigen Abdrücke sind im Stein der Küstenfelsen seit Jahrmillionen für die Ewigkeit erhalten. An der südlichsten Spitze Kamenjaks pflegt die lokale Jugend den Sport des Klippenspringens – die Felsen sind nicht so hoch wie in Acapulco, aber durchaus eindrucksvoll. Nach Sonne und Meer erfrischt ein Drink in der »Safari-Bar« – durch ihre zusammengebastelten Spielgeräte besonders für Kinder ein Paradies.

Im Naturschutzgebiet Kap Kamenjak wechseln sich schroffe Küsten mit idyllischen Buchten ab.

LOVRAN

OPATIJA

RIJEKA

Lovor, »Lorbeer«, – von dieser Pflanze leitet sich der Name der kleinen Stadt an der Küste ab. Weil die Lorbeerpflanze die Vegetation der Umgebung bestimmt, ist sie auch Teil des Stadtwappens. Doch heute zeichnet den einstigen Fischerort etwas anderes aus: sein Heilklima. Seit 1905 ist Lovran Luftkurort und wegen seiner milden Temperaturen ein beliebtes Touristenziel. Vor allem Urlauber, die einen schicken, sauberen und aufgeräumten Ort mit liebevoll restaurierten Villen aus Gründerzeit und Jugendstil zu schätzen wissen, zieht es hierher – und Gäste, die Erholung suchen. Denn Wellness und Gesundheit stehen ganz oben auf dem Urlaubsprogramm. Viele Hotels haben sich in den ehemaligen Villen eingerichtet und bieten neben höchstem Komfort auch das nostalgische Flair vergangener Zeiten.

Links: Nicht alles ist schick in Lovran, aber auch bröckelnde Fassaden haben Charme. Oben: Zwischen Maronen- und Lorbeerbäumen, Zypressen und Palmen schlängelt sich die Uferpromenade die Küste entlang.

Als »Adriatisches Nizza« wird die Opatija Riviera bezeichnet, sie war neben der Côte d'Azur das Hauptreiseziel der Habsburger Elite. Bis etwa 1840 war Opatija allerdings nur ein kleines Fischerdorf mit 35 Häusern und einer Kirche. Das änderte sich einige Jahre später, als eine Eisenbahntrasse Wien mit Opatija verband. Imposante Hotels wurden errichtet, viele reiche Gäste ließen sich eigene Villen bauen. Als Kurort und Seebad mit dem italienischen Namen »Abbazia« wurde die Stadt bis 1914 vor allem im Winter zum Adelsquartier, denn das Učka-Gebirge, das sich unmittelbar hinter dem Ort erhebt, schützt Opatija vor kalten Winden aus dem Hinterland. Heute sind die historischen Gebäude liebevoll restauriert und der Ort ist vom Massentourismus weitgehend verschont geblieben. Opatija ist damit nicht nur eines der ältesten touristischen Ziele in Kroatien, sondern vielleicht auch eines der schönsten.

Noch heute kann man das Flair aus herrschaftlichen Prachtbauten und Gärten genießen, etwa rund um die Villa Angiolina.

Rijeka ist die drittgrößte kroatische Stadt nach Zagreb und Split und das kulturelle und wirtschaftliche Zentrum der Kvarner-Region. Insbesondere der Hafen hat für den Ort eine große Bedeutung. Hier verkehren gewaltige Containerschiffe ebenso wie zahlreiche Fähren. Daneben gibt es sämtliche Institutionen, die Rijeka ein großstädtisches Flair verleihen: eine Kathedrale, eine Universität, ein Theater, eine schöne Uferpromenade mit herrschaftlichen Palazzi sowie eine quirlige Altstadt mit guten Einkaufsmöglichkeiten. Und auch einige schöne Badeplätze gibt es hier. Die älteste Kirche Rijekas ist Mariä Himmelfahrt aus dem 12. Jahrhundert. Ihre Besonderheit ist ihr schiefer Glockenturm, der von den Einwohnern auch gerne der »schiefe Turm von Rijeka« genannt wird.

Der Fischmarkt befindet sich in einer historischen Markthalle, eine Glas-Eisen-Konstruktion aus dem Jahr 1914, die mit Meer- und Fischmotiven geschmückt ist. Samstags geht es in den Hallen und an den Ständen draußen besonders hoch her.

Kroatien

KRK

Die größte Insel der Adria hat zwei Gesichter: Betrachtet man sie vom Festland aus, blickt man auf kahlen Fels. Die Ostküste wird regelmäßig von den kalten, salzgeschwängerten Sturmböen des Nordostwinds Bora heimgesucht und geradezu geschmirgelt. Hinter dieser unfruchtbaren Barriere liegt jedoch eine grüne Landschaft: blühende Macchia, Weinreben, Pinienwälder. Und eine Vielzahl idyllischer Badebuchten. Sogar einen (Beinahe-)Sandstrand nennt Krk sein eigen, in der Bucht von Baška ganz im Süden. Highlight des Ortes Baška ist sein Aquarium. Über einen Wanderweg erreicht man Stara Baška, das »Alte Baška« mit seiner wunderschönen Bucht, die eingebettet zwischen Klippen liegt. Baška unterscheidet sich stark vom Rest der Insel Krk. Es liegt in einem grünen Tal, das zu beiden Seiten von aufragenden Felswänden begrenzt ist. Buchten mit Strand aus Sand oder Kieseln ziehen die Besucher an das strahlend blaue Meer.

Die Stadt Krk liegt an der Westküste der Insel und ist noch immer umgeben von seinen alten, venezianischen Stadtmauern. Ein imposanter Wachturm flankiert das Haupttor und ein runder Turm diente einst als Hafenposten. Zentrales Bauwerk in der Altstadt ist die wuchtige Kathedrale Mariä Himmelfahrt, die auf den Überresten einer römischen Thermenanlage errichtet wurde und mit der gegenüberliegenden zweigeschossigen Doppelkirche einen Komplex bildet. An der Uferpromenade von Krk herrscht insbesondere in den Sommermonaten ein buntes Treiben. Von hier starten auch Ausflugsboote zu den Inseln Prvić, Rab oder Goli. Baden kann man am Strand Plaža Porporela Ježevac.

Das uralte Omišalj leidet etwas unter seiner Umgebung. Nicht weit entfernt befindet sich der Flughafen von Rijeka. Trotz seiner herrlichen Strände liegt Omišalj deshalb etwas abseits der Touristenströme auf der Insel Krk. Deshalb wirkt die malerische Altstadt auf ihrem steilen Bergsporn sehr gemächlich und verschlafen. Glagolitische Inschriften an der romanischen Pfarrkirche und die Ruine einer frühchristlichen Basilika in der nahen Sepen-Bucht sind die wichtigsten Sehenswürdigkeiten, doch die Wurzeln der Siedlung reichen viel weiter, bis ins erste vorchristliche Jahrtausend zurück.

Rechts: Das Städtchen Vrbnik thront in malerischer Lage auf einem steilen Küstenfelsen im Nordosten der Insel und besitzt Wurzeln, die in vorrömische Zeit zurückreichen. Aus der Mitte des roten Häuserdachgewirrs ragt ein hoher Kirchturm empor. Steil fällt am Ortsrand die Küste ab – von hier aus reicht der Blick weit über die Insel. Nur hier gedeiht eine Rebe, die den spritzig-erfrischenden Weißwein Vrbniška Žlahtina hervorbringt. Oben: Strand von Baška.

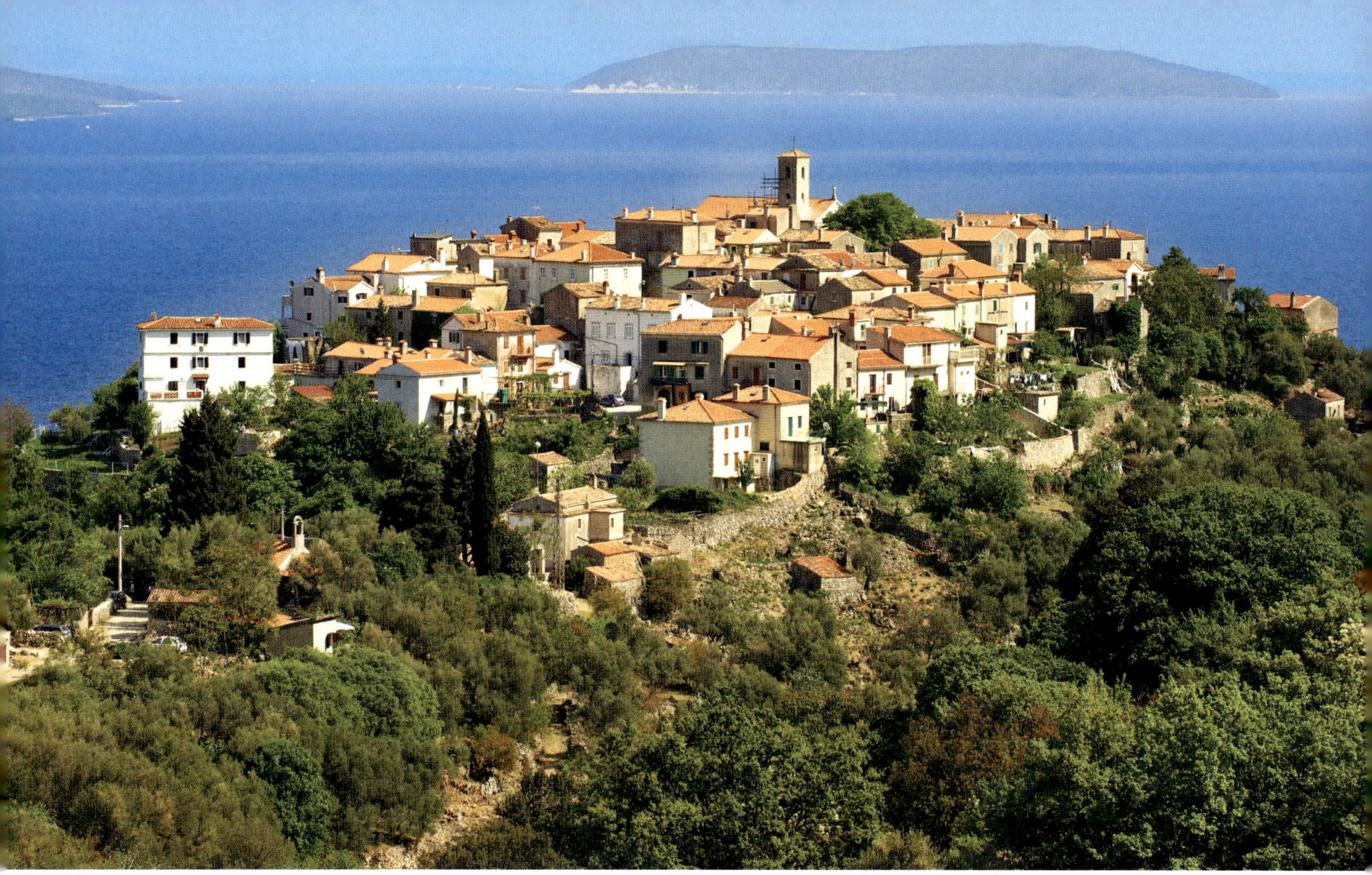

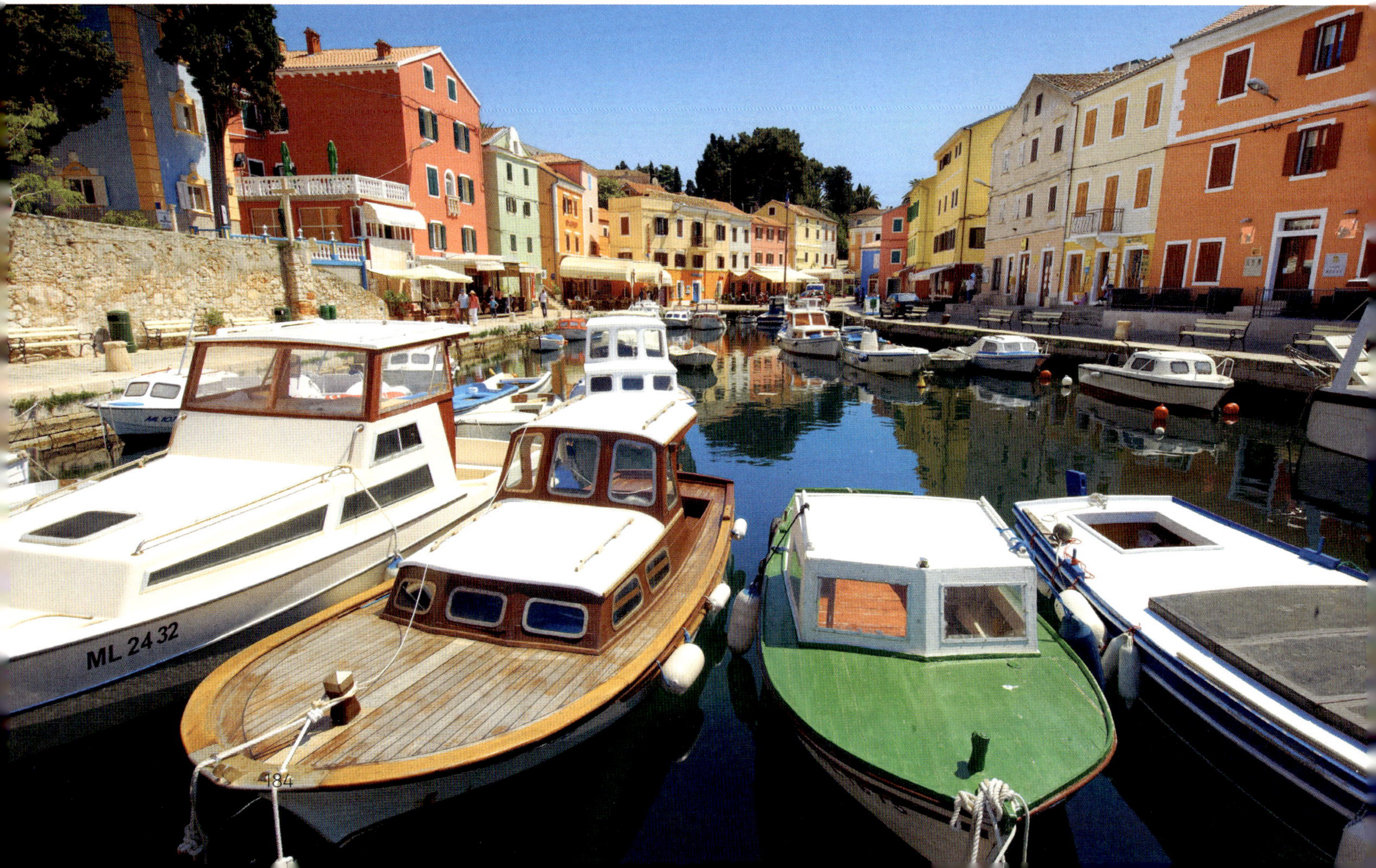
ML 24 32

Kroatien

CRES

LOŠINJ

RAB

Zweigeteilt ist die 66 Kilometer lange Insel Cres, die weit in die Bucht von Rijeka hineinreicht: Karg der Norden, mediterran der Süden. Im südlichen Teil findet man auch die meisten Sand- und Kiesbuchten. In der Hauptstadt, Cres-Stadt, einem dichten Gewirr aus kleinen Häuschen, wohnen mehr als zwei Drittel aller Inselbewohner. Hier trifft man sich gern auf der Uferpromenade oder dem Hauptplatz direkt am Meer. Sehenswert ist das Franziskanerkloster von etwa 1300, das südöstlich von der Altstadt zu finden ist. Es besticht durch seinen schönen Kreuzgang sowie den markanten Glockenturm. Ganz im Süden hat das von seinen Einwohnern verlassene Osor den Charakter einer Museumsstadt: Nicht nur wegen seiner venezianischen Architektur, sondern auch dank der Skulpturen zeitgenössischer Künstler, die Gassen und Plätze schmücken.

Oben: Am schönen Strand von Lubenice gehen auch Segler gern vor Anker. Links oben: Von einem 130 Meter hohen Hügel blickt Beli auf Cres über die tiefblaue Adria.

Ursprünglich gehörten sie zusammen: Cres und Lošinj. Die Römer trennten sie durch einen elf Meter breiten Kanal an der Südspitze von Cres bei der Ortschaft Osor, wo heute noch eine Drehbrücke die beiden Inseln verbindet. Fortan konnten Schiffe den kürzeren Weg durch den neuen Kavada-Kanal nehmen, anstatt Lošinj umfahren zu müssen. Doch die vielen Boote und Fischer mit Treibnetzen gefährden eine der letzten Delfinpopulationen der Adria. Die Tiere leben in den Gewässern zwischen Lošinj und der Halbinsel Punta Križa, die mittlerweile zum Unterwasserschutzgebiet des Mittelmeers erklärt wurden. Besucher können bei der lokalen Schutzorganisation Patenschaften für die Meeressäuger übernehmen. Auch den Pflanzenfreunden bietet die etwa 31 Kilometer lange Insel artenreiche Natur: dichte Wälder und exotische Pflanzen wie Bananen, Zitronen oder Eukalyptus, die die Kapitäne aus fernen Ländern mitbrachten.

Schon bei den Habsburgern war die liebliche Insel als Sommerfrischeziel beliebt, vor allem der Ort Veli Lošinj (linke Seite unten).

Es war wohl Edward VIII., dem das Nacktbaden auf Rab zu verdanken ist. So gilt das Jahr 1936 als Beginn der Freikörperkultur auf der Insel, nachdem die Behörden dem gekrönten britischen Haupt und seiner Geliebten erlaubt hatten, hüllenlos in einer Bucht zu planschen. Kein Wunder, besitzt die mit nur etwa 90 Quadratkilometern kleinste der »großen« Inseln des Kvarner zahlreiche Buchten, in denen man sogar im Hochsommer ungestört Sonne und Meer genießen kann; viele kann man nur zu Fuß oder mit einem Boot erreichen. Im Nordwesten liegen Urlauber in feinem Sand, im Süden auf Kies oder Felsen. Wenige Hafenorte der Adria liegen so malerisch wie Rab-Stadt: Die Häuser staffeln sich auf dem Bergrücken einer Halbinsel den Hang hinauf, sodass die Altstadt aus der Luft betrachtet wie ein Schiffsbug ins Meer ragt. Zwischen den drei Hauptstraßen klettern steile Gassen und Treppen hinauf zur höchsten, der Gornja Ulica, an der sich gleich vier Gotteshäuser aneinanderreihen.

Blick auf drei der vier Glockentürme, die so prägend für die Silhouette von Rab sind.

Kroatien

ZADAR

Kein Geringerer als Afred Hitchcock soll einst geschwärmt haben: »Zadar hat den schönsten Sonnenuntergang der Welt.« Recht hatte er! Wenn sich die Sonne abends am Horizont verabschiedet, mischt sie den himmlischen Tuschekasten mit bombastischem Rot und Orange auf. Ein Farbspektakel, als wenn es kein Morgen gäbe. Die passende musikalische Begleitung liefert die weltweit einzige Meeresorgel an der Uferpromenade. Seit der illyrischen Zeit besiedelt, bewahrt Zadar (75 000 Einwohner) Spuren der römischen, kroatischen, venezianischen und Habsburger Herrschaft. Die Altstadt liegt auf einer Landzunge, auf der sich sehenswerte historisch-architektonische Schmuckstücke wie Perlen auf einer Schnur aneinander reihen: alte Stadttore, ein römisches Forum, venezianische Paläste und Kirchen mit wertvollen Kunstschätzen. Die älteste und ungewöhnlichste ist sicherlich Sv. Donat aus dem 9. Jahrhundert.

**Links: Blick über die Altstadt von Zadar.
Oben: Der »Gruß an die Sonne« leuchtet beim Betreten in verschiedensten Farben auf.**

PAG

Zwei Besonderheiten gibt es auf der etwa 70 Kilometer langen Insel, deren Südspitze an Dalmatien andockt. Erstens: Spitzenklöppelkunst. Filigrane Spitzendeckchen liegen fast überall an den Hauseingängen in den Gassen der Altstadt von Pag. Meist fertigen ältere Frauen die Kunstwerke aus weißem Nähgarn an, oft sind sie wochenlang mit einem einzigen beschäftigt. Der Name der feinen Handarbeit: »Paške čipke«. Es sind allesamt Unikate, manche bestehen aus bis zu 500 000 Nadelstichen und kosten mehrere Tausend Euro. Für diese Spitzen ist Pag seit dem 15. Jahrhundert berühmt, sie wurden schon bei internationalen Ausstellungen gekürt. Zweitens: Käse. Der »Paški sir« besteht aus reiner Schafsmilch und besticht durch sein salziges Aroma, das daher herrührt, dass über die Weiden die Bora weht. Dieser böige, starke Fallwind, der typisch für Kroatien ist, bringt Salz vom Meer mit. Auch das Fleisch der Schafe schmeckt deshalb entsprechend würzig.

Die Landschaft auf Pag ist karg, aber faszinierend.

Kroatien

DUGI OTOK

Wie ein Aal liegt Dugi Otok, die »lange Insel«, am Rand des Archipels von Zadar. Der Name passt, denn Dugi Otok ist 43 Kilometer lang und maximal fünf Kilometer breit. Wer hier Nightlife, trendige Restaurants und schicke Shops sucht, ist fehl am Platz. Dafür ist Kroatiens längste Insel ein Dorado für Taucher. Das Wasser leuchtet blau, golden oder smaragdgrün, die Licht- und Schattenspiele in den Kaminen, Höhlen und Grotten haben ihre eigene Dramaturgie. Seepferdchen, gescheckte Leopardenschnecken und Oktopusse verfolgen die eleganten Bewegungen der Taucher. Beliebt, aber auch ein wenig gruselig sind Tauchgänge in die alten U-Boot-Stollen im Norden der Insel. Sali ist der Hauptort der Insel, der Tourismus konzentriert sich auf Božava nahe der traumhaften, südseeblauen Sakurun-Bucht. Vom hübschen Veli Rat lohnt ein Ausflug zum Leuchtturm Punta Bjanca am Nordkap der Insel.

Der Südosten von Dugi Otok steht als Naturpark Telašćica unter Schutz. Hier trifft man auf eine spektakuläre Klippenlandschaft.

Kroatien

VODICE

Vodice ist das Urlaubs- und Party-Mekka Norddalmatiens. Die touristische Erschließung des kleinen Fischerortes wurde durch die schönen Kiesstrände befördert. Heute ist hinter all den Hotel- und Apartmentneubauten vom historischen Ortskern mit seinen einfachen Steinhäusern kaum noch etwas zu sehen. Nur der im 15. Jahrhundert errichtete Ćorić-Turm erinnert daran, dass die heute so fröhliche Stadt durchaus kriegerische Zeiten kannte und sich unter anderem der Türken erwehren musste. In gewisser Weise erlebt Vodice auch jetzt eine Invasion. Ihr Nachtclub »Hacienda«, eine Art mexikanische Ranch, ist weit über Kroatiens Grenzen berühmt. Junge Leute aus allen Ecken Europas machen hier die Nacht zum Tag und feiern. Nicht alle Einwohner und Feriengäste freuen sich über den Ansturm der Party-People.

Links und oben: Die fast vier Kilometer lange Uferpromenade und die schöne Altstadt bilden das Zentrum von Vodice, dem »Mini-St.-Tropez« Dalmatiens.

KORNATEN

Bizarr und dennoch wunderschön kommen sie daher, die nackten, felsigen Kornateninseln, so, als hätte ein Maler sie auf das tiefblaue Mittelmeer getupft. Der Kornati-Nationalpark mit seinen rund 89 nahezu unbewohnten Inseln, Inselchen, Klippen und Riffen ist ein Paradies für Naturliebhaber, Taucher und Wassersportler. Im glasklaren Wasser flitzen bunte Fische, tummeln sich Tintenfische, Muränen und kleine Haie zum Greifen nah, sogar Korallen haben sich angesiedelt. Seltene Tiere wie Nacktschnecken, Kraken und Langusten verstecken sich in Nischen, putzige Seepferdchen oder die etwas finster dreinblickenden Skorpionfische schwimmen einem vor die Taucherbrille. Doch nicht nur der spektakuläre Artenreichtum der kornatischen Unterwasserwelt begeistert Taucher, sondern auch die Wracks, die sich am Meeresboden entdecken lassen.

Wie eine bizarre Mondlandschaft glänzen die nackten Eilande in der Sonne. Einst bedeckten Wälder die Kornaten, doch dann kamen die Römer und holzten alles ab.

UNTERWASSERWELT DER KROATISCHEN ADRIA

Winzige, bunte Fischchen verharren beinahe reglos im Wasser, nur Sekunden später schießen sie

blitzschnell zur Seite, wo sie das Meer zu verschlucken scheint. Andere kommen in großen Schwärmen, bewegen sich ständig synchron, glitzern, wenn sie nahe der Oberfläche das Sonnenlicht trifft. Es geht weiter hinab – auf Tauchstation an der kroatischen Adriaküste. Seichtere Stellen des Meeres geben die Farbenvielfalt schon beim Schnorcheln preis, für die wahren Unterwasserschätze müssen Urlauber jedoch tiefer hinabtauchen. Der Meeresgrund ist oft steinig, Korallenriffe zeichnen bizarre Muster und verteidigen sich ganz passiv, aber erfolgreich mit scharfen Kanten. Gelb und rot gefärbt, klammern sie sich an Felsen und bieten Seesternen und Kleinstlebewesen einen geschützten Lebensraum. Wer genau hinschaut, entdeckt Schnecken oder scheucht einen Oktopus auf, der mit grazilen Bewegungen davonschwebt.

Kroatien

ŠIBENIK

Venedig lässt grüßen – nur ohne Massentourismus, Taubenplage und singende Gondolieri. Zahlreiche venezianische Prachtbauten aus dem 15. Jahrhundert, wie auch die Kirche Sv. Jakov, erinnern an die Herrschaft der Dogenrepublik und verleihen der Stadt italienisches Flair. Besucher sollten unbedingt stabile Schuhe anziehen, denn die in den Hang gebaute Stadt besitzt die meisten Treppen Kroatiens. Und die sind steil! Hat man alle Treppen nach oben erklommen, wartet auf einem Hügel die St.-Anna-Festung, die stolz über der Stadt thront. Wenn sich der Hunger meldet, am besten eines der vielen Restaurants besuchen. Unbedingt versuchen sollte man »Brudet«, eine besonders würzige Fischsuppe. Im Sommer klingen Lieder und Melodien überall von den Plätzen der Altstadt, dann unterhalten hochkarätige A-cappella-Gruppen die Gäste mit ihrem bekannten, traditionellen Gesang, dem »klapa«.

Bildleiste von oben: romantisches Viertel Dolac; Weltkulturerbe Kirche Sv. Jakov, Platz der Republik. Rechts: Altstadtgassenidyll.

Kroatien

TROGIR

Auf die Ursprünge als griechische Kolonie weist das rechtwinklige Straßennetz hin. Tragurion, wie der Ort damals hieß, entwickelte sich zu einer der wichtigsten Hafenstädte der Antike. Im 6. Jahrhundert geriet die auf einer Insel gelegene Stadt unter byzantinische Oberhoheit (bis um 1000). Danach stritten Kroaten, Bosnier, Ungarn und Venezianer um die Herrschaft, die Republik Venedig setzte sich schließlich durch (1420–1797). Im Benediktinerinnenkloster finden sich Reliefs und Inschriften aus dem 3. bis 1. Jahrhundert v. Chr. Der romanisch-gotische Dom St. Laurentius wartet mit Meisterwerken mittelalterlicher Malerei auf. Sein Westportal, um 1240 von Meister Radovan aus Trogir geschaffen, gehört zu den bedeutendsten Steinplastiken Kroatiens. Das Rathaus und die Stadtloggia mit ihrem Uhrturm stammen aus dem 15. Jahrhundert. Das Kastell Kamerlengo und der Markus-Turm sind Teil der venezianischen Befestigungsanlagen aus dem 15. und 16. Jahrhundert.

Trogir besitzt viele Palais aus spätgotischer Zeit, aus Renaissance und Barock.

Kroatien

SPLIT

Die historische Stadt Split ist mit ihren rund 210 000 Einwohnern nach der Hauptstadt Zagreb die zweitgrößte Stadt Kroatiens. Splits Altstadt liegt innerhalb der Mauern des Diokletianspalastes. Der Kaiser hatte seine Festung so groß bauen lassen, dass sowohl der Hofstaat als auch die komplette Garde darin Platz fanden. So entdeckt der Besucher heute ein dicht besiedeltes historisches Zentrum inmitten spätantiker Mauern und steinerner Paläste, trinkt einen Cappuccino oder probiert die lokalen Spezialitäten in den kleinen Restaurants der Altstadtgassen – er befindet sich dabei ununterbrochen in einem einzigen riesigen römischen Baudenkmal. Aus der Blütezeit der venezianischen Handelsmetropole Split zwischen dem 15. und 18. Jahrhundert stammen der spätgotische Papalić-Palast sowie das Cindro- und das Agubio-Palais, Splits schönste Barockpaläste.

**Oben: Die Kathedrale Sv. Duje wurde als Mausoleum für Kaiser Diokletian erbaut.
Links: Im Peristyl des Diokletianpalastes kann man die historische Kulisse genießen.**

DER PALAST DES KAISERS

Kaiser Diokletian (um 236–312) kümmerte sich schon früh um die Planung seines Altersruhesitzes. Der römische Herrscher, der das Reich neu geordnet und die Christen unbarmherzig verfolgt hatte, ließ sich eine Sommerresidenz in Split nahe seiner Geburtsstadt Salona erbauen, die eine Mischung aus Landsitz, Stadtpalast und Festung sein sollte. In nur zehn Jahren, von 295 bis 305 n. Chr., entstand der Komplex vom Typus eines römischen Castrums mit einer Fläche von 215 × 180 Metern und turmbewehrten Mauern. Bei einem Awareneinfall im Jahr 614/615 floh ein Teil der Bewohner Salonas in die schützenden Mauern des Palastes, dessen Areal auf diese Weise zur Keimzelle des heutigen Split wurde. Das achteckige Mausoleum des Christenverfolgers Diokletian wurde durch den Anbau einer Eingangshalle und eines Glockenturms zum christlichen Dom St. Domnius (Sv. Duje). Der Jupitertempel verwandelte sich in ein Baptisterium, aber die römische Ausstattung wie die Sphinx am Eingang und das Tonnengewölbe mit seiner fantastischen spätantiken Kassettendecke blieben erhalten. Das Taufbecken in Kreuzform trägt frühchristliche Reliefs, wie sie bei den ersten kroatischen Christen beliebt waren. Im zentralen Peristyl, dem von Säulenhallen eingefassten Hof, trifft sich heute die Jugend. In den Podrumi, den Kellergewölben unter den kaiserlichen Wohngemächern, gewinnt man einen Eindruck von der wahren Größe der Anlage: Alleine das Untergeschoss bestand aus über 50 Räumen. Fast immer breiten fliegende Händler in den Gewölben ihre Waren aus, jeder Passant, der von der Promenade ins Peristyl will, kommt hier durch.

VIS

Das ruhige, beschauliche und bäuerlich geprägte Eiland kam lange ohne Touristenrummel aus, dafür aber mit hervorragendem Wein aus eigenem Anbau. Dass die Insel ihre Abgeschiedenheit bewahren konnte, verdankt sie ihrer Lage weit draußen in der Adria. Bereits die Habsburger hatten die strategisch günstige Position von Vis auf fast halbem Weg zwischen kroatischer und italienischer Küste erkannt und daher hier einen Militärstützpunkt errichtet. Im Zweiten Weltkrieg unterhielt Tito hier einen geheimen Unterschlupf. Und in der Ära des sozialistischen Jugoslawien war Vis militärisches Sperrgebiet – die Folge: kein Tourismus. Der begann erst im unabhängigen Kroatien, und zwar vor allem mit Seglern und Bootsfahrern, denn es sprach sich schnell herum, dass Vis über fantastische Strände verfügt – und über eine Blaue Grotte. Abends geht es in den Feinschmeckerrestaurants von Vis-Stadt und Komiža hoch her, frischer wird Adria-Fisch selten serviert.

Links: Kroatische Version von »The Beach«: Stiniva-Bucht im Inselsüden. Oben: Komiža.

BRAČ

Am Weißen Haus in Washington kann man ihn sehen, ebenso am Reichstag in Berlin: den weißen Marmor von Brač. Er ist jedoch kein richtiger Marmor, sondern ein weißer Kalksandstein, der sich durch Bodenerosion gebildet hat. Daher müssen die Arbeiter ihn auch nicht herausschlagen, sondern lediglich abtragen. Schon in der Antike gab es an der Küste Steinbrüche; Sklaven wuchteten den Sandstein von hier in großen Blöcken auf Handelsschiffe. Ab dem 15. Jahrhundert besaßen berühmte Architekten auf Brač eigene Steinbrüche für ihre Projekte, so auch Andrija Aleši, der beim Bau des Šibeniker Doms beteiligt war. Brač ist im Gegensatz zum Nachbareiland Hvar nicht mondän, sondern eine Insel der Bauern, Fischer und Steinmetze. Touristisch ist Brač mit seinem bergigen Inselinneren für diejenigen interessant, die es still, ursprünglich und ohne großen Trubel mögen oder einfach am Strand entspannen möchten. Ausnahme: Bol mit seinem berühmten Strand Zlatni rat.

Das »Goldene Horn« Zlatni rat ist einer der berühmtesten Strände Kroatiens.

HVAR

Lila Blüten, so weit das Auge reicht, dazu ein herb-süßlicher Duft: Lavendel. Im Juni werden die Felder geerntet, manchmal dürfen Feriengäste sogar dabei helfen. Dann werden die Blüten getrocknet und in kleinen Säckchen überall auf Hvar verkauft. Oder exportiert für Kosmetika und die Parfumproduktion. Doch wer denkt, dass er damit den Höhepunkt der Insel schon kennt, hat noch keinen Blick in die vielen Gärten mit Zypressen, Oleander, Orangen- und Zitronenbäumen geworfen. Auch mit durchschnittlich 2718 Sonnenstunden im Jahr liegt Hvar in der Gunst der Touristen ziemlich weit vorn. Da das Gebirge der Nachbarinsel Brač das Eiland vor der Bora, dem böigen Fallwind, schützt, herrscht fast überall mildes Klima. Und die Hauptstadt Hvar gilt als eine der schönsten Städte an der Adriaküste. Palmen säumen die Uferpromenade am Hafen, historische Bauten wie die Kathedrale, das Arsenal und der Bischofspalast rahmen den Hauptplatz ein.

Tief eingeschnitten, ist der Hafen von Hvar-Stadt Anlaufstelle für viele Jachten.

Kroatien

LASTOVO

KORČULA

Unter allen kroatischen Inseln ist Lastovo die abgelegenste und am wenigsten touristische. Das Eiland, dessen von Aleppokiefernwäldern und Sandbuchten geprägte Landschaft durch die Ernennung zum Naturpark geschützt ist, fungierte lange Zeit als Piratennest, bis Venedig durch die Eroberung im 11. Jahrhundert dem Treiben ein Ende setzte. Nach der Serenissima übernahm Venedigs Konkurrentin, der Stadtstaat Ragusa (heute Dubrovnik), die Kontrolle über das Eiland und behielt es bis Anfang des 19. Jahrhunderts. Dass Lastovo heute noch so wenig vom Tourismus berührt ist, verdankt es auch dem halben Jahrhundert als Teil des kommunistischen Jugoslawien, währenddessen es militärisches Sperrgebiet war. Lucica ist ein charmantes Fischerdorf mit einem kleinen Hafen, der von traditionellen, steinernen Häusern umgeben ist. Der Ort ist für seine entspannte Atmosphäre bekannt und bietet Besuchern die Möglichkeit, das authentische Inselleben zu teilen.

Wer Ruhe und Einsamkeit sucht, ist auf Lastovo genau richtig.

Die Einwohner Korčulas bleiben dabei: Weltentdecker Marco Polo wurde auf ihrer Insel geboren. Dafür gibt es zwar keine Beweise, Historiker gehen aber davon aus, dass Marco Polo als Kommandant einer Kriegsgaleere an der Schlacht vor Korčula 1298 teilgenommen hatte und in Gefangenschaft geriet. Ob mit oder ohne berühmten Sohn – die kleine Insel und ihre gleichnamige Stadt sind unbedingt sehenswert. Auf einer felsigen Anhöhe thront die Altstadt, alle wichtigen Gebäude liegen in einer zentralen Achse. Aus der Ferne betrachtet, scheint der Ort wie das Gerippe eines Blattes aufgefächert. Dahinter steckt ein Plan: Die Häuser sind so optimal gegen Sonne und starken Wind geschützt. Das Landtor, der Eingang zur Stadt, mit majestätischem Treppenaufgang und imposantem Turm Veliki Revelin ist ein beliebtes Fotomotiv.

Rechts: Korčula mit seiner hübschen Altstadt ist das Schmuckstück der Insel. Oben: Das Eiland wird auch gern als die »Grüne Insel« bezeichnet und verfügt über einige idyllische Buchten.

Kroatien

MLJET

Hin und wieder fällt ein Tropfen von den ruhenden Paddeln in den See. Sonst ist es still. Gemächlich treibt das Kajak auf dem salzigen Wasser, denn die beiden Binnenseen der Insel stehen mit dem Meer in Verbindung. Sehr intensiv können Naturerfahrungen im Kajak auf Mljet sein. Die langsame Fortbewegungsart erlaubt immer wieder Momente tiefster Ruhe inmitten einer intakten Natur.

Der Legende nach soll Homer diese Insel gemeint haben, als er das bezaubernde Eiland Ogygia beschrieb und eine Geschichte von Odysseus und der Nymphe Kalypso erzählte. Gut möglich, denn Mljet ist ein stilles Naturparadies, teilweise zum Nationalpark erklärt und Heimat zahlreicher Pflanzenarten. Kiefern- und Steineichenwälder, Lorbeer-, Myrten-, Johannisbrot- und Olivenbäume geben der Insel ihr sattgrünes Kleid. Seltene Vögel, viele Eidechsenarten und Mungos sind hier zu Hause. Mitten im Nationalpark liegen zwei natürliche Salzseen. An manchen Tagen ist man tatsächlich mutterseelenallein, wenn man auf den Seen des Nationalparks eine Kanutour unternimmt. Mehr Erholung geht nicht.

In Saplunara lockt der Strand (großes Bild), im Nationalpark die Einsamkeit (oben).

Bosnien und Herzegowina

NEUM

Hier trifft man auf ein Kuriosum, denn der Küstenstreifen, den die Kroaten als Kriegszugeständnis an ihre Nachbarn abtreten mussten, ist nur knapp über neun Kilometer lang: Kaum eingereist, ist man auch schon wieder aus Bosnien und Herzegowina heraus. Dabei passiert man die bosnische Stadt Neum, die genau in der Mitte des Küstenstreifens liegt – der einzige Zugang des Landes zum Meer. Neum ist bekannt als eine der adriatischen Küstenstädte mit den meisten Sonnentagen im Jahr, und die Bucht ist durch die Halbinseln Pelješac und Klek vor dem offenen Meer geschützt, weshalb das Meer sehr ruhig und sauber ist. Besonders sehenswert ist die Festung Hutovski Grad, die auf einem Hügel über der Stadt thront und einen herrlichen Blick auf die umliegende Landschaft bietet. In der Nähe liegt die Špilja Vjetrenica, die größte Höhle des Landes, die schon vor 2000 Jahren Erwähnung in historischen Quellen fand. 7000 Meter Wege kann man hier unterirdisch erkunden.

Neum ist ein beliebtes Reiseziel für Touristen aus der Region und darüber hinaus. Seine Strände bieten feinen Kies und kristallklares Wasser, das zum Schwimmen, Sonnenbaden und zu verschiedenen Wassersportarten einlädt.

Kroatien

DUBROVNIK

Wie ein »Fels in der Brandung« ragt die auf einer schmalen, felsigen Landzunge gelegene »Perle der Adria«, wie Dubrovnik auch genannt wird, aus dem tiefblauen Meer. Über die Jahrhunderte weckte der Wohlstand Dubrovniks, das im 15. und 16. Jahrhundert ein Zentrum des Handels zwischen Orient und Okzident war, nicht nur bei Piraten, sondern auch bei der Rivalin Venedig Begehrlichkeiten. Heute lockt die Pracht der Klöster, Kirchen und Paläste in der Altstadt, die seit 1979 auf der Welterbeliste steht, Touristen an. Die mächtige Stadtmauer, die das historische Dubrovnik bis heute vollständig umschließt, hat sicherlich dazu beigetragen, dass die Stadt lang ihre Unabhängigkeit bewahren konnte. Ihre Mauern sind bis zu 25 Meter hoch und stellenweise sechs Meter breit. Ein Bummel über den fast zwei Kilometer langen Schutzwall gehört zu jeder Stadtbesichtigung dazu.

Stradun, die Flaniermeile Alt-Dubrovniks, durchschneidet die Stadt von Westen nach Osten. Die eleganten Barockhäuser, die sie säumen, wurden nach dem Erdbeben von 1667, das große Teile Dubrovniks zerstörte, als Residenzen für angesehene Kaufleute errichtet. Heute beherbergen sie schmucke Geschäfte oder Straßencafés. Am westlichen Ende des Straduns lohnt besonders das Franziskanerkloster aus dem 14. Jahrhundert eine Besichtigung. Das Museum beherbergt eine Bibliothek mit über 20 000 mittelalterlichen Handschriften sowie eine der ältesten Apotheken Europas.

In dem an der Hafenseite gelegenen östlichen Altstadtteil Dubrovniks stehen repräsentative Bauten aus der Blütezeit der Stadt dicht an dicht. Der Palača Sponza etwa wurde in der Zeit zwischen 1516 und 1522 errichtet und besticht durch die gelungene Kombination aus spätgotischer und Renaissancearchitektur. Auch in dem Prachtbau des Dominikanerklosters, das hinter dem Palača Sponza liegt und fast die gesamte Nordostecke der Stadt einnimmt, wurden spätgotische mit Bauformen der Renaissance kombiniert. Ein Stück weiter südlich der Placa Luža befindet sich der Rektorenpalast, das politische Zentrum der Dubrovniker Republik. In dem zwischen 1435 und 1451 von Onofrio della Cava errichteten Arkadenbau tagten nicht nur die Räte der Stadt, hier residierte auch der Rektor, das immer nur für einen Monat gewählte Stadtoberhaupt. Mit ihrer weithin sichtbaren Kuppel überragt die gegenüber dem Rektorenpalast gelegene Kathedrale Sveti Gospa alle anderen Häuser der Stadt. Sie wurde nach dem Erdbeben von 1667 an der Stelle eines Vorgängerbaus errichtet und zählt zu den größten Barockbauten Dalmatiens.

Links: Blick von der Festung Lovrijenac. Oben: Der Große Onofrio-Brunnen diente der Wasserversorgung der Stadt. Bildleiste von oben: Kathedrale; Stadtstrand; eine der engsten Gassen; Blicke von der Stadtmauer.

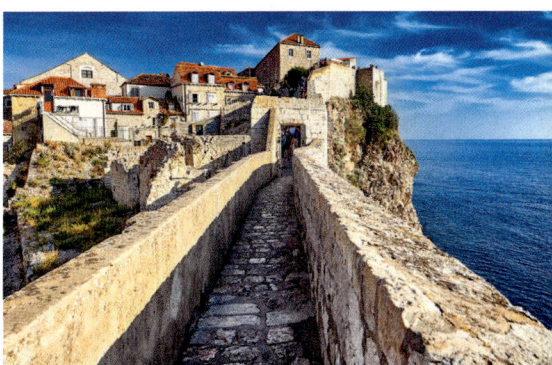

Montenegro

KOTOR

Sie ist schon beeindruckend, die mächtige Stadtmauer, die Kotor umfasst: Auf einer Länge von 4,5 Kilometern bildet sie einen schützenden Wall um das Weltkulturerbe Kotor. Die Stadt gilt als die schönste Montenegros und hat dieses Prädikat nicht nur der Stadtmauer zu verdanken, sondern auch dem Ensemble aus Kirchen, der spektakulären Lage an der Bucht und den hübschen alten Häusern. Die gleichnamige Bucht mit ihren sieben Inseln gilt als eine der schönsten der Adriaküste. »Als unser Planet entstand, muss sich die schönste Begegnung zwischen Meer und Land an der montenegrinischen Küste zugetragen haben. Und als die Perlen der Natur verteilt wurden, wurden sie mit vollen Händen in dieses Gebiet gestreut.« Diese treffende Beschreibung der Bucht von Kotor notierte der englische Dichter Lord Byron, als er 1809 die knapp 30 Kilometer lange Bucht besuchte, die sich wie ein Fjord ins Landesinnere windet. Die steilen Felswände schützen das Land vor den tosenden Bora-Stürmen und machen es zu einer mediterranen Oase in Montenegro.

Das von griechischen Kolonisten in der Antike gegründete Kotor mit seinem großen Naturhafen war im 13. und 14. Jahrhundert als Seefahrer- und Handelsstadt Venedig ebenbürtig. Noch im Mittelalter war es eine bedeutende Handelsstadt, zugleich ein Zentrum der Ikonenmalerei und Steinmetzkunst. Am besten beginnen Besucher mit einem Rundgang auf der Stadtmauer am Nordtor. Nicht auslassen sollte man bei einem Spaziergang den Hauptplatz Trg Oktobarske re-

Montenegro

volucije sowie den herrschaftlichen Palast Palata Pima. Von dort aus geht es zur Kathedrale St. Tiphun, die mit ihren Fresken einen Blick lohnt. Vor allem aus Renaissance und Barock stammen zahlreiche Paläste und Patrizierhäuser. Unterwegs locken viele Tavernen mit Mittelmeerspezialitäten.

Solch eine landschaftliche Perle blieb in der Historie nicht unentdeckt, und so sind die Einflüsse vieler Herrscher zu finden: Vor allem die Venezianer prägten die Kultur der Bucht von Kotor.

Montenegro

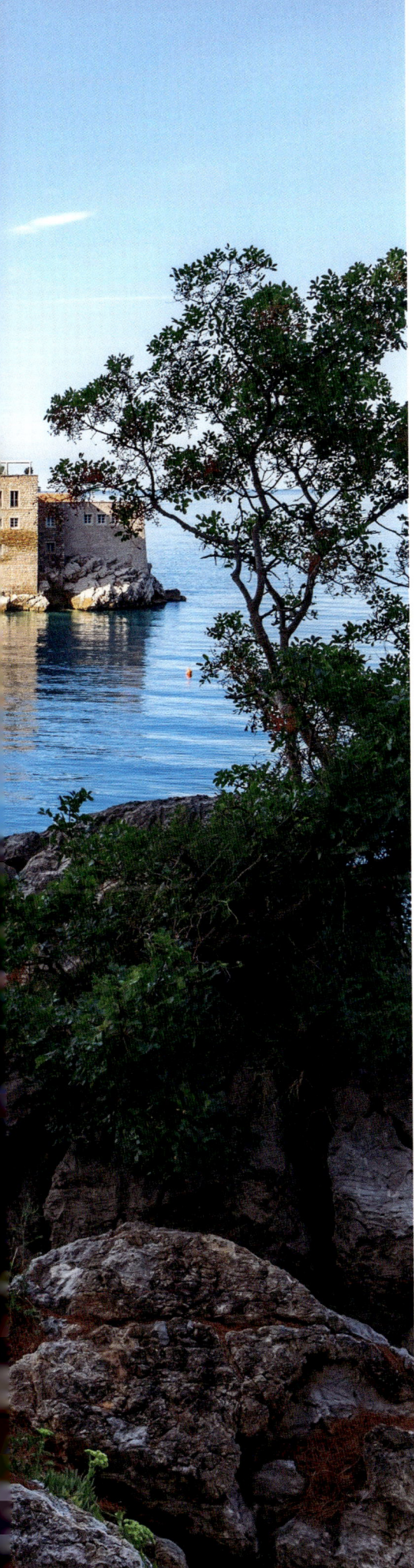

SVETI STEFAN

Manche Orte wirken wie aus einem Traum entsprungen oder als seien sie eigens für spektakuläre Filme errichtet worden. So auch Sveti Stefan, wenn man es auf den ersten Blick sieht. Als Inselchen war es ursprünglich von armen Menschen besiedelt, denn die Fischer, die dort wohnten, lebten bescheiden und einfach. Das kann man heute von den dortigen Bewohnern eher nicht behaupten, denn Sveti Stefan hat sich in den vergangenen Jahrzehnten zum angesagten Luxus-Feriendomizil gemausert. Allerdings ist die gesamte Insel in der Hand eines Hotelbetreibers, sodass Urlauber einen Obolus zahlen müssen, wenn sie das Eiland betreten wollen. Ausnahme: Bei einem Restaurantbesuch entfällt der Eintrittspreis. Nur ein schmaler Damm verbindet die kleine Insel, auf der dicht an dicht rotbedachte Häuser stehen: Sveti Stefan ist eine typische Ferienhausinsel. Der vorgelagerte Strand hat sich zum Magneten nicht nur für Gäste der Insel entwickelt.

Links und oben: Einmalig schön ist die Lage der kleinen Hotel Insel Sveti Stefan.

BUDVA

Rote Dächer, steingraue mittelalterliche Häuser und davor azurblaues Meer – Budva entführt seine Gäste in ein Märchenpanorama. Die Stadt zählt zu den ältesten an der Adria und war eigentlich eine Insel. Doch die Abgeschiedenheit hat sich inzwischen aufgehoben, eine Sandbank mit einem darauf liegenden Damm verbindet Festland und alte Halbinsel. An manchen Stellen verläuft die Stadtmauer fast senkrecht über dem Meer, schöne Panoramablicke sind garantiert. Mit dieser Lage lockt Budva viele Besucher, die die idyllischen Ausblicke sehr zu schätzen wissen. Dabei müssen sie weder auf Kultur noch auf Strandleben verzichten, denn Budva bietet beides. Einer der bekanntesten Strände Montenegros, der Mogren, vereint durch einen Tunnel zwei Strände, die nur wenige Minuten Fußweg von der Innenstadt entfernt sind.

Eine noch in Teilen erhaltene Stadtmauer umgibt die Altstadt von Budva. Die Stadt liegt am blau schimmernden Jadran, der der Küste seinen Namen gab.

DURRËS

Mehr als zwei Jahrtausende lang war die Küstenstadt (115 000 Einwohner) Albaniens wichtigste Metropole und ihr Hafen der bedeutendste Umschlagplatz für Waren aus Ost und West. Nicht zufällig gründeten Griechen aus dem nahen Korfu hier bereits 627 v. Chr. eine Kolonie namens Epidamnos. Am hellsten strahlte ihr Stern unter byzantinischer Herrschaft. Während der kommunistischen Diktatur zerstörten Industrialisierung und Wohnungsbau das einst attraktive Stadtbild. Dafür belohnt ein Bummel durch die Altstadt mit interessanten Einblicken in die Geschichte. Das Amphitheater, eines der größten des Balkans, ließ Kaiser Trajan im 2. Jahrhundert n. Chr. errichten. Es bot Platz für 20 000 Menschen und wirkt mit seinem Durchmesser von etwas mehr als 110 Meter Länge und einer 40 × 60 Meter messenden Arena durchaus imposant. Allerdings befindet sich die Anlage in einem bedauernswerten Zustand.

Mosaiken im Amphitheater, das zu den größten derartigen Anlagen im westlichen Balkan zählt.

VLORA

Die Stadt an der gleichnamigen Bucht erlebt einen Boom: Sie soll das Tor zur Albanischen Riviera werden, eine Marina für Luxusjachten und einen Flughafen bekommen. Einige Projekte sind umstritten – so wird der Bau des Flughafens unweit der Narta-Lagune von Naturschützern bekämpft. Auswanderer aus Korinth, die Vlora im 6. Jahrhundert v. Chr. gründeten, hatten mit solchen Problemen nicht zu kämpfen; sie erkannten die großartige Lage dieser Bucht, die die Halbinsel Karaburun und das Inselchen Sazani vor Meeresturbulenzen schützen. Vloras Promenade Rruga Çamëria leidet etwas unter dem Autoverkehr, gesäumt vom breiten Sandband des »neuen Strandes« Plazhi i Ri ist sie dennoch einer der Treffpunkte für den abendlichen Xhiro. Unter der Ägide des belgischen Architekten Xaveer de Geyter haben sich einzelne Abschnitte in eine schicke »Waterfront« verwandelt, mit Ruhezonen, kleinen Parks und Stufen, die zum Meer führen und zum Sitzen einladen.

Die Muradie-Moschee stammt noch aus osmanischer Zeit.

NATIONALPARK DIVJAKA-KARAVASTA

Wie sich ein ehemaliges Militärgelände in ein Vogelparadies verwandeln kann, beweist dieses Naturschutzgebiet, das sich auf einer Länge von 22 Kilometern zwischen den Flussmündungen von Shkumbin und Seman entlang der Küste erstreckt. Über 45 000 Vögel haben in dem Feuchtbiotop ein geschütztes Habitat gefunden, dessen Mittelpunkt die unter Ramsar Schutz stehende Lagune von Karavasta ist. Pinienwälder mit bis zu 400 Jahre alten Bäumen bilden einen grünen, schattigen Gürtel um die Wasserlandschaft. 228 Spezies, darunter 15 weltweit bedrohte – Karavasta ist ein Paradies für Birder. Die entsprechende Infrastruktur wurde im Nationalpark mit entlang der Lagune geführten Stelzenwegen, geschickt in die Landschaft integrierten Beobachtungstürmen und von Vogelkundlern geführten Bootstouren geschaffen.

Rechts unten: Die auffälligsten Vertreter der Fauna Albaniens sind Krauskopfpelikane, sie brüten an der Karavasta-Lagune (oben und rechts oben).

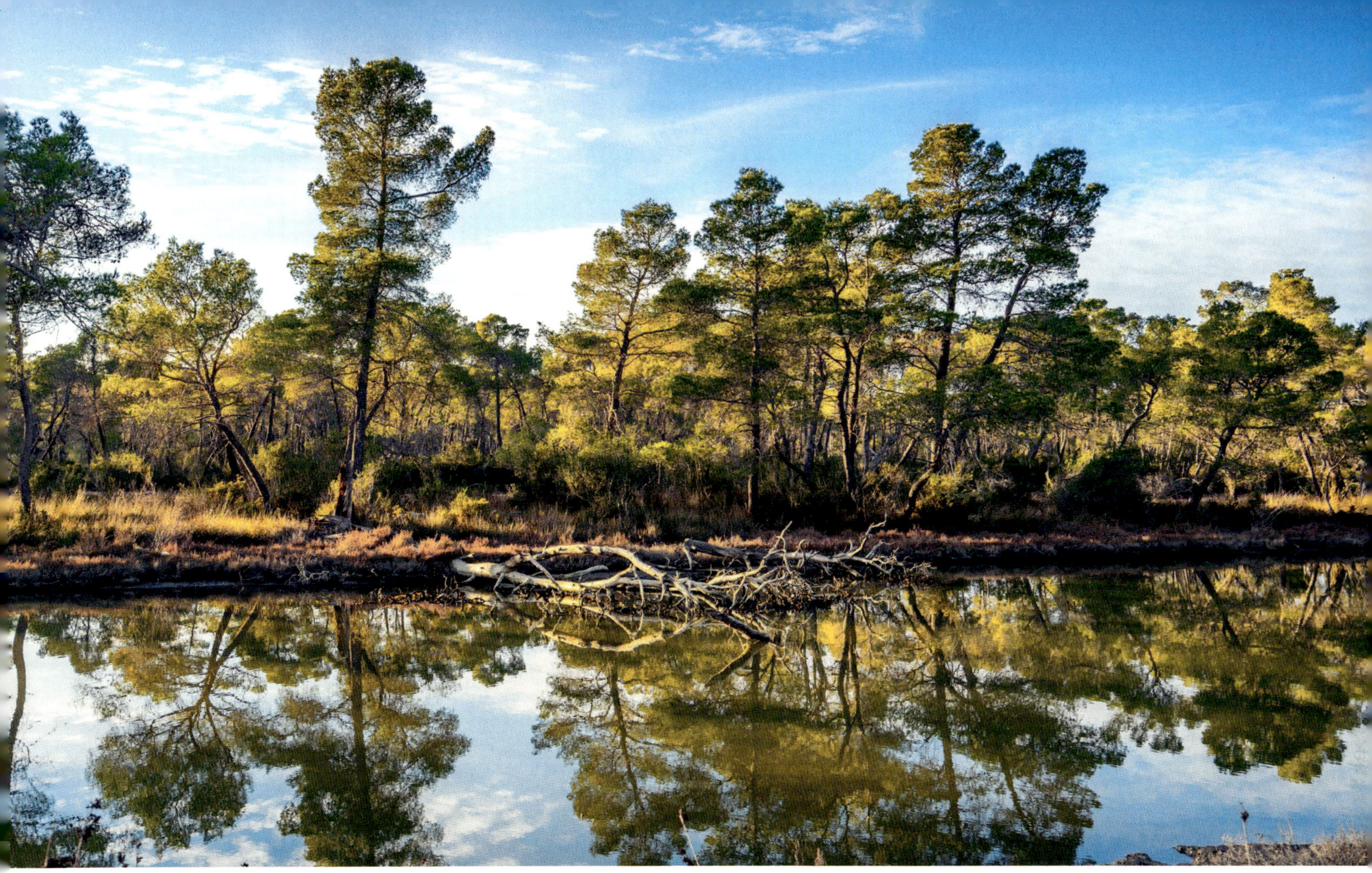

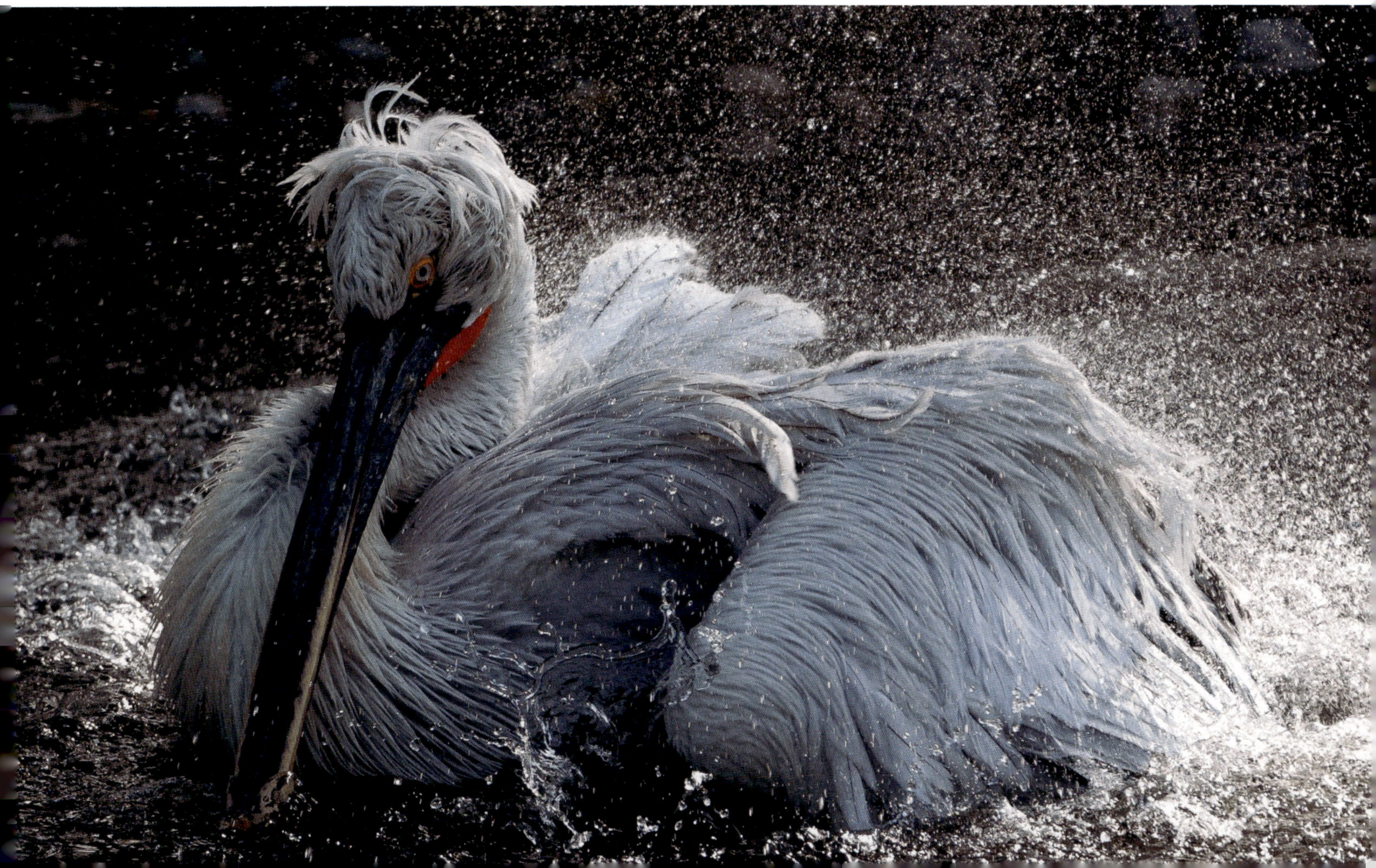

Das Ionische Meer, eingebettet zwischen der italienischen Region Kalabrien im Westen, dem südlichen Teil Albaniens im Norden und den griechischen Inseln im Osten, strahlt eine raue und doch beeindruckende Schönheit aus. Seine tiefen, oft dunkelblauen Gewässer zeugen von der Kraft und Beständigkeit des Meeres. An seinen Ufern finden sich keine endlosen Sandstrände, sondern eher felsige Klippen und vereinzelte Buchten, die nur darauf warten, entdeckt zu werden. Die Atmosphäre ist von der Geschichte durchdrungen, von antiken Zivilisationen, die ihre Spuren in den Städten und Dörfern hinterlassen haben.

Die Ionischen Inseln liegen vor Griechenlands Westküste am Ausgang des Adriatischen Meeres. Bis 1797 gehörten sie zur Republik Venedig, drei Jahre später bildeten die Eilande unter russisch-osmanischem Protektorat den ersten griechischen Staat der Neuzeit. Jede hat ihren eigenen Reiz: So bietet Korfu viel Grün und venezianisches Flair, Zakynthos blaue Grotten und Meeresschildkröten, Kefalonia Tropfsteinhöhlen und Tannenwälder, Ithaka schließlich Wildnis und den Odysseus-Mythos.

Reisende, die es ursprünglich mögen, finden in Kefalonia eine bezaubernde Ionische Insel, die weitestgehend von Hotelburgen verschont wurde. Schöne Strände, geheimnisvolle Höhlen, alte Klosteranlagen, romantische Burgruinen, weiß getünchte Fischerdörfer – es ist alles vorhanden, was zu einem Griechenlandurlaub gehört.

ÖSTLICHES MITTELMEER
IONISCHES MEER

Italien

TARENT

GALLIPOLI

Als griechische Siedlung wurde das antike Taras durch seine Farbproduktion aus Purpurschnecken im 4. Jahrhundert v. Chr. eine der reichsten und mächtigsten Städte in Magna Graecia. Noch zur Zeit von Kaiser Augustus waren die meisten Einwohner Griechen. Tarent ist ein wichtiger Handels- und Industriehafen sowie ein Marinestützpunkt. Im Zweiten Weltkrieg wurde hier ein Teil der italienischen Flotte durch einen britischen Luftangriff schwer beschädigt. Die Stadt ist dreigeteilt und durch zwei Brücken miteinander verbunden. Auf einer kleinen Felsinsel liegt die reizvolle, aber dem Verfall preisgegebene Altstadt, überragt vom Castello Aragonese aus dem 15. Jahrhundert. Das Museo Archeologico Nazionale beherbergt wertvolle Gold- und Silberschätze. Ebenfalls in der Città Vecchia steht der Dom. Er wurde im 12. Jahrhundert erbaut, später aber verändert.

Das Castello Aragonese ist mit der Stadt über eine Brücke verbunden. Im 18. Jahrhundert verlor es seine Bedeutung als Festung, heute birgt es ein kleines Museum.

Kále polis, »die schöne Stadt«, wurde Gallipoli in Apulien einst von den Griechen genannt. Der Sage nach vom kretischen König Idomeneus gegründet, der nach dem Trojanischen Krieg hier Station machte, wurde die Stadt im Jahr 266 v. Chr. römisch, im 11. Jahrhundert normannisch. Von Hannibal, den Vandalen und den Anjou immer wieder zerstört, erlebte Gallipoli unter den Byzantinern eine lange Epoche des Friedens. Ihre Blütezeit erlebte die Stadt im 17. Jahrhundert, als der Salentiner Barock die Architektur beherrschte. Aus dieser Zeit stammt auch die Kathedrale Sant'Agata. Die historische Altstadt mit ihren schönen Palazzi aus dem 16. bis 18. Jahrhundert (Balsamo, Tafuri, Venneri, Romito), den weißen Häusern im orientalischen Stil, den kleinen Gässchen und der Stadtmauer liegt auf einer Insel, die mit dem Festland über eine Brücke aus dem 17. Jahrhundert verbunden ist.

Rechts: Die Altstadt von Gallipoli gleicht einer Festung. Nicht nur dass sie auf einer Insel liegt, auch zahlreiche Türme und Basteien tragen zum Charme des Ferienortes bei.

Albanien

HIMARA

Himara entwickelte sich schon früh zum Badeort mit Hotels, Restaurants und Cafés, die die wirklich wunderschöne Sandbucht säumen. Historische Bauwerke fielen allerdings der touristischen Expansion zum Opfer. Einen Ausflug in die Geschichte bietet das in 180 Meter Höhe gelegene Festungsdorf Kalaja e Himarës. Besiedlungsspuren in und um die Festung führen zurück in die illyrische Epoche des 8. Jahrhunderts v. Chr. Rom und Byzanz bauten damals die Befestigungsanlage aus. Heute liegen große Teile in Ruinen, doch nach wie vor besitzt der »Kastro« (Himara ist wie die Nachbarorte eine griechische Siedlung) das Flair vergangener Epochen, als sich die Bewohner angesichts von Piraten und feindlicher Flotten nur auf den Anhöhen sicher fühlen konnten. Den weiten Blick bis nach Korfu haben sie sicherlich damals schon genossen, so wie es auch heutige Besucher tun, die den Weg zur Kalaja auf sich nehmen.

Links: Kalaja e Himarës. Generell ist Himara ein guter Standort, um von hier die albanische Riviera zu erkunden (oben).

Albanien

KSAMIL-INSELN

Dass es vor Albaniens Küste nur knapp 20 Inseln gibt, ist erstaunlich. Schließlich misst die Küste insgesamt 476 Kilometer. Vier der Inseln bilden den sogenannten Ksamil-Archipel. Er liegt vor dem gleichnamigen Badeort an der albanischen Riviera. Wie weiß-grüne Tupfer erheben sich die vier Schwestern aus dem türkisfarbenen Meer, zwei in nur 60 bis 100 Meter Entfernung vom Ufer, die anderen beiden liegen mit 350 und 500 Metern etwas weiter draußen. Der Archipel gilt als eine der letzten Oasen an Albaniens Küste, die sich die typische mediterrane Vegetation bewahren konnte: Steineichen, Stechpalmen, Feldulmen, Myrte und Lorbeer bilden eine schier undurchdringliche Macchia. In den Gewässern gedeihen Seegras und Steckmuscheln; mit Glück lassen sich Delfine beobachten. Zwei der vier Inseln stehen unter Naturschutz.

Links und oben: Die beiden etwas weiter draußen liegenden Inseln des Archipels gelten oft als ein zusammenhängendes Eiland, weil sie nur eine schmale Sandbank trennt.

DHËRMI

Der inzwischen sehr beliebte Badeort Dhërmi zählt hauptsächlich Menschen griechischer Abstammung zu seinen knapp 2000 Bewohnern. Während moderne Hotelbauten die Küste säumen, krallt sich das alte Dorf in 200 Meter Höhe an die Flanke des Çika. Kopfsteingepflasterte Gassen winden sich vorbei an weiß getünchten Steinhäusern mit bunten Sommergärten, und an jeder Biegung stößt man auf eine der 30 orthodoxen Kirchen, die meisten ziemlich verfallen. Teilrenoviert und in blendendem Weiß erhebt sich das Marienkloster Manastirit të Shën Mërisë über dem Ort. Das Gotteshaus aus dem 13. Jahrhundert hütet im Inneren ein wahres Freskenfeuerwerk, allerdings nicht in bestem Zustand. Von oben eröffnet sich ein herrlicher Blick über die Küste des Ionischen Meeres und die berühmten Strände von Dhërmi.

Sand, helle Kiesel und türkisblaues Meer – der Strand unterhalb des alten Dorfes Dhërmi besitzt alle Attribute, die ihn zu einem Traumstrand machen – allerdings nicht im August, wenn die Beachbars lärmen.

BUTRINT

Was für eine Lage! Südlich von Saranda bildet die parallel zur Küste nach Süden greifende Halbinsel Ksamil eine Art Binnenmeer, den Butrintsee, der nur über

den schmalen Vivar-Kanal mit dem Ionischen Meer verbunden ist. Am südlichsten Ende der Halbinsel, am Kanal, gründeten Illyrer und Griechen eine Hügelsiedlung, deren Spuren bis ins 10. Jahrhundert v. Chr. zurückreichen. Teilweise wird sogar spekuliert, dass es sich bei Butrint um Homers Troia handle. Ihre größte Blüte erlebte die Stadt um das 4. Jahrhundert v. Chr.; aus dieser Zeit stammen auch die meisten Bauten, etwa die 850 Meter lange Stadtmauer. Bis zur Besetzung durch Venedig 1318 überstand Butrint diverse Eroberungen, sank aber von da an zu einem einfachen Militärstützpunkt ab. Erste Ausgrabungen unternahm der Italiener Luigi Maria Ugolini ab 1928. Seit 1992 zählt Butrint zum Weltkulturerbe.

Hauptplatz des hellenistischen Butrint war die Agora, an der wichtige Bauten der Stadt versammelt waren. Einer davon war das halbkreisförmige Theater (3. Jahrhundert v. Chr.).

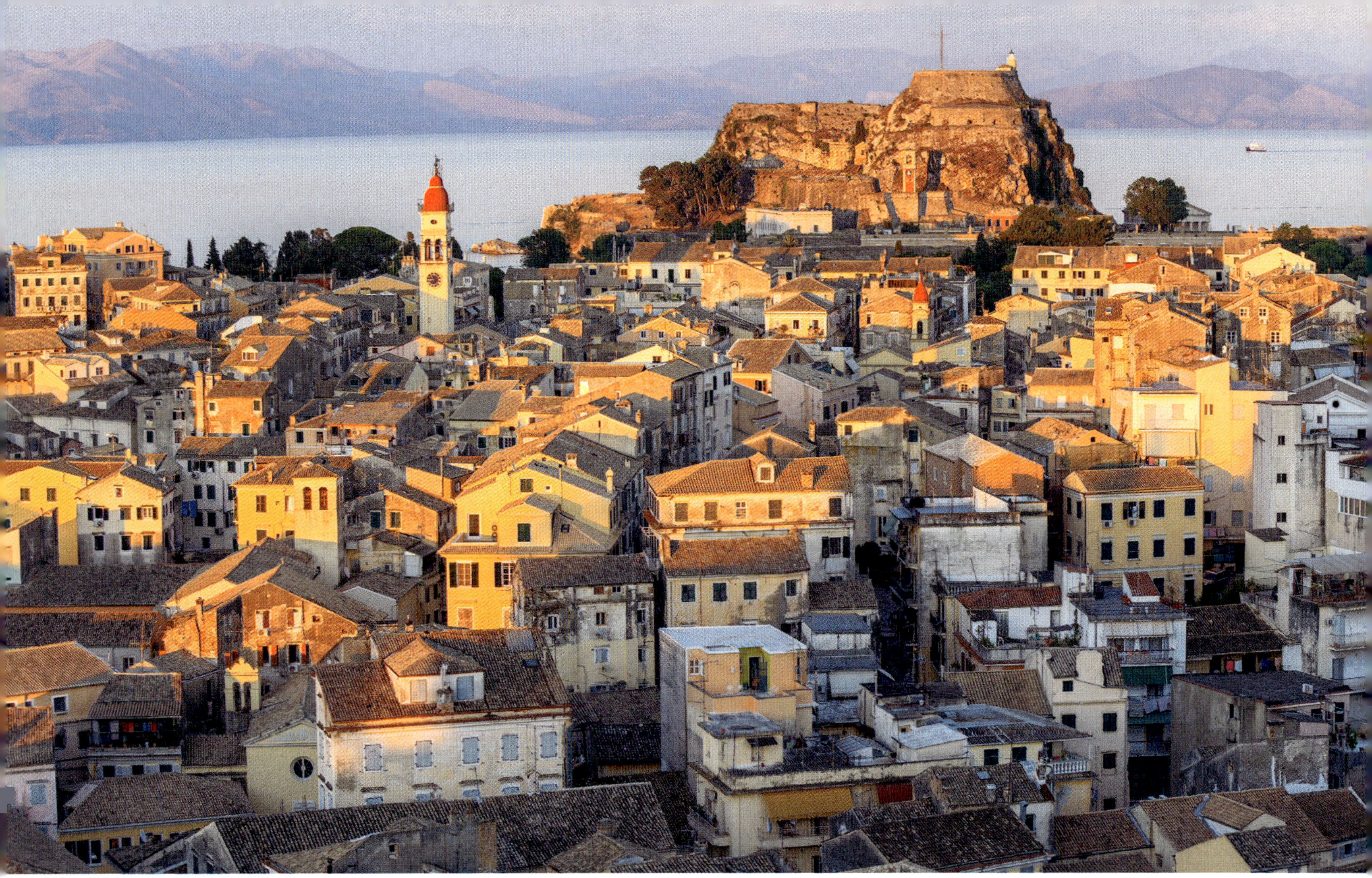

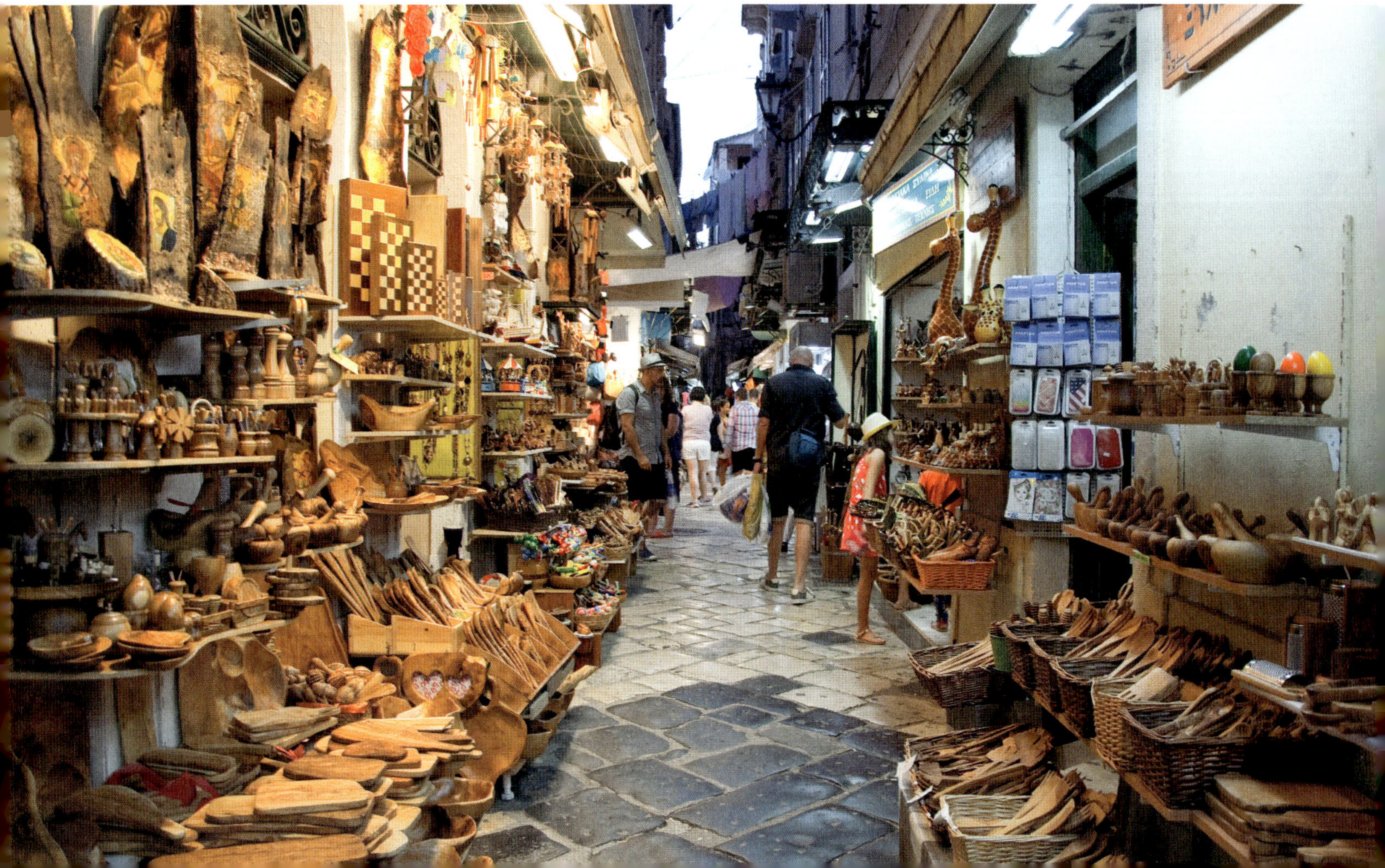

KORFU

Korfu wirkt, als hätte jemand Italien und Griechenland zusammengemischt: Hier die bunten Farben der italienischen Häuser und die sattgrünen Gärten, dort die Fischerdörfer und tief religiösen Menschen. Es ist eine Insel, die sich ungewöhnlich lieblich zeigt. Das liegt zum einen an der Vegetation, zum anderen aber am venezianischen Einfluss, denn die Italiener herrschten von 1386 an über die Insel, die im Gegensatz zu den anderen hellenistischen Inseln nie unter türkischer Herrschaft stand. Sie ist bis heute Bindeglied zwischen Italien und Griechenland geblieben, obwohl sie seit 1864 dauerhaft an Griechenland abgegeben ist.

Die Stadt Korfu – offiziell Kerkyra – ist Hauptstadt der Insel. Ihre Wurzeln reichen bis ins 8. Jahrhundert v. Chr. zurück. Als erste griechische Stadt unterwarf sich Korfu 229 v. Chr. den Römern. 1204 war sie erstmals und 1386 bis 1797 durchgehend in venezianischem Besitz. Nach Belagerungen durch die Türken 1537 und 1571 begannen die Venezianer mit Befestigungsarbeiten, bei denen sie die Zitadelle weiter vom bewohnten Zentrum isolierten. Als sicherer Hafen auf der ersten ionischen Insel am Eingang zur Adria hatte Korfu große strategische Bedeutung. Von 1669 bis 1682 wurde das Verteidigungssystem weiter verstärkt. Nach 1797 war Korfu zwei Jahre lang französisch, 1814 bis 1864 britisch. Zwischen der alten und der neuen Festung von Korfu erstreckt sich die Altstadt. Ihre Häuser sind das Vermächtnis vieler Völker und Epochen, wobei das klassizistische Erbe überwiegt.

Die österreichische Kaiserin Sisi war so begeistert von der griechischen Insel, dass sie sich etwa acht Kilometer südlich der Inselhauptstadt bei Gastouri von 1890 bis 1892 einen Palast bauen ließ. Das Anwesen im Stil der italienischen Renaissance ist heute die beliebteste Touristenattraktion der Insel. Entstanden ist ein kleiner Palazzo in elegantem Marmor, verziert mit vielen Statuen und Bildnissen antiker Helden und Götter sowie wunderbaren Panoramaplätzen, die einen Blick über die Insel ermöglichen. Die Kaiserin liebte es, sich an einem schönen Fleckchen niederzulassen und über das Meer zu blicken. Nach Elisabeths Tod übernahm der deutsche Kaiser Wilhelm II. den Palast und ließ ihn umbauen. Inzwischen ist vieles so wiederhergestellt, wie es zu Sisis Zeiten ausgesehen haben könnte. Der große Garten verspricht inspirierende grüne Erholungsmomente.

Links: Markante Punkte in der Altstadt von Korfu sind die Alte Festung und die Kirche Agios Spyridon. Die engen, verwinkelten Gassen erinnern an italienische Städte, häufig sind zwischen den Häusern Wäscheleinen gespannt. Oben: Kap Drastis im Nordwesten der Insel.

INSEL DER KRONE

»Korfu ist ein idealer Aufenthalt; Klima, Spaziergänge im endlosen Olivenschatten, gute Fahrwege und die herrliche Meeresluft, dazu den prachtvollen Mondenschein«

– das notierte schon die österreichische Kaiserin Elisabeth Ende des 19. Jahrhunderts über die nordgriechische Insel und verhalf ihr zu internationaler Berühmtheit. Sie ließ sich südlich von Korfu-Stadt einen prächtigen Palast erbauen, das nach ihrem liebsten mythologischen Helden benannte Achilleion. Aber nicht nur »Sisi«, auch die griechische Königsfamilie hatte hier ein zeitweiliges Domizil: die einstige Sommerresidenz des englischen Gouverneurs der Ionischen Republik, Sir Frederick Adam. Ab 1864 trug das Schlösschen den Namen Mon Repos. Und am 10. Juni 1921 erblickte hier der erste und einzige männliche Nachkomme von Prinz Andreas von Griechenland und Dänemark und Prinzessin Alice von Battenberg das Licht der Welt: Prince Philip, Duke of Edinburgh – der spätere Gemahl der Queen.

Oben: Skulpturen der neun Musen säumen die obere Gartenterrasse des Achilleion.

Griechenland

PAXOS

Poseidon, so der Mythos, schuf dieses Eiland auf der Suche nach einem ruhigen Ort für sich und seine Geliebte Amphitrite, indem er mit seinem Dreizack den südlichsten Teil von Korfu abtrennte. Tatsächlich ähnelt die kleinste der bewohnten Ionischen Inseln in ihrer Natur ein wenig der großen Schwester im Norden. Die Hügel sind überzogen mit dichten Olivenhainen, an den Küsten zeigt sich das Meer in kristallklarem Türkis – mal vor dramatisch zerklüfteten Felsen, Klippen und Meereshöhlen (im Westen), mal vor flachen Sand- und Kiesstränden (im Osten). Drei Bilderbuchhäfen – Gaios, Lakka und Loggos – und schattige Wanderpfade durch eine von Zypressen, Ginster, Kräutern und Wildblumen geprägte Landschaft tragen ebenfalls bei zum malerischen Bild der knapp 2500 Bewohner zählenden Insel, die sich den Dreizack des Meeresgottes zum Emblem erkor.

Wilde Westküste von Paxos: Gewaltige, bröckelnde Kreideklippen bilden am Strand von Eremitis eine äußerst eindrucksvolle Kulisse.

ANTIPAXOS

Kaum 100 Menschen leben zumindest während der Sommermonate dauerhaft auf dem nur fünf Quadratkilometer großen Eiland südlich der großen Schwester Paxos. An seiner buchtenreichen Küste liegen, so heißt es, die schönsten Strände Griechenlands, und seine Gewässer sind angeblich die saubersten und klarsten der Ionischen See. Die bekanntesten Strände sind Vrika (am nördlichen Anleger) und Voutoumi; an beiden gibt es Tavernen. Abseits der beliebten Strände besitzt das weitgehend autofreie Antipaxos eine Reihe von Rebgärten und ist ein wunderbares Wanderterrain. Man erreicht das Inselchen nur per Boot, etwa mit kleinen Ausflugsfähren von Paxos und Korfu oder mit der eigenen (Segel-)Jacht. Hotels sucht man auf Antipaxos vergebens. Wer übernachten möchte, kann sich jedoch in Privatvillen einmieten.

Oben und rechts: Der Strand von Voutoumi an der Nordspitze von Antipaxos zählt zu den schönsten der Ionischen Inseln. Er liegt zu Füßen grün überwucherter weißer Klippen und hat herrlich klares Wasser.

PARGA

Auf einer bewaldeten Klippe thronte einst hoch über dem Hafen des kleinen Küstenortes eine venezianische Festung. Einige Mauerreste sind noch erhalten, zudem bietet sich vom Burgberg ein wunderbarer Ausblick – und es führt über ihn ein Fußweg zum schönen Valtos-Strand. In der Stadt selbst sind ebenfalls noch einige venezianische Bauten zu sehen – und die alte Ölmühle. Denn Parga, das vor allem mit seinen italienischen Sommergästen zum Leben erwacht, liegt am Saum einer Berglandschaft mit weiten Olivenhainen. Bekannt ist aber auch der Honig von Parga. Und die Ali-Pascha-Burg. Die Festung auf einem Hügel nordwestlich des Valtos-Strandes gehörte zum Bollwerk des osmanischen »Löwen von Ioannina«, Tepedelenli Ali Pascha, der um 1810 neben Südalbanien auch Epirus, Thessalien und das südwestliche Makedonien beherrschte.

In der Bucht von Parga liegen mehrere kleine Felseninseln, zu denen man hinüberschwimmen kann. Panagia mit dem Kirchlein ist eine beliebte Hochzeitslocation.

LEFKADA

Überragt von der mächtigen venezianischen Festung Santa Maura liegt Lefkada-Stadt an der Nordspitze der Insel. Eine Schwimmbrücke am Ende des langen Hafenkanals verbindet die drittgrößte der Ionischen Inseln mit dem griechischen Festland. Ihren Namen »die Weiße« verdankt sie den hellen, steilen Küstenfelsen im Westen. Hier liegt auch der hübsche, autofreie Fischerort Agios Nikitas. Das Zentrum der Inselfischer ist jedoch Lygia unweit von Lefkada-Stadt. Ursprünglich war Karia die Hauptstadt von Lefkada; bis heute bezaubert der einst für seine Stickereien bekannte Ort mit seinen typischen Häusern, Gärten und Windmühlen. Letztere prägen auch Kalamitsi. In dem Klosterdorf am Fuß des Rachis scheint die Zeit stehen geblieben zu sein. Das Kloster Agios Nikolaos unweit des legendären Kap Lefkada wurde erbaut, nachdem im 11. Jahrhundert Kreuzfahrer, die die Reliquien des heiligen Nikolaus aus Myra nach Bari brachten, auf Lefkada Station machten.

Vom Kap Doukato stürzte sich der Sage nach Dichterin Sappho aus Liebeskummer ins Meer.

ITHAKA

Grüne Hügel mit Zypressen, Olivenbäumen, Pinien und wilden Kräutern, eine Küste mit einer Fülle fjordähnlicher Buchten und herrlichen Stränden, dazu eine Handvoll ruhiger, verstreuter Dörfer mit urigen Tavernen, Cafés und kleinen Läden: Die nur etwa 95 Quadratkilometer große, bizarr geformte Insel, auf der nur rund 3500 Menschen leben, besticht durch viel Natur und Ursprünglichkeit. Es wird Wein angebaut, Honig produziert, und im gebirgigen Herzen kann man wunderbar wandern. Hauptort ist Vathy, bei Kioni stehen Windmühlen, Exogi punktet mit »Pyramiden« und Häusern aus dem 17./18. Jahrhundert, vom Kloster Katharon bietet sich ein herrlicher Ausblick – und überall präsent ist der Mythos von Odysseus. So begegnet man dem mythologischen Seefahrer als Statue oder Büste unter anderem im Hafen von Vathi und auf dem Hauptplatz des Inselortes Stavros.

**Oben: das wohl schönste Inseldorf: Kioni.
Rechts: Am Sandstrand von Sarakiniko funkelt das kristallklare Wasser wie 1000 Diamanten in der Sonne.**

Griechenland

KEFALONIA

Wir können froh sein, dass es Kefalonia noch gibt. Und zugleich fluchen, welche Ohnmacht doch immer wieder der Mensch gegenüber gewaltigen Naturereignissen spüren muss. Wie bei dem großen Erdbeben vom August 1953, als innerhalb weniger Stunden ein Großteil des kulturellen Schatzes der Insel zerstört wurde. Das gesamte Antlitz der Insel veränderte sich. Und doch: Die Katastrophe hat aus heutiger Sicht auch etwas Gutes bewirkt. Nicht nur wurde die Melissani-Höhle gefunden, die gegenwärtige Hauptattraktion der Insel. Es wurden auch viele Bauverbote erlassen, was verhinderte, dass beim Wiederaufbau die Ortschaften von Hotelburgen verschandelt wurden. Und so ist es vor allem ihre Naturschönheit, die nun touristisch vermarktet werden kann.

Oben: Bougainvilleen schmücken die ohnehin schon farbenfrohen Häuser von Assos. Links: Im Norden liegt der Myrtos-Strand, der mit feinem Sand in einer geschützten Bucht punktet. In Beach-Rankings ist er regelmäßig weit vorn zu finden.

Griechenland

ZAKYNTHOS

Sie wird auch »Blume des Ostens« genannt – Zakynthos ist die drittgrößte der Ionischen Inseln und bietet nicht nur schöne Strände, sondern auch Kultur. Denn die Venezianer, die dort mehr als 400 Jahre herrschten, haben Spuren hinterlassen. Gepaart mit fruchtbaren Tälern, in denen Olivenbäume gedeihen, verträumten Buchten und gut erschlossenen Stränden bietet die Insel ein abwechslungsreiches Urlaubsziel. Gestrandete Schmugglerschiffe – damit verbindet man vielleicht das 16. Jahrhundert. Doch in Zakynthos ist auch ein solches Schiffswrack aus dem Jahr 1980 zu sehen, es hatte illegal eine Ladung Zigaretten an Bord und ist in der Navagio-Bucht gestrandet. Diese ist nicht nur wegen des Wracks sehenswert, auch das Farbenspiel des türkisfarbenen Wassers und des gleißend hellen Strandes ist atemberaubend, am besten von einer Aussichtsplattform über der Bucht. Ganz so einsam wie dort ist es nicht überall auf Zakynthos, einige Orte haben sich zu Party-Spots entwickelt.

»Schmugglerbucht«, so heißt das bekannte Postkartenmotiv auf Zakynthos auch.

Griechenland

PATRAS

Griechenlands drittgrößte Stadt entstand in ihrer heutigen Form nach der Griechischen Revolution Anfang des 19. Jahrhunderts. Sie wirkt modern und geplant, ist – wie schon in der Antike – ein wichtiger Hafen sowie geprägt durch eine junge Universität. Den zentralen Georgios-Platz säumt das nach dem Vorbild der Mailänder Scala von dem deutschen Architekten Ernst Ziller entworfene, 1872 eröffnete Apollon-Theater. Landeinwärts führen Stufen zum antiken Theater und restaurierten römischen Odeon sowie hinauf in die Altstadt mit ihren Kopfsteinpflastergassen und neoklassizistischen Herrenhäusern. Sie liegt an der Flanke des Burgbergs, wo noch die Ruinen des auf dem Areal der Akropolis erbauten Kastells zu sehen sind. Auch Teile des römischen Aquädukts sind in der weitläufigen Parkanlage erhalten – von der sich ein prächtiger Blick auf die Stadt bietet.

Von der Hafenstraße ziehen sich mehrere Treppen den Hügel hinauf. Ein Logenplatz zum Sonnenuntergang ist die Skalia Agiou Nikolaou mit Blick über den Golf von Patras.

NAFPAKTOS

Wegen seiner strategischen Lage im Golf von Korinth wiederholt umkämpft, kam der Küstenort am Fuße des Pindos im 15. Jahrhundert unter dem Namen Lepanto in den Besitz der Venezianer. Sie bauten auf dem Hügel über dem Hafen ein Schloss, dessen Mauern auch die kleine Bucht umgaben. Dennoch wurde die Stadt 1499 von den Truppen des Sultans erobert. 1571 fand im nahen Golf von Patras zwischen christlichen und osmanischen Mächten die große Seeschlacht von Lepanto statt. Im Ort selbst war die türkische Flotte stationiert. Von 1687 bis 1701 gehörte Lepanto noch einmal zu Venedig; danach folgte bis zur Unabhängigkeit Griechenlands 1829 eine weitere osmanische Phase. Nafpaktos zählt heute zu den malerischsten Häfen des Landes. Auf dem Weg zur Festung kommt man am Botsaris-Turm (14. Jahrhundert) und an der Stadtuhr von 1914 vorbei.

Der Hafen von Nafpaktos zählt zu den schönsten Griechenlands. Er wird von einer venezianischen Mauer gesichert, in der antike Architekturfragmente verbaut sind.

KANAL VON KORINTH

Schon um 600 v. Chr., so heißt es, träumte Periander, der damalige Herrscher Korinths, vom Durchstich der Landenge zwischen dem Festland und dem Peloponnes. Die

künstliche Schlucht sollte Schiffen einen kürzeren, sicheren Weg zwischen der Ägäis und dem Ionischen Meer ermöglichen. Kaiser Nero setzte dann anno 67 einen ersten Spatenstich. Doch erst jener von König Georg I. im April 1882 gab den Startschuss. Elf Jahre später wurde der gut 6000 Meter lange, fast 25 Meter breite Kanal durch den Isthmus feierlich eingeweiht. Seine fast senkrechten Felswände ragen bis zu 80 Meter auf. Fünf Brücken überwölben ihn, jene an den Enden sind versenkbar. Der wirtschaftliche Erfolg des vor allem durch die Erfindung des Dynamits ermöglichten Projekts blieb jedoch aus. Heute fahren nur noch einige Fähren und Touristenschiffe durch die Passage.

Der Kanal von Korinth verbindet den Korinthischen mit dem Saronischen Golf und verkürzt die Fahrt aus dem Ionischen Meer in die Ägäis um 400 Kilometer Seeweg um den Peloponnes. Größere Schiffe können ihn allerdings nicht befahren.

Griechenland

METHONI

MANI

ELAFONISOS

Das an der Westküste in einer halbmondförmigen Bucht gelegene Methoni ist geprägt von seiner Festung. Bereits in Homers Ilias wird die Siedlung als Pedasos erwähnt; wegen ihres natürlichen Hafens war sie ebenso bedeutsam wie umkämpft. Zu Zeiten der Venezianer war Methoni berühmt für seine Oliven, seinen Wein und seinen Schinken. Zudem gab es damals eine ausgeprägte Seidenproduktion. Während der Griechischen Revolution wurde Methoni verwüstet, im Zweiten Weltkrieg erneut schwer beschädigt. Die niedrigen Häuser der neuen Stadt mit ihren Gärten ziehen sich nördlich der Festung landeinwärts. Bekannt ist Methoni auch für seinen schönen weiten Sandstrand, die in den Fels gehauenen St.-Onoufrios-Katakomben aus dem 3. Jahrhundert sowie den archäologischen Unterwasserpark an der Ostseite der Bucht mit 4000 Jahre alten Siedlungsresten.

Der Bourtzi-Turm bildet den südlichen Abschluss von Methonis mächtiger Festung, die lange Jahre ein Stützpunkt der Venezianer war.

Vom Rest des Landes durch die bis zu 2400 Meter hohe Kette des Taygetos-Gebirge abgeriegelt, gilt der unwirtliche »Mittelfinger« des Peloponnes als wild und archaisch. Seine Bewohner boten vielen Herrschern erfolgreich die Stirn und bewahrten lange ihre alten Bräuche – auch jene der Miralogia, der Totengesänge, des Volkstanzes Maniatiko sowie der Blutrache. Erst im 9. Jahrhundert bekehrten sich die rebellischen Manioten zum Christentum – wovon bis heute unzählige Kirchlein mit herrlichem Freskenschmuck zeugen. Eine Besonderheit der Mani sind kleine Dörfer mit Natursteinhäusern und die festungsartigen Wohntürme, die teils in Feriendomizile umfunktioniert wurden. Der Schriftsteller Nikos Kazantzakis versuchte hier 1916/17, mit einem Freund ein Bergwerk zu betreiben – der Zündfunke für seinen legendären Roman »Alexis Sorbas«.

Die Mani ist wild und herb, es gibt fast menschenleere Steindörfer wie das einsame Limeni (oben) und Tavernen, in denen die Einheimischen noch unter sich sind.

Das nur 20 Quadratkilometer große Elafonisos lässt Inselträume wahr werden. »Hirsch« oder »Reh« bedeutet der Name dieses kleinen Naturparadieses, das in der Antike noch eine Halbinsel war, auf der man der Jagdgöttin Artemis huldigte. Im 16. und 17. Jahrhundert ein berüchtigtes Seeräubernest, wurde Elafonisos erst ab 1850 neu besiedelt. Heute besticht es durch eine Handvoll prächtiger Dünenstrände und eine außergewöhnliche Flora und Fauna. Die von seltenen Meereskiefern gesäumte Lagune Stroggili steht als Biotop unter Naturschutz und bietet Flamingos sowie anderen seltenen Zugvögeln Zuflucht. Im weißgoldenen Sand am Saum der Insel wachsen Sandlilien, Trichternarzissen und andere endemische Pflanzen. Auch Karettschildkröten legen hier ihre Eier ab. In den vier Inseldörfern wohnen insgesamt lediglich 1000 Menschen.

Elafonisos besitzt wunderschöne Strände mit feinem weißem Sand und türkisblauem Wasser; den Strand von Simos säumen Dünen (rechts). Oben: Kirche Agios Spyridon.

ÖSTLICHES MITTELMEER
ÄGÄIS

Die Ägäis bringt das Beste aus Wasser und Erde zusammen: Während das kristallklare Meer zu ausgiebigen Bade- und Schnorchelstopps einlädt, mutet das Land mit seinen antiken Tempeln, spektakulären Felsen und einer romantischen Inselidylle wie ein Freilichtmuseum an. Sprungsteinen von Europa und Asien gleich liegen die Ägäischen Inseln zwischen Griechenland und der Türkei. Keine Insel ist für sich allein. Immer sind Schwestereilande oder einer der beiden Kontinente in Sicht. 5000 Jahre menschliche Kultur haben überall sichtbare Spuren hinterlassen, geben jeder der Inseln ihr ganz eigenständiges Gesicht. Auch die Natur findet ihre unterschiedlichen Ausdrucksformen. Lange Strände und wilde Felsküsten gehören ebenso dazu wie Vulkane und dichte Wälder. Die etwa 2000 Inseln im Ägäischen Meer sind die Gipfel eines alten Gebirges, das vor 30 Millionen Jahren abgesunken ist. Nur etwa 150 Inseln sind bewohnt.

Kreta ist die größte griechische Insel am Südrand des Ägäischen Meeres und der Sage nach die Heimat des Zeus. Die südlichste Mittelmeerinsel war Schauplatz der ersten Hochkultur Europas, deren Träger die Minoer waren. Die Kykladen sind trocken und verkarstet, nur auf Teilen des Archipels erlaubt eine dünne Vegetation die Haltung von Schafen und Ziegen. Die Inseln weiter nördlich sind dank des reichlichen Winterregens bewaldet. Für Europäer ist die Türkei die Pforte ins Morgenland. Doch zwischen spitzen Minaretten und eleganten Kuppeln finden sich eindrucksvolle Zeugnisse einer antiken Kultur, die vor Jahrtausenden Orient und Okzident miteinander verband. Die buchtenreiche lykische Küste bietet nicht nur Badetouristen Sonne und Strände, sondern ist auch für den historisch interessierten Besucher wegen der antiken Ruinenstätten besonders sehenswert.

Die Griechen wissen ihre Schätze zu hüten. So sind die Saronischen Inseln eine relativ unbekannte Inselkette, die über türkisfarbene Meeresbuchten verfügt, wie hier auf Moni.

Griechenland

KRETA

Griechenlands größte Insel bietet eine außergewöhnliche Vielfalt landschaftlicher wie kultureller Schätze. Mit ihrer kleinen Schwester Gavdos markiert sie den südlichsten bewohnten Punkt Europas. Zahlreiche historische Baudenkmäler zeugen von der 8000-jährigen Geschichte der »Götterinsel« – der minoische Palast von Knossos, das bedeutende Kloster Arkadi oder die mächtige Festung von Rethimno. Auch Naturfreunde kommen auf ihre Kosten, etwa bei einer Wanderung durch die schroffe Samaria-Schlucht. In gemütlichen Bergdörfern im Landesinneren lernt man griechische Gastfreundschaft kennen. Die mehr als 1000 Kilometer lange Küstenlinie der Insel säumen Strände wie Elafonissi mit seinem pinkfarbenen Sand oder Vai mit dem größten natürlichen Palmenhain Europas.

Oben: Den Elafonissi-Strand im Südwesten der Insel könnte man sich schöner nicht erträumen. Zerbrochene Muscheln färben den Sand an vielen Stellen rosa. Links: Die Fortezza genannte venezianische Festung bildet den Kern des heutigen Rethimno.

Kreta

SAMARIA-SCHLUCHT

Die längste Schlucht Europas mit ihren beeindruckend hoch aufragenden Felswänden steht seit 1962 unter Naturschutz. Die Region rundherum wurde 1981 als Biosphärenreservat ausgewiesen, was vor allem zum Schutz der Kretischen Wildziege beitragen sollte. Ein kleiner Erfolg ist hinsichtlich dieser Tierart auch zu verzeichnen, denn mittlerweile leben wieder etwa 2000 Tiere in dem Gebiet. Als ausgezeichnete Kletterer stellt die Durchquerung der Schlucht für sie kein großes Problem dar, Wanderer hingegen müssen sich auf einen 16 Kilometer langen Weg vom nördlichen Eingang durch das »Eiserne Tor« durch die Weißen Berge bis Agia Roumeli an der Küste einstellen. Auf der Route passiert man uralten Baumbestand und viele seltene Wildblumen. Und trifft natürlich Kri-Kris: Unter dieser Bezeichnung sind die Wildziegen ebenfalls bekannt.

Links und oben: Kretas »Grand Canyon« beeindruckt durch die karge Schönheit der steil aufragenden Felswände. Mit Glück begegnet man Wildziegen und Bartgeiern.

Kreta

HERAKLION

Mit ihren schattigen Plätzen, den Brunnen und den angrenzenden Gebäuden im Palazzo-Stil zeigt sich Griechenlands fünftgrößte Stadt eindeutig italienisch geprägt. Ihr pulsierendes Zentrum ist die Platia Venizelou mit dem Löwenbrunnen. Die Venezianer haben eine gewaltige Befestigungsmauer hinterlassen, die sich wie ein Ring um die Altstadt zieht. Mit der Hafenfestung Koules und der Loggia ist sie eine der wichtigsten Sehenswürdigkeiten Heraklions. Freunde guten Essens schätzen die Marktstraße Odos mit den bunten Gemüseständen. Auch das neu erschlossene Hafenviertel lädt zum entspannten Bummeln ein. Das Archäologische Museum in Heraklion zählt zu den bedeutendsten Europas und bereitet mit Exponaten wie den Schlangengöttinnen und dem steinernen Stierkopf mit Muschelintarsien auf den Besuch des nahe gelegenen Palastes von Knossos vor.

Heraklions Wahrzeichen ist das Kastro Koules, die venezianische Hafenfestung. Vom Dach bietet sich ein weiter Panoramablick über Hafen und Stadt.

KNOSSOS

Der minoische Palast von Knossos ist Kretas bekannteste Attraktion. Er stammt aus dem Jahr 2100 v. Chr. und gilt als bedeutendste Hinterlassenschaft der

frühesten Hochkultur Europas. Der riesige Komplex bedeckte eine Fläche von rund 20 000 Quadratmetern und umfasste mehr als 1000 Räume. Er soll bis zu fünf Stockwerke hoch gewesen sein und man vermutet, dass in der Anlage und ihrer Umgebung rund 10 000 Menschen lebten. Heute noch zu sehen sind Ruinen und Rekonstruktionen des britischen Archäologen Sir Arthur Evans, die inzwischen sehr umstritten sind, aber dennoch beeindrucken. Zu den schönsten Räumen gehören der Thronsaal und das Megaron (Schlafgemach) der Königin mit seinen verspielten Delfinfresken. Bei den Wandmalereien handelt es sich um Kopien, die Originale sind im Archäologischen Museum von Heraklion zu sehen.

Sehr freie Rekonstruktionen wie jene des Nordeingangs mit den roten Säulen und dem Fresko eines angreifenden Stiers brachten Knossos den Ruf eines »Disneyland der Archäologie« ein.

Griechenland

RHODOS

Manchmal tragen Inselnamen ganze Geschichten in sich – und so bleibt Rhodos wohl immer untrennbar mit dem Koloss verbunden. Einer von vielen Theorien zufolge soll er einst als über 30 Meter hohe Statue über der Hafeneinfahrt gestanden haben, breitbeinig, sodass die Schiffe unter ihm hindurchsegeln mussten. 292 v. Chr. war er als Siegesdenkmal errichtet worden, doch 66 Jahre später ließ ihn ein Erdbeben umstürzen. Seine Trümmer sollen später verkauft und eingeschmolzen worden sein. Der Hirsch und die Hirschkuh, die heute die Hafeneinfahrt flankieren, sind daraus sicher nicht entstanden, sie erinnern aber an die Legende, die sich um die Riesenstatue rankt. Rhodos kann aber weit mehr als nur vom Koloss erzählen. Wer auf der Insel weilt, wird Rittergeschichten erleben, kleine Fischerdörfer besichtigen und kann sich ins Tal der Schmetterlinge aufmachen.

Viele Herrscher sah die Hauptinsel des Dodekanes in der östlichen Ägäis kommen und gehen: Mit Alexander dem Großen wurde die schon früh besiedelte Insel makedonisch, danach wieder unabhängig, in der Folge byzantinisch. Seit 1310 stand Rhodos unter der Herrschaft des Johanniterordens, 1523 gelangte sie unter osmanische Kontrolle. Die türkische Herrschaft währte bis 1912, als Italien die Insel eroberte und bis 1943 besetzte. Erst seit 1948 gehört die Insel zu Griechenland. Sein heutiges Gesicht verdankt Rhodos-Stadt der Zeit, als die Johanniter die Insel von der Herrschaft der Byzantiner befreiten. Der Orden sorgte nicht nur für wirtschaftliche Blüte, sondern auch für Sicherheit. Er errichtete den Großmeisterpalast, ein Kastell mit dreifachem Mauerring, das den Kern der von einer vier Kilometer langen Stadtmauer umschlossenen Altstadt bildet. 1856 durch eine Pulverexplosion zerstört, wurde es unter der italienischen Besatzung wieder aufgebaut. Beim Großmeisterpalast beginnt die Ritterstraße, die einen guten Eindruck vom Stadtbild des 15./16. Jahrhunderts gibt. Sie war gesäumt von Herbergen, den Versammlungshäusern der ritterlichen Landsmannschaften. Im 1440 gegründeten Hospital des Johanniterordens mit seinem schönen Garten ist heute das Archäologische Museum untergebracht.

Linke Seite: Die autofreie Altstadt von Lindos ist eines der Highlights von Rhodos. Kleine schmale Gassen und weiß getünchte Häuser erstrecken sich den Berg hinauf bis zur Akropolis. Oben: Der Mandraki-Hafen nördlich der Altstadt von Rhodos-Stadt wird von einer 400 Meter langen Mole begrenzt, auf der sich die drei Windmühlen befinden, gegenüber steht die berühmte Hirschkuh. Bildleiste von oben: Auf dem Felsen von Lindos huldigte man schon in der Antike der Göttin Athene; Ritterstraße und Gassen in Rhodos-Stadt; Tal der Schmetterlinge.

Griechenland

SYMI

Bis zum Ende des 19. Jahrhunderts war die in der südlichen Ägäis gelegene Insel berühmt für ihre Schwammtaucher und den Bau von Segelschiffen. Das rund 50 Quadratkilometer große Eiland hatte damals rund 30 000 Einwohner – zehnmal mehr als heute. An diese Blütezeit erinnern die prächtigen Herrenhäuser in Symi-Stadt. Aus sämtlichen Epochen stammen die angeblich mehr als 350 Kirchen und Kapellen des gebirgigen, von zerklüfteten Felsen geprägten Eilands. Berühmt ist vor allem das im 18. Jahrhundert erbaute Panormitis-Kloster im Südwesten der Insel. Wegen seiner Ikone des Erzengels Michael pilgern viele Gläubige zu dem Ensemble direkt am Meeressaum. Östlich von Symi-Stadt liegt in einer der vielen anderen Buchten von Symi das beschauliche Fischerdorf Pedi mit seinen farbenfroh getünchten Giebelhäusern und dem kleinen Kiesstrand Agiou Nikolaou.

Links: Die vielen Treppengassen der Inselhauptstadt halten fit und bieten ganz nebenbei Lesestoff. Oben: Pastellfarbene Häuser säumen den Hafen von Gialos.

Griechenland

KASTELLORIZO

Ganz nahe der türkischen Küste liegt dieses kleine griechische Eiland, das auch als auch Megisti oder Meis bekannt ist. Das malerische Hafenstädtchen Kastellorizo, das die Hauptstadt der Insel bildet, ist für seine bunten, pastellfarbenen Häuser bekannt, die sich entlang des malerischen Hafens schlängeln. Dieser ist ein geschäftiger Treffpunkt, an dem Fischerboote und Segeljachten Seite an Seite liegen und die Atmosphäre mit dem Duft von frischem Fisch und Meeresbrise erfüllen. Die Geschichte von Kastellorizo reicht weit zurück und ist geprägt von verschiedenen Kulturen und Zivilisationen, die die Insel im Laufe der Jahrhunderte beeinflusst haben. Besucher können antike Ruinen, mittelalterliche Festungen des Johanniterordens und osmanische Moscheen erkunden, die ein Zeugnis von Kastellorizos reicher Vergangenheit ablegen.

Kaum zu glauben, dass hier vor 20 Jahren noch eher gähnende Leere herrschte: Der Hauptort wurde erst in den letzten Jahren wieder mit Leben erfüllt.

KALIMNOS

Karg und weitgehend kahl zeigt sich die viertgrößte Insel der Dodekanes, ein Zentrum des Schwammhandels, wenn auch nicht mehr der Schwammtaucherei. Ihre Felswände – vor allem nahe den Orten Massouri und Myrties – ziehen seit geraumer Zeit Kletterer aus aller Welt an. Auf den Höhen wachsen zudem duftende Kräuter, und im schmalen Tal von Vathi leuchten Tausende von Orangen-, Mandarinen- und Zitronenbäumen. Auch einige kleine Strände säumen die Küste von Kalimnos – jene mit Blick auf das kaum bewohnte Inselchen Telendos bieten oft traumhafte Sonnenuntergangserlebnisse. In der herben Landschaft von Kalimnos setzen viele Klöster und Kirchen aus diversen Epochen Akzente. Am besten erhalten unter den ehemaligen Festungen ist das byzantinische Kastro Chora, die Krone der einstigen Hauptstadt. Die heutige Metropole liegt im Inselsüden.

Oben und rechts oben: Pothia, die geschäftige Inselhauptstadt, liegt in einer geschützten Bucht. Rechts unten: Der Schwammhandel ist immer noch ein wichtiger Erwerbszweig.

Griechenland

PATMOS

Als »Jerusalem der Ägäis« wird sie auch bezeichnet, die kleine Dodekanes-Insel. Sie strahlt viel spirituelle Energie aus: Auf Patmos soll Johannes, der hierher verbannte Lieblingsjünger Jesu, in einer Höhle eine apokalyptische Vision vom Weltende empfangen haben, das »Buch der Offenbarung«. Rund 1000 Jahre später wurde in Gedenken an ihn ein Kloster errichtet. Bis heute gilt Patmos den Griechen als heiliges Eiland und zieht vor allem christliche Pilger an. Es kommen aber auch mehr und mehr junge Menschen auf die Insel, deren Umrisse einem großen »E« gleichen und die in der östlichen Ägäis liegt. Wilde Partys und Bars suchen sie allerdings vergebens, aufgrund der hohen Verehrung von Johannes sind die Regeln streng. Schon den Dichter Friedrich Hölderlin hat der Mythos um das Johannesevangelium so beeindruckt, dass er Patmos eine eigene Hymne gewidmet hat.

Chora ist die Hauptstadt von Patmos. Das Johannes-Kloster thront wie eine Ritterburg über der Altstadt.

KOS

»Kos ist lieblich, angenehm zum Wohnen und reich an Wasser«, so beschrieb schon der Dichter Herodas in der Antike seine Insel. Sie ist heute ein beliebtes Ferienziel, dessen schöne lange Sandstrände Besucher von weither anlocken. Die Insel, die weniger als fünf Kilometer von der türkischen Küste entfernt liegt, ist wie ein letzter griechischer Gruß vor dem türkischen Festland und vermengt den Einfluss beider Kulturen. Möglicherweise weil sie strategisch so wertvoll war, finden Besucher neben antiken Bauten auch die Ruinen mehrerer Festungen vor. Am bekanntesten ist Kos aufgrund seines berühmtesten Bürgers: Hippokrates wurde auf der Insel geboren und heißt mit vollem Namen auch Hippokrates von Kos. Der Vater der modernen Medizin begegnet Besuchern an vielen Orten der Insel und hat ihr viele Stätten und Tempel der Heilung hinterlassen.

Rechts: Bei Antimachia thront auf einem Felsvorsprung eine Festung, die im 13. Jahrhundert von Rittern des Johanniterordens erbaut wurde. Oben: Strand von Limnionas.

Griechenland

SANTORIN

Will man diese Insel wirklich verstehen, muss man sie einmal von oben betrachtet haben. Erst dann wird ihr Temperament deutlich: Ein Vulkan, untergegangen und eingesackt mit seiner Caldera, aber der Kraterrand erhebt sich wie eine Krone aus dem Meer. Wer auf Santorin urlaubt, macht Ferien auf einem Vulkan. Und erst mit diesem Wissen versteht man die Dramaturgie der Schiffseinfahrt zur Insel besser, wenn sich rechts und links steile Wände auftun. Sie sind wie Tore in eine andere Welt, eine Welt der Feuerberge, der Kargheit, der Dramatik, gleichzeitig aber auch der Romantik und der wunderschönen Panoramen. Mit ihrer bizarren Lage, den Dörfern, die wie Adlerhorste an den Felsen kleben, und den teilweise in den Stein gehauenen Hotels bietet die Insel auf hohem Niveau Romantik wie wohl kaum eine zweite in Griechenland.

Links: Blaue Kuppeldächer, steile Bebauung am Vulkankrater und alte Windmühlen im Hintergrund: Wer das Postkartenbild von Santorin sucht, fährt nach Oia.

Griechenland

PAROS

Den Sinn für Schönheit hatten sie schon früh, die Menschen auf Paros. Vielleicht lag es am Marmor der Insel, der so weiß und lichtdurchlässig wie kaum ein anderer ist und Künstler aller Epochen zu außergewöhnlichen Werken inspiriert hat. Doch nicht nur seines Marmors wegen hat Paros eine Sonderstellung unter den Kykladeninseln. Es schafft den Spagat zwischen Ruhe, etwa in den kleinen Dörfern in den Bergen, und Highlife, so im lebhaften Hafenort Naoussa. Man feiert auf Paros und zeigt sich auf den kleinen Flaniermeilen der Inselhauptstadt. Paros ist aber auch sehr christlich geprägt, und viele Kirchen lohnen einen Blick ins Innere. Auch Outdoorfans kommen nicht zu kurz: Sie können auf dem alten byzantinischen Heerweg vom Bergdorf Lefkes hinunter nach Prodromos an der Küste wandern. Und auch Surfer finden beste Bedingungen vor.

Rechts Mitte und unten: Der an einer weiten Bucht gelegene Fischerhafen von Naoussa gilt als schönster der Kykladen. **Oben:** Beim Hauptort Parikia blickt eine typische Windmühlen aufs Meer hinaus.

NAXOS

Die Sonne versinkt im tiefblauen Meer und ihre Strahlen lassen die Farben aufflammen. Der Himmel färbt sich orange, das große Portal errötet. Es wirkt wie ein Tor in eine andere Welt, und das ist es auch, schlägt es doch eine Brücke ins 6. Jahrhundert v. Chr. – eine Zeit, als die Bewohner der Insel ihren Göttern Tempel bauten und sie mit Festen und Ritualen verehrten. Eine Zeit, als der naxische Marmor zu Säulen und Skulpturen verarbeitet wurde. Genau das macht den Reiz der größten Kykladen-Insel aus: Neben stillen Stränden und stimmungsvollen Bergdörfern können Reisende zahlreiche Zeugnisse aus der Antike entdecken. Und schließlich punktet Naxos noch mit einem Superlativ: dem höchsten Gipfel des Archipels, dem 1004 Meter hohen Zas. Zu seinen Füßen gedeiht in der fruchtbaren Tragea-Ebene der größte Olivenbaumbestand der Kykladen.

Oben: Wahrzeichen von Naxos ist die Portara, ein Fragment des unvollendeten Apollon-Tempels. **Links oben:** Agios-Prokopios-Strand mit weißem Sand.

SIFNOS

Seit der Antike steht die Insel im Ruf, wohlhabend zu sein. Gold und Silber zählten damals zu ihren Ressourcen; heute lebt auf dem recht grünen, hügeligen, gemütlich-schicken Sifnos vor allem die Keramiktradition. Fein gearbeitete Terrakotta-Schornsteine schmücken die Dächer von Artemonas – und für die traditionelle Kichererbsen-Suppe hat fast jede Familie einen Spezialtopf aus Ton. Natur, Kultur und Architektur formen auf Sifnos ein harmonisches Ganzes, sei es in der kleinen Hafen- und Hauptstadt Apollonia, im mittelalterlichen Hauptort Kastro oder in dem halben Dutzend Dörfer mit ihren engen Gassen, makellos weißen Häusern und oft blau bekuppelten Kirchen. Am besten lassen sich die Orte, wie auch die Strände, mit dem Moped erreichen; das alte Wegenetz der Insel wie auch ihre Rundtürme und die mykenische Akropolis entdeckt man nur zu Fuß.

Steile Berge umrahmen den Hafenort Kamares mit seinem schönen, flach abfallenden Strand.

FOLEGRANDOS

Bis vor ein paar Jahren noch war die schroffe, winzige Schöne ein Geheimtipp in Sachen Ägäis. Inzwischen kommen aber mehr und mehr Besucher auf die abgelegene Insel mit dem wohl spektakulärsten Weg zu einem Gotteshaus: Zickzackförmig und mit weißen Mauern begrenzt führt er von dem Klippenplateau, auf dem die weißen Kubenhäuser der schmucken Inselhauptstadt Chora liegen, hinauf zur Panagia-Kirche. Sie ist die älteste auf der Insel, wurde vermutlich auf einem antiken Tempel erbaut – und belohnt die Aufstiegsmühe mit einem grandiosen Ausblick. Nach Chora (und ins Dorf Ano Meria) führt vom Hafen Karavostasis mit dem beliebten nahen Familienstrand Chochlidia die wichtigste der wenigen Inselstraßen; eine zweite erschließt Livadi sowie alle Strände im Süden von Folgandros. Für Wanderer ein schönes Ziel ist auch der alte Leuchtturm (1912) am Kap Mihelo.

Zu den schönsten Kykladenorten gehört Folegandros-Stadt. Im Zickzackkurs führt ein Weg zum Panagia-Kimissis-Kloster hinauf.

Griechenland

MILOS

Während die Griechen das Eiland als »Insel der Verliebten« kennen, ist es außerhalb des Landes eher ein Geheimtipp. Das 160 Quadratkilometer große Milos breitet sich wie ein Hufeisen in der südlichen Ägäis aus. Ein kleiner Kosmos mit Traumstränden, unentdeckten Buchten und wahrscheinlich sogar einem Goldschatz. Weltbekannt ist die Statue der »Venus von Milo«, die auf der Insel im Jahr 1820 gefunden wurde. Die über zwei Meter hohe Skulptur steht heute im Pariser Louvre. Das Wahrzeichen der Insel ist die weiße Mondlandschaft in Sarakiniko. Vulkane haben dort eine einzigartige Landschaft geschaffen: strahlend weißer Fels in bizarren Formen. Felsenbrücken über dem Meer und Bögen zeugen davon, wie einst Lava diesen Landstrich formte. Eine Bucht mit türkisblauem Wasser lädt zum Schwimmen und einige Höhlen zum Entdecken ein. An Tagen mit ruhiger See probieren sich gern Felsenspringer aus.

Links: Die geschützten Buchten von Milos sind beliebte Ankerplätze für Segler. Oben: Mondlandschaft: Strand von Sarakiniko.

KEA

Nach Markronissos, der berüchtigten einstigen Gefängnisinsel, ist Kea das dem Festland am nächsten liegende Kykladen-Eiland. Tatsächlich erinnert sein Hauptort Joulis eher an die Dörfer Attikas. Ansonsten atmet das gebirgige, bei Wanderern beliebte Kea, in dessen wenigen fruchtbaren Tälern Reben und Obstbäume wachsen, eher kykladisches Flair: Strandbuchten mit klarem Wasser, verstreute weiße Kirchlein, Windmühlen und Bauernhäuser, alte Pflasterpfade, auf denen man manchmal Hirten mit ihren Schafen begegnet. An der Südostküste sind Mauer- und Tempelreste der befestigten Stadt Karthaia erhalten. Auf dem Nordkap liegt das – nicht öffentliche – Ausgrabungsgelände von Agia Irini, einer reichen bronzezeitlichen Handelssiedlung. Der Tourismus konzentriert sich im Fährhafen Korissa und um die Marina des Fischerdorfs Vourkari.

Links unten: Ioulida mit seinen verwinkelten Treppengassen ist Keas Hauptort und zugleich sein Schmuckstück. Farbenprächtige Fresken zieren das Innere von Agios Symios.

DELOS

Die »Insel des Lichts« wird sie auch genannt: Delos ist das Gegenteil von Mykonos. Nur wenige Seemeilen von diesem entfernt, offenbart die Insel ein komplett anderes Gesicht. Wo einst eine antike Metropole blühte, leben heute nur noch die Museumsaufseher, die über die Ruinen wachen – Tagesgäste dürfen auf der Insel nicht übernachten. Delos war der mythische Geburtsort der Zwillinge Apollon und Artemis, ihnen zu Ehren entstand ein Heiligtum mit prächtigen Kultbauten, das Delphi und Olympia an Bedeutung gleichkam. Nachdem die Römer die Insel im 2. Jahrhundert v. Chr. zum Freihafen machten, stieg sie zu einem Handelszentrum des östlichen Mittelmeers auf. Doch schon um Christi Geburt lag Delos in Trümmern. Seit 1872 wird hier geforscht – das antike Delos, seit 1990 Weltkulturerbe, gehört zu den bedeutendsten archäologischen Stätten Griechenlands.

Oben und linke Seite oben: Schon die Größe des heiligen Bezirks von Delos mit seinen weit verstreut liegenden Säulenstümpfen lässt seine einstige Bedeutung erahnen.

SERIFOS

Hafentavernen mit blauen Tischen im Sand unter schattigen Bäumen, schneeweiß akzentuierte Treppenwege, frisch gekalkte Windmühlen-Torsi und ein einziger fruchtbarer, von Quellen gespeister Landstrifen für Acker- und Weinbau: Die wie ein rundes, vielzackiges Blatt geformte, weitgehend kahle und kaum 70 Quadratkilometer große Insel setzt optisch einen wunderbaren Schlusspunkt in der Reihe der westlichen Kykladen – und zwar schon bei der Ankunft im Hafenort Livadi. Über ihm staffeln sich die Häuser hinauf zum Burgberg mit der schönen mittelalterlichen Chora. In Megalo Livadi, an der Ostküste, verweist, wie im nahen Koutalas, noch einiges auf den seit der Antike auf Serifos betriebenen Bergbau. Im Inselnorden liegen das festungsartige Taxiarchon-Kloster und das verlassene Dorf Panagia mit seiner 1000 Jahre alten byzantinischen Kirche.

Der wunderschön gelegene Hauptort von Serifos klettert einen felsigen Berg hinauf und zählt zu den höchstgelegenen der Kykladen.

Griechenland

MYKONOS

In den antiken Sagen geht es manchmal ganz schön rau zu: Der starke Herakles musste gegen Riesen kämpfen. Er besiegte sie und warf sie ins Meer. Aus diesen soll die Insel Mykonos entstanden sein. Ausgezeichnete Restaurants, schöne Strände, verträumte Buchten und luxuriöse Villen sind Zeugnis, dass Mykonos nicht nur eine beliebte Ferieninsel geworden ist, sondern auch beim Jetset hoch im Kurs steht. Dabei hatte die Insel bis in die 1950er-Jahre ein schlecht ausgebautes Stromnetz. Schon bald aber kamen Prominente, und die Insel verzauberte Berühmtheiten wie Grace Kelly, Elizabeth Taylor oder Maria Callas. Wie bei vielen griechischen Inseln heißt die Hauptstadt genau wie die Insel, in diesem Fall Mykonos. Sie ist die Partyhochburg, dort wird gefeiert und getanzt, bis die Sonne wieder aufgeht. Doch tagsüber zu schlafen lohnt sich nicht, es gibt viel zu entdecken in der Hauptstadt.

Die quaderförmig gebauten Kykladenhäuser, die blumenreichen Vorgärten, die engen steilen Gassen und die weiße Farbe sorgen für Fotomotive an jeder Ecke in der Altstadt.

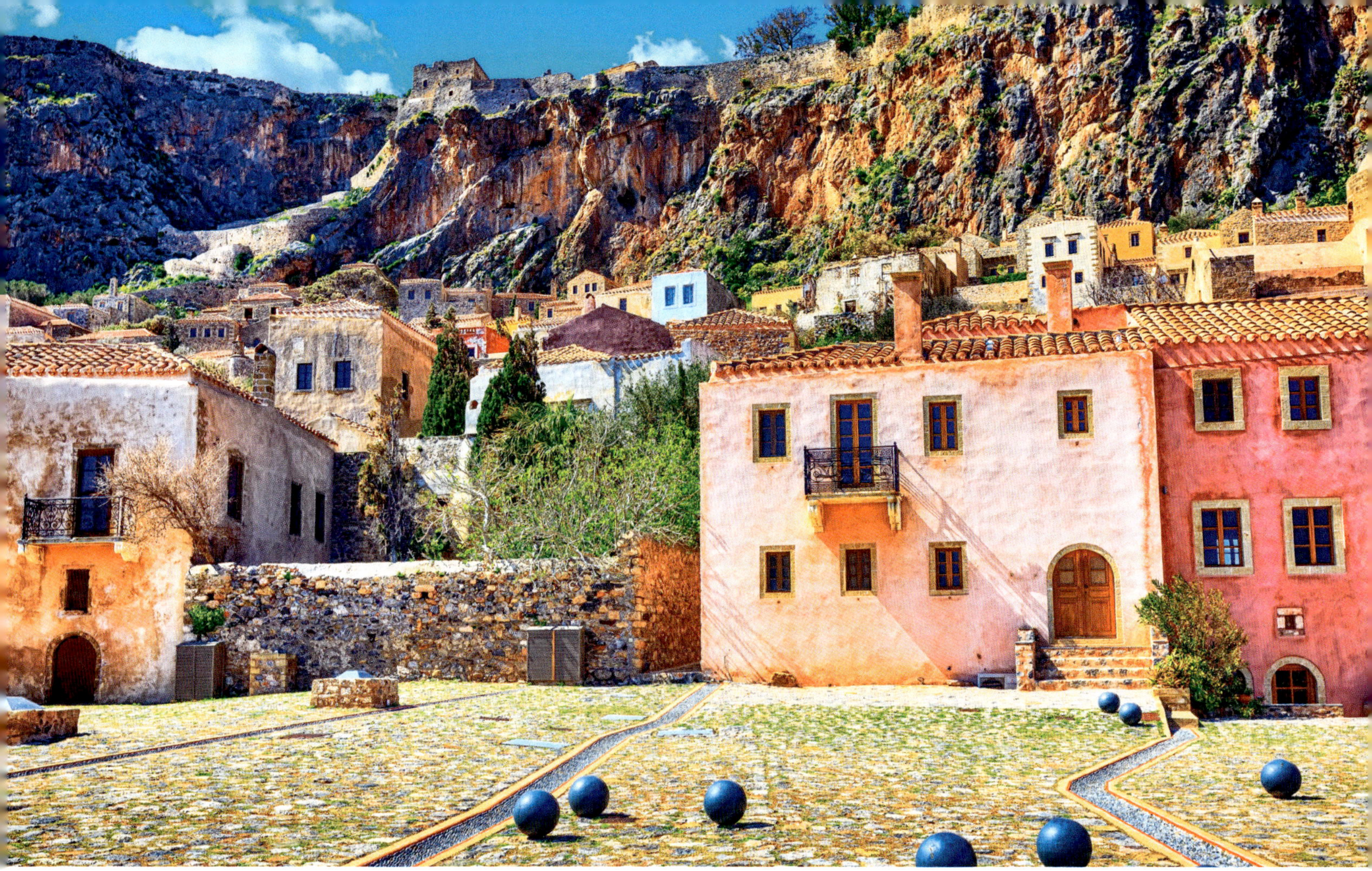

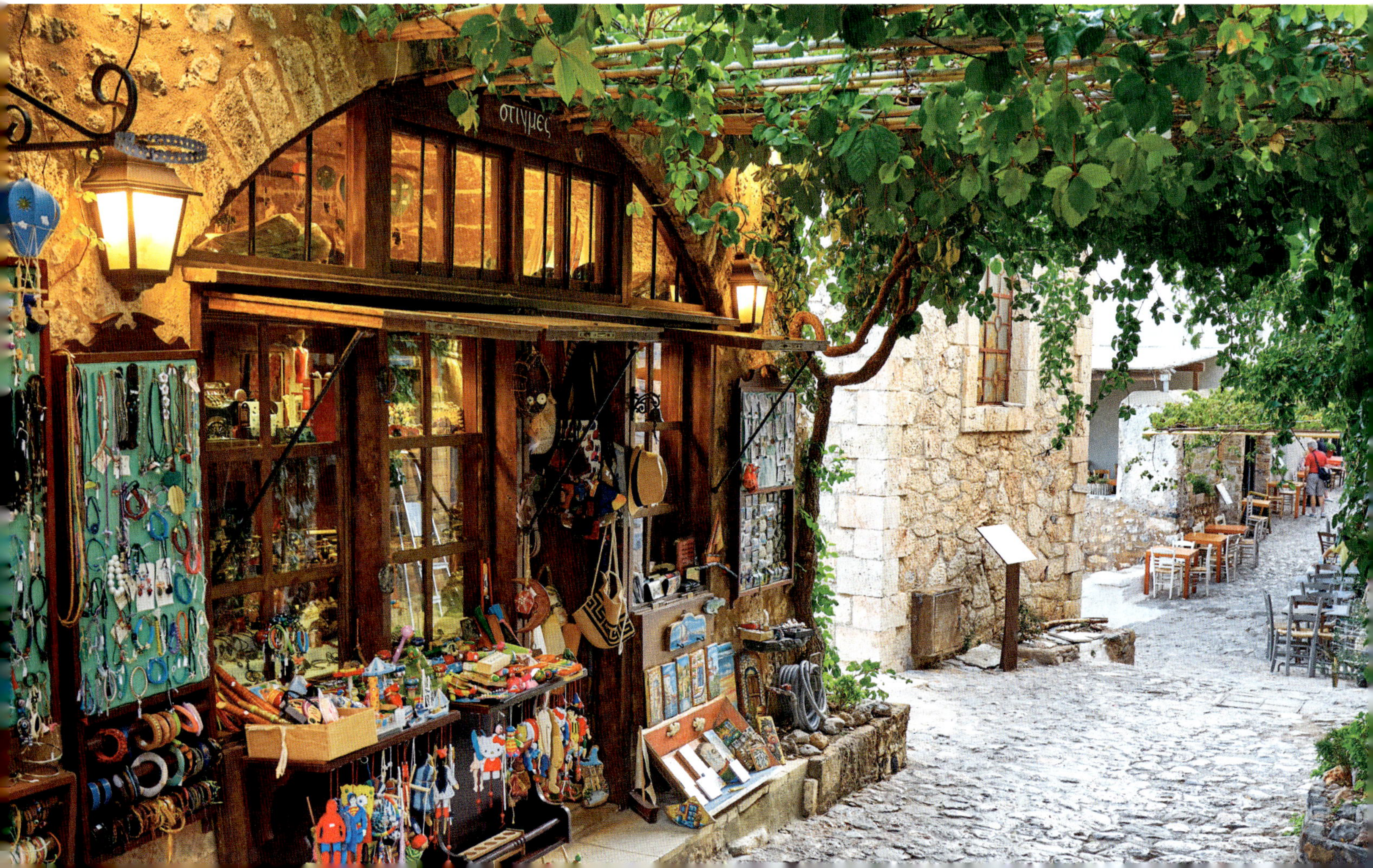
στιγμες

Griechenland

MONEMVASIA

Einzigartig liegt das mittelalterliche Städtchen an der Flanke eines riesigen Felsens, der nur durch einen schmalen Steindamm mit dem neuen Ort Gefira auf dem Festland verbunden ist. Von einer Festung gekrönt, war Monemvasia, dessen Name »einziger Zugang« bedeutet, im byzantinischen Reich ein wichtiger Stützpunkt und galt als uneinnehmbar. Nach der Eroberung durch die Osmanen 1715 verlor die viel umkämpfte Burgstadt jedoch an Bedeutung. Wie in den hohen Fels geschnitzt wirken ihre Bauten. »Ein Steinschiff, das seine Segel setzt«, so beschreibt der in Monemvasia geborene Dichter Yannis Ritsos das Ensemble. 40 Gotteshäuser gab es hier einst – zwei Dutzend sind erhalten, mitunter spektakulär an die Klippen geklammert wie die Agia Sofia. Auch venezianische Villen liegen auf dem Weg zur Zitadelle, von der sich ein herrliches Panorama bietet.

Oben und links oben: Wie eine Skulptur ist das »Gibraltar des Ostens« aus dem rötlichen Fels gehauen. Links unten: Souvenirläden in der kopfsteingepflasterten Unterstadt.

PARALIO ASTROS

William II. von Villehardouin, der letzte Fürst des lateinischen Vasallenstaates Achaia, der etwa das Gebiet des heutigen Peloponnes umfasste, ließ 1256 oberhalb des Fischerhafens Paralio eine erste Burg erbauen. Sie spielte eine wichtige Rolle in diversen Konflikten – zuletzt während der Griechischen Revolution. Denn damals richteten hier die drei als Händler reich gewordenen Brüder Zafeiropoulos nach ihrer Rückkehr in die Heimat einen Widerstandsstützpunkt ein. Die Häuser des kämpferischen Trios sind bis heute erhalten; andere Relikte auf dem Nissi (Insel) genannten Burghügel lassen sich historisch bislang noch kaum zuordnen. Man hat aber eine schöne Aussicht über die Bucht mit ihrem langen Strand und dem malerischen Fischerort. Der eigentliche Ort Astros, ein Bauerndörfchen zwischen Olivenhainen, liegt etwa vier Kilometer landeinwärts.

Der hübsche Badeort erstreckt sich auf einer grünen Halbinsel und wird von einer mittelalterlichen Burg bewacht. Am lang gestreckten Kiesstrand findet jeder ein Plätzchen.

NAFPLIO

Dem Mythos nach von Nauplios, dem Sohn des Poseidon und der Amymone gegründet, aber erst in byzantinischer Zeit wiedererstanden, wurde Nafplio im Jahr 1829 zur ersten Hauptstadt des modernen Griechenland erkoren – nachdem Ägina diese Stellung für zehn Monate innehatte. Für kurze Zeit war die Hafenstadt ab 1833 auch Residenz von König Otto I.; 1866 wurde sie an das Schienennetz in Richtung Korinth angeschlossen, wovon heute noch der beliebte Bahnhofspark kündet. Weitere eindrucksvolle Zeugnisse der bewegten Geschichte Nafplios sind seine drei Festungen Akronapflio, Palamidi und Bourtzi. Erstere steht oberhalb der Altstadt, in deren venezianischer Kaserne nun das Archäologische Museum untergebracht ist. Sehenswert sind auch Nafplios preisgekröntes Volkskundemuseum und das Komboloi-Museum zur griechischen Version der Rosenkranzkette.

Die im 18. Jahrhundert von den Venezianern errichtete Palamidi-Festung thront mehr als 200 Meter hoch auf einem Felsen und bietet weite Ausblicke über Nafplio.

Griechenland

HYDRA

Maultiere, Pferde und Esel statt Autos, keine Hotelanlagen, Discos, Satellitenschüsseln und Leuchtreklamen – auf der einst wasserreichen Insel (daher ihr Name) scheint die Zeit stehen geblieben. Vielleicht zog sie deshalb schon ab Anfang des 20. Jahrhunderts viele Künstler und Vertreter des Jetsets an. Aristoteles Onassis etwa, Leonard Cohen, Marc Chagall und diverse Autoren. Henry Miller beschrieb das kleine Eiland, aus dessen Bäumen zwei Drittel aller Schiffe des griechischen Reichs gebaut waren, als »versteinerten Brotlaib«. Heute gilt Hydra nicht nur als Postkartenidyll mit seiner malerischen Hauptstadt, einer Handvoll Dörfern und kleinen Badebuchten, sondern auch als Kunsthochburg. Die Hochschule der Bildenden Künste Athen hat hier ebenso eine Dependance wie die Deste Foundation for Contemporary Art, die regelmäßig Kunstevents auf Hydra organisiert. Im Gegensatz zu Hydra kommt die kleinere Nachbarinsel Spetses äußerst grün daher. Viele wohlhabende Athener unterhalten hier noble Villen.

Großes Bild und oben rechts: Die Insel ist autofrei – anstelle von Taxis stehen Esel am Kai, um das Gepäck der Touristen zu transportieren. **Oben links:** Plastikstühle sind auf Hydra streng verboten, ebenso wie Leuchtreklamen und Fahrzeuge.

Griechenland

SALAMIS

Für viele Athener ist die nahe Geburtsinsel des Tragödiendichters Euripides (um 480 bis 406 v. Chr.) das favorisierte Sommerziel. An ihrer gut 100 Kilometer langen Küstenlinie locken schließlich zahlreiche schöne Sandstrände wie jene von Kanakia und Peristeria. Mit der Akropolis von Kanakia entdeckte man zudem einen mykenischen Fürstensitz. Unter den zahlreichen Kirchen der dicht besiedelten und teils leider stark industrialisierten Insel zeugen vor allem jene von Mulki von ihrer byzantinischen Blütezeit. Das berühmteste Kloster des »Kringels« *(kouluri)*, wie Salamis wegen seiner Form auch heißt, ist Faneromeni. Im Jahr 1661 gegründet, spielte es im Unabhängigkeitskrieg 1821 als Zuflucht vor den Osmanen eine bedeutende Rolle. Der Name der Insel ging übrigens schon äußerst früh in die Geschichte ein: Bereits im Jahr 480 v. Chr. besiegten die Griechen in der Seeschlacht von Salamis die persische Flotte. Auch heute noch ist Salamis der Hauptsitz der Militärflotte Griechenlands.

Oben: Salamis mit seiner reich gegliederten Küste und den verkarsteten Hügeln ist die größte Insel im Saronischen Golf. **Großes Bild:** Der Inselhauptort Salamina fungiert als Fährhafen und Hauptquartier der griechischen Kriegsflotte.

Griechenland

ATHEN

Griechenlands Hauptstadt ist eine quicklebendige Metropole mit Blick auf die Ägäis. Ihr weißes Häusermeer wird auf drei Seiten von bis zu 1413 Meter hohen Bergzügen eingerahmt, aus denen nackte Felsen wie Inseln aufragen. Einer der Berge trägt das Herz antiker europäischer Kultur: die Akropolis. Die alte Königsburg wurde bereits im 6. Jahrhundert v. Chr. in einen heiligen Bezirk umgewandelt. Nach ihrer Zerstörung durch die Perser gelang es in der zweiten Hälfte des 5. Jahrhunderts v. Chr., die Heiligtümer in rascher Folge wiederaufzubauen. Das Bild der Akropolis Athens wird vom Parthenon beherrscht. Der in den Jahren 447–422 v. Chr. entstandene Tempel war der Stadtgöttin, Pallas Athene, geweiht. Das nach dem mythischen König von Athen benannte Erechtheion entstand in den Jahren 421–406 v. Chr. Es birgt mehrere Kultstätten unter einem Dach. Die Propyläen sind die monumentale Toranlage der die Akropolis umgebenden Mauern. Diese gelten als das Meisterwerk des Architekten Mnesikles und entstanden 437–432 v. Chr. In den Jahren 425–421 v. Chr. wurde der Tempel der Athena Nike von Kallikrates erbaut; er ist eines der ältesten erhaltenen Gebäude im ionischen Stil.

Athens schönstes historisches Viertel ist die Pláka direkt unterhalb der Akropolis. Zu den stattlichen klassizistischen Villen aus dem 19. Jahrhundert gesellen sich viele Lokale, kleine Hotels und zahllose Souvenirgeschäfte. Folklore ist in den Musiktavernen an der Treppengasse »Odós Mnisikléous« Trumpf. Auf der Leinwand des Dachgartenkinos »Cine Paris« agieren Hollywoodstars vor der nächtlichen Kulisse der Akropolis, während an der orthodoxen Kathedrale Athens Priester ihre liturgischen Geräte und Gewänder kaufen. Das alte Händler- und Handwerkerviertel Psirrí gleich nebenan hat sich zum lebhaften Szenetreff entwickelt. Tagsüber gehen aber noch viele Handwerker und Händler ihrem Gewerbe nach. Die über 100 Jahre alten Hallen der »Dimotikí Agorá« sind noch immer der beste Platz, um Fleisch und Fisch zu kaufen. Zwar wird das Angebot heute in gläsernen Kühltruhen ausgestellt, aber in den Regalen sind Hühner und Schafszungen, Rinderherzen und Lammkoteletts noch immer so fein säuberlich drapiert, als sollten sie Schönheitswettbewerbe gewinnen.

Linke Seite: Am Fuß des Akropolis-Hügels erstreckt sich mit dem Viertel Monastiraki ein quirliger Stadtbezirk im Herzen der Altstadt Plaka. Oben: Das Gelände des Zeus-Tempels kann man durch das monumentale Hadrianstor betreten. Bildleiste oben und Mitte: Die Plaka, Athens Altstadtviertel, brummt nur so vor Leben, dazwischen Archäologisches Nationalmuseum. Darunter: Panathenäisches Stadion und Psirri-Viertel.

Griechenland

Athen

AKROPOLIS

Der Athener Burgberg war schon in der Jungsteinzeit besiedelt. Im 6. Jahrhundert v. Chr. wandelte man die alte Königsburg in einen heiligen Bezirk um. Nach ihrer Zerstörung durch die Perser baute man die Heiligtümer in der zweiten Hälfte des 5. Jahrhunderts v. Chr. in rascher Folge wieder auf. Beherrscht wird die Akropolis vom Parthenon (447–422 v. Chr.), einem der Göttin Pallas Athene geweihten Tempel. Das Erechtheion (421–406 v. Chr.) ist nach dem mythischen König von Athen benannt. Die dem Erechtheion südlich vorgelagerte Korenhalle wird von sechs Karyatiden getragen. Die Propyläen (437–432 v. Chr.) sind die monumentale Toranlage der die Akropolis umgebenden Mauern. Der Tempel der Athena Nike (425–421 v. Chr.) wurde von Kallikrates erbaut und ist eines der ältesten erhaltenen Gebäude im ionischen Stil.

Bildleiste von oben: das dreistöckige Odeion des Herodes Atticus; der Parthenon ist einer der größten dorischen Tempel, die jemals in Griechenland errichtet wurden; die Propyläen bildeten das Eingangstor zur Akropolis.

Athen

PLAKA

Bis zur modernen Stadtplanung Ottos I. im frühen 19. Jahrhundert bildete das Mosaik aus schmalen Straßen und kleinen Plätzen am Fuß der Akropolis den Kern von Athen. Fast 20 000 Menschen lebten 1840 noch in der Plaka. Allmählich aber wandelte sie sich zum Tavernen-Viertel. Viele ihrer meist nur zweistöckigen Holzbalkon-Häuser, zwischen denen sich byzantinische Kirchlein, eine Moschee, ein Hamam und kleine Gärten verstecken, stehen auf antiken Fundamenten. Heute ist der Stadtteil geprägt von Souvenirläden und Lokalen mit meist griechischem Fastfood. Eng drängen sich hier die Touristen, abends erklingt Gitarren- und Zupfgeigen-Musik. In der Plaka liegen aber auch das Frissiras-Museum für moderne Kunst sowie jenes für Volkskunst, die römische Agora und die erste griechische Universität. Fast die gesamte Plaka ist verkehrsberuhigt, perfekt zum Bummeln also.

Viele schmale Treppengässchen ziehen sich in der Plaka den Hang hinauf, fast lückenlos gesäumt von Tavernen und Andenkenläden.

Athen

GROSSE MITROPOLIS

Ihr offizieller Name lautet Kathedrikos Naos Evangelismoutis Theotokou und den Grundstein legte 1842 der damalige König Griechenlands, Otto von Bayern. Relikte von mehr als 70 heute nicht mehr existierenden Kirchen wurden für die Athener Kathedrale verbaut. Ihr Inneres ist reich mit Fresken, Ikonen und Steinmetzarbeiten im Stil des byzantinischen Formenkanons geschmückt. Wichtige Heiligtümer sind die Schreine der heiligen Philothea und des Patriarchen Gregor V., die als Märtyrer für die Freiheit Griechenlands und der Orthodoxie verehrt werden. Die Große Mitropolis ist die Staatskirche Athens, hier legen u. a. Politiker ihren Amtseid ab und Bischöfe werden geweiht. Um des ehemaligen Nikolaos-Klosters zu gedenken, das an diesem Ort während der Befreiungskriege zerstört wurde, wird die Große Mitropolis auch Agios Nikolaos genannt.

Im Inneren staunt man über die orientalisch anmutende Prachtentfaltung – überreich ist es mit Fresken, Ikonen, vergoldeten Mosaiken und Steinmetzarbeiten geschmückt.

ATHENER TOP-MUSEEN

Akropolis-Museum
Als der deutsche Archäologe Ludwig Ross mit seinem Team im 19. Jahrhundert als Erster systematische Ausgrabungen an der Akropolis durchführte, stellte er seine Funde noch im Freien unter ein paar Zeltplanen zur Schau. Ab 1863 begann man dann mit dem Bau des ersten Museums. Heute sind die Schätze vom Burgberg in einem gläsernen Neubau des Schweizer Architekten Bernard Tschumi untergebracht. Durch Glasböden erblickt man Ruinen, auf vier Ausstellungsebenen kommen Besucher den Statuen, Skulpturen und Kunstwerken der griechischen Antike ganz nah – allerdings in vielen Fällen nur Duplikaten. Zahlreiche Originale befinden sich im British Museum in London, darunter auch eine Hälfte des berühmten Parthenon-Frieses – bis heute ein steter Zankapfel zwischen den beiden Staaten.

Archäologisches Nationalmuseum
Untergebracht in einem 1866 vom deutschen Architekten Ludwig Lange entworfenen und von seinem Landsmann Ernst Ziller vollendeten klassizistischen Gebäude im Omonia-Viertel zählt das Museum zu den größten der Welt. Auf 8000 Quadratmetern sind mehr als 10 000 Exponate des griechischen Altertums aus allen Teilen des Landes ausgestellt. Der zeitliche Bogen des Konvoluts von Skulpturen, Bronzen, Keramiken, Schmuckstücken etc. spannt sich von der Vorgeschichte bis zur späten Klassik. Zu den bekanntesten Ausstellungsstücken zählen die Maske des Agamemnon, die Fresken von Santorin, der kolossale Kouros von Sounion, die Bronzestatue des Zeus oder Poseidon vom Kap Artemision und der Mechanismus von Antikythera.

Griechenland

KAP SOUNION

Zwischen Piräus und dem rund 60 Kilometer südlich gelegenen Kap Sounion erstreckt sich ein Küstenstreifen mit schönen Sandstränden und Badeorten wie Glyfada, Vula, Varkiza, Aigina, Faros, Marathonas und Legrena: die Apollon-Küste. Wegen ihrer oft recht exklusiven Hotels und palmengesäumten Promenaden nennt man sie auch »Attische Riviera«. Auf dem Kap Sounion steht seit 445 v. Chr. der Poseidon-Tempel. Die Athener Seeleute brachten dem Meeresgott hier vor jeder Reise ein Opfer in der Hoffnung auf gesunde Wiederkehr. An der »heiligen Spitze«, wie Homer das Kap nannte, soll sich König Ägeus (dem die Ägäis ihren Namen verdankt) ins Meer gestürzt haben, weil er glaubte, sein Sohn Theseus sei gestorben, da er dessen Boot mit schwarzen Segeln heimkehren sah. An der Felsküste von Sounion lassen sich heute noch antike Schiffsanlegeplätze erkennen.

Schöner könnte ein Tempel kaum gelegen sein: Der Blick vom Kap Sounion auf das Ägäische Meer ist zu jeder Tageszeit grandios, kurz vor Sonnenuntergang magisch.

EUBÖA

Eine griechische Insel, die kaum jemand kennt? Das muss irgendeine kleine sein? Weit gefehlt. Euböa, von den Griechen auch Evia genannt, ist die zweitgrößte Insel des Landes. Sie liegt nur eine Autostunde von Athen entfernt und ist mit dem Festland durch eine Brücke verbunden. Dennoch ist sie ein ursprüngliches Fleckchen Erde geblieben, wo außerhalb des Hauptortes Souvenirshops und Postkarten Mangelware sind. Ein Ort, an dem die Menschen noch der Arbeit auf dem Feld oder auf dem Meer nachgehen und die Strände nicht so überlaufen sind wie an anderen Ferienorten. Wer die Schönheit stiller, unspektakulärer Landschaften und die Ruhe einfacher Dörfer zu schätzen weiß, ist hier richtig. Begegnet man auf Euböa anderen Touristen, kommen die meisten von ihnen aus dem Einzugsgebiet von Athen oder von anderswoher auf dem griechischen Festland.

Euböa verblüfft mit den rätselhaften, mehrmals täglich wechselnden Gezeitenströmungen in der Euripos-Meerenge vor Chalkida.

Griechenland

ANDROS

SAMOS

IKARIA

Auf der zweitgrößten Kykladeninsel ist alles ein wenig anders als bei den meisten ihrer Schwestern: Sie ist nicht nur sehr bergig, die Täler und Schluchten zwischen ihren vier bis zu 1000 Meter aufragenden Höhenzügen führen auch ganzjährig Wasser. Entsprechend frucht- (und wanderbar!) ist das auch als Kapitäns- und Reederinsel bekannte Andros: Oliven, Feigen, Zitrusfrüchte und sogar Reben werden hier kultiviert. Die schönen Dörfer, Wälder, Strände und Heilquellen ziehen vor allem viele Athener an – und schon seit Ende des 19. Jahrhunderts Künstler, die hier ein besonderes Licht und viele bildwürdige Motive fanden. Vor allem der Haupthafen Gavrio und das ehemalige Fischerdorf Batsi sind beliebte Urlauberziele. Zunächst von karischen Seeräubern bevölkert, prägten Andros viele Herrscher, darunter von 1202 bis 1566 auch venezianische.

Batsi, der wichtigste Ferienort der Insel, liegt hübsch in einer geschützten Bucht mit goldenem Sandstrand. Mit bunten Fensterläden blicken die Häuser auf das Meer hinaus.

Wechselhaft war die Geschichte der wunderschönen Insel schon immer. Der berüchtigte Tyrann Polykrates herrschte einst hier und hinterließ architektonische Spuren. Samos fiel unter persische, später unter römische Herrschaft. Zwischenzeitlich war die Insel nahezu unbewohnt, Pest und Piraten hatten leichtes Spiel. Erst im 20. Jahrhundert stabilisierten sich die politischen Verhältnisse wieder. Polykrates entfaltete eine rege Bautätigkeit und umgab sich gern mit Dichtern, Musikern und Gelehrten; auch Herodot und Äsop gehörten dazu. Auf diese Weise entwickelte sich die Insel im 6. und 5. Jahrhundert v. Chr. zu einem der bedeutenden kulturellen Zentren im östlichen Mittelmeerraum. Westlich der antiken Hauptstadt Pythagoreion lag das wohl im 10. Jahrhundert v. Chr. gegründete Heraion. Es wurde in den folgenden Jahrhunderten immer wieder erweitert und umgebaut, maßgeblich unter Polykrates.

Im Heraion von Samos waren zahlreiche statuarische Weihgeschenke wie die berühmte Geneleos-Gruppe aufgestellt.

Wild, wilder – Ikaria. Das Eiland zwischen Samos und Mykonos gehört zu den ursprünglichsten Griechenlands. Es ist herrlich unaufgeregt, obwohl es in die Weltgeschichte eingegangen ist. Denn in Ikaria spielte sich einst Dramatisches ab: Ikarus soll hier in den Tod gestürzt sein, deswegen trägt die Insel bis heute seinen Namen. Mit den selbst gefertigten Flügeln war er gemeinsam mit seinem Vater Dädalus aus dem Labyrinth des Minotaurus in Kreta geflohen. Leider flog er dabei zu hoch, sodass die Sonne das Wachs, mit dem die Flügel befestigt waren, zum Schmelzen brachte. Dädalus soll seinen Sohn auf Ikaria beerdigt haben. An die Sage erinnern heute vor allem Souvenirs, ansonsten ist Ikaria geprägt von Ruhe und viel Natur. Bewaldete Schluchten und felsige Mondlandschaften wechseln sich mit versteckten Stränden ab, die man in der Südsee erwarten würde.

Rechts: Fast wie auf den Seychellen fühlt man sich am Seychellen-Strand auf Ikaria. Oben: Fischerdorf Armenistis.

Griechenland

CHIOS

Mastix-Dörfer, in denen der Anbau des Mastixstrauches und die Ernte seines wertvollen Harzes seit Generationen unverändert betrieben werden, und ein Kloster, das zum Weltkulturerbe gehört, byzantinische Festungssiedlungen und das fruchtbare Kambos-Tal mit seinen Genueser Villen – auf der unmittelbar vor der kleinasiatischen Küste liegenden »Insel der Glückseligen«, wie man sie in der Antike nannte, zeigen sich Natur und Architektur in überraschender Vielfalt. Sämtliche Landschaftstypen Griechenlands, heißt es, seien hier vereint. Zudem brachte Chios die Lage an der Handelsroute vom Schwarzen Meer zur südlichen Ägäis schon früh große Bedeutung in wirtschaftlicher, strategischer und kultureller Hinsicht ein. Auch

Piraten versuchten sich immer wieder auf Griechenlands fünftgrößter Insel festzusetzen. Rund 30 Wachtürme zeugen noch von den Verteidigungsanstrengungen ihrer Bewohner. Pyrgi indes lässt angesichts der schwarz-weißen Fassadenmuster seiner schmucken Häuser staunen.

Großes Bild: An einem ruhigen Herbstmorgen leuchtet der Hafen von Chios in warmen Erdtönen. Oben links: Im 11. Jahrhundert gegründet, versetzt einen das Kloster Nea Moni direkt ins Mittelalter. Oben rechts: In Mesta scheint die Zeit stehengeblieben.

Griechenland

LESBOS

Bunt sind die Farben dieser Insel – ob im kleinen Laden an den Nougatständen, zwischen denen die Trockenfrüchte wunderbar in Erdfarben leuchten, an den Fassaden der Häuser oder an den Stränden. Lesbos hat Regenbogentendenzen. Die drittgrößte Insel Griechenlands wird auch als »Olivengarten Griechenlands« bezeichnet, mehr als elf Millionen Bäume sollen hier wachsen. Sie nehmen ein Drittel der Landschaft ein, weitere Teile sind Pinienwald und Vulkangestein. Zwischen den roten Erden zeigt sich ein Naturwunder der besonderen Art: Einer der größten versteinerten Wälder der Welt findet sich auf Lesbos. Auf der Insel gibt es viel zu entdecken: kleine Dörfer mit türkischem Einschlag, hübsche Strände und bedeutende archäologische Museen. In der Inselhauptstadt Mytilini ist vor allem der große Hafen eine Attraktion. Kulinarisch steht ein Gericht ganz klar im Mittelpunkt: die Sardellen, die neben dem Olivenöl zu den wichtigsten Produkten der Insel zählen.

Großes Bild: Kloster Limonos in der Nähe der Stadt Kalloni wurde bereits im Jahr 1526 gegründet. **Oben:** Eine sanfte Abendstimmung zaubert ein letztes Sonnenglühen auf einen Olivenhain in der Nähe des Dörfchens Skala Kallonis.

Griechenland

NÖRDLICHE SPORADEN

Unberührt und ursprünglich waren sie, die Sporaden, irgendwie schien die gute alte Zeit stehen geblieben zu sein an diesem Ort. Doch dann kam Abba: »Mamma Mia!« Was für ein Film! Dass die Geschichte zum Teil auch auf Skiathos und Skopelos spielt, hat den Inseln ein wenig ihren Geheimtippcharakter genommen. Wem es auf Skiathos und Skopelos zu trubelig ist, setzt nach Alonnisos über – hier erwartet den Gast absolute Stille.

Wenn der Begriff »griechische Karibik« zutrifft, dann auf Skopelos. Die kleinen, bunt getünchten Häuser umschließen die Bucht und reihen sich wie eine Treppe an dem bis zum Meer reichenden Gebirgsarm auf. Skopelos-Stadt ist Hauptort der Insel und verzaubert seine Besucher mit dem typischen Gewirr schmaler Gassen, mit strahlend weißen Stränden und türkisblauem Wasser. Besonders betörend sind die duftenden, schattigen Wälder im Inselinneren.

Als hätte jemand einen überdimensionalen Hut vergessen, so ragt ein Berg aus dem Inselrelief von Skiathos heraus. Geschmückt wie eine Kopfbedeckung ist er, ein kleines Dorf ergießt sich wie ein weißes Band um seine Krempe. Schon von Weitem sieht man: Dieser Ort ist nicht wie andere. Er könnte auch in Südgriechenland stehen, als Kykladenstadt mit seinen verwinkelten Gassen und der kubistischen Architektur, die sich wie ein Amphitheater über der Stadt ausbreitet. Bergdörfer über dem Meer – Griechenland wie aus dem Bilderbuch. Religiöser Mittelpunkt der Insel ist die Kathedrale Trion Ierarchon mit ihrem vorstehenden Glockenturm. Weltlicher zeigt sich das Wohnhaus des Dichters Alexandros Papadiamantis, es ist heute ein Museum. Der alte Hafen ist Zentrum der Fischerei, für die Autofähren existiert ein neuer, tieferer Anlaufplatz. Auch jenseits dieser Hotspots lohnt es sich, durch die kleinen Gassen zu wandeln, die einem Gewirr gleichen und Besuchern schnell die Orientierung nehmen. Dafür aber steht man überraschend vor einem schönen Laden oder wird in ein Café gelockt. Unbedingt anschauen: Burg Bourtzi, sie liegt auf einer Insel vor der Stadt im Meer.

Die Ruhige der Nördlichen Sporaden – dieser Titel würde auf Skyros auch zutreffen. Die kleine Insel hat bislang noch nicht viel Infrastruktur für den Tourismus aufgebaut. Wer etwas erleben will, schlendert durch die Inselhauptstadt, fährt zu einem der Strände, lässt sich den berühmten Hummer der Insel servieren oder wandert einfach über die grüne – vor allem von Aleppo-Kiefern geprägte – Nordhälfte der Insel und hofft, wilde Ponys zu treffen.

Linke Seite: Paradiesische Aussicht im Süden von Skopelos. Oben: Als einziges Kloster auf Skiathos ist das Evangelistria-Kloster noch bis heute aktiv.

NATIONALPARK ALONNISOS

Sie ist das wohl seltenste Säugetier des Mittelmeerraumes: Die Mittelmeermönchsrobbe ist stark vom Aussterben bedroht. Nur rund 450 Tiere leben noch zwischen

der italienischen und der türkischen Küste. Dem Alonnisos-Nationalpark kommt beim Schutz dieser Tierart eine Schüsselrolle zu, denn dort sollen zwei Drittel des Bestandes leben. Viele Touranbieter auf den Sporaden bieten Ausflüge dorthin an, mit etwas Glück sieht man nicht nur die Robben, sondern auch Delfine. Alonnisos, die drittgrößte der Nördlichen Sporaden, ist bekannt dafür, dass es dort etwas gibt, was vielen Menschen im Alltag fehlt: vollkommene Ruhe und Beschaulichkeit. Außer der Natur und ein paar Wochenendausflüglern gibt es nichts. Wirklich nichts. Nur Aleppo-Kiefern, Feigen- und Mandelbäume; die Natur ist sowohl im Wasser als auch an Land intakt. Die Inselhauptstadt heißt Patitiri, mit dem Boot von hier aus erreichbar ist die kleine Insel Kyra Panagia, dort lebt ein Mönch ganz allein in einem Kloster, einzig die wilde Natur ist sein Gefährte.

Bereits Aristoteles schrieb über die Mittelmeer-Mönchsrobbe.

Griechenland

THESSALONIKI

Rund eine Million Menschen leben im Großraum der makedonischen Metropole. Sie ist damit Griechenlands zweitgrößte Stadt, vor allem aber der kulturelle und wirtschaftliche Mittelpunkt der Region. Flughafen, Messe und Universität bringen Gäste aus aller Welt in die Hafenstadt, in der u. a. Tabak-, Lebensmittel-, Möbel- und Solarindustrie für Wohlstand sorgen. Seinen Namen verdankt Thessaloniki der Gattin des makedonischen Königs Kassander. Und im modernen Bild der Stadt lassen sich noch vielfach Spuren ihrer Vergangenheit entdecken – vom römischen Kaiserpalast über reich geschmückte Kirchen und Klöster, von denen einige zu Thessalonikis frühchristlichem und byzantinischem Weltkulturerbe zählen, bis hin zu den Zeugnissen der osmanischen Herrschaft wie das türkische Bad Bey Hamam aus dem 15. Jahrhundert. Weitere Attraktionen sind die Museen, das Ladadika-Viertel, der Vlali-Markt und die Modiano-Markthallen sowie die nahen Strände.

Griechenland

Großes Bild: Das trutzige Wahrzeichen Thessalonikis ist vom Meer und aus der Luft gut zu erkennen. 30 Meter ragt der im 15. Jahrhundert unter Süleyman dem Prächtigen als Abschluss der Stadtmauern errichtete »Weiße Turm« Lefkou Pirgou in den Himmel. Rechts: Thessalonikis mächtige Stadtbefestigung ist über mehrere Jahrhunderte hinweg gewachsen. Sieben Türme und ein acht Kilometer langer Mauerabschnitt blieben bis heute erhalten. Links: Die wohl schönste Kirche in Thessaloniki ist die der Heiligen Weisheit geweihte Hagia Sofia.

KASSANDRA

Olivenhaine und Getreidefelder, vor allem aber weiße, von Pinien gesäumte und scheinbar endlose Strände mit kristallklarem Wasser prägen die westlichste und am dichtesten bevölkerte der drei schmalen Chalkidiki-Halbinseln. Benannt ist dieser linke Finger nach der Tochter des mythischen Königs Priamos, welcher der in sie verliebte Gott Apollon die Gabe der Weissagung verliehen hatte. Weil Kassandra sein Werben aber nicht erhörte, sorgte er dafür, dass ihre warnenden Rufe ebenfalls ungehört verhallten. Tatsächlich gibt es neben dem regen Strand- und Nachtleben auf der Kassandra-Halbinsel auch immer noch ruhige Bade- und Angelplätze. Und man kann von der Küste ins bewaldete Landesinnere fahren oder die Windmühlen von Kassandra bestaunen, des mehr als 500 Jahre alten Hauptorts von Kassandra mit seinen kopfsteingepflasterten Gassen.

Afitos mit seinen traditionellen Steinhäusern und den zahlreichen Tavernen gilt als einer der schönsten Orte auf Kassandra, des am besten erschlossenen Chalkidiki-Fingers.

SITHONIA

Longos, wie der mittlere Finger von Chalkidiki auch genannt wird, ragt tatsächlich am weitesten hinaus ins Meer. In seiner Mitte liegt das knapp 800 Meter hohe, von Nadelwald bedeckte Ithamos-Gebirge mit dem malerischen Dorf der Jungfrauen: Parthenonas. Nach Norden erheben sich in Richtung Zentralland der Berg Vrachoto (492 Meter) und der nur wenig niedrigere Psilo (455 Meter). Am Saum der Sithonia-Landzunge, die sich zur Spitze hin fast zu einem Dreieck verbreitert, liegen schöne Strände (etwa in der Sykia-Bucht) sowie ein halbes Dutzend Fischerdörfer und Hafenstädtchen – darunter auch einer der größten Naturhäfen Griechenlands. Sithonia war bereits in der Antike besiedelt, wie archäologische Funde etwa auf dem Gebiet um Nikiti oder Sarti belegen. Und im Mittelalter gehörten einige Regionen zu den Athos-Klöstern auf der östlichen Nachbarhalbinsel.

Der mittlere Finger Sithonia gilt als schönste Region der Halbinsel Chalkidiki. Dicht mit Kiefern bewaldet, umfasst ihn ein goldgelbes Band aus wunderschönen Sandstränden.

ATHOS

Die östlichste und gebirgigste Halbinsel von Chalkidiki wird fast zur Gänze von der Mönchsrepublik Athos eingenommen. Da das bis zu 2000 Meter aufragende Gebirgsmassiv hauptsächlich der Gottesanbetung gewidmet ist, trägt es den Beinamen Agio Oros: heiliger Berg. Es ist in 20 autonom verwaltete Regionen unterteilt, die jeweils aus einem Hauptkloster und mehreren Klostersiedlungen, den Skiten, bestehen, wo die Mönche gemeinsam an Messen, Gebeten, Verpflegung und Arbeit teilhaben. In Karyes steht mit dem Protaton die älteste Kirche der Mönchsrepublik (10. Jahrhundert) mit Wandmalereien von Manuel Panselinos, dem letzten großen Ikonenmaler der mazedonischen Schule. Für Frauen ist die orthodoxe Mönchsrepublik nach wie vor tabu, übrigens auch für weibliche Tiere, ausgenommen Vögel. Seine uralte, nahezu unberührte, waldreiche Landschaft ist auch ein beliebtes Ziel bei Wanderern.

Oben: Kloster Iviron besitzt eine bedeutende Bibliothek. Rechts: Die Skite von Agia Anna wurde im 16. Jahrhundert gegründet

Griechenland

SAMOTHRAKI

Ein Berg, der aus dem Meer ragt – viel mehr sei Samothraki nicht, so heißt es. Tatsächlich erhebt sich hinter den schmalen Kies- oder Sandstränden und dem grünen Uferstreifen aus Steineichen, Kiefern und Olivenbäumen gleich das steile, schroffe Inselherz. Mit seiner unberührten Natur, den Schluchten, Wasserfällen und Felsenpools begeistert dieses Saos oder Fengari genannte Granitmassiv Wanderer ebenso wie Hunderte von Ziegen. Nur im aufstrebenden Hafen Kamariotissa, in der ehemaligen Metropole Chora mit ihrer Burg sowie in Therma pulsiert ein wenig Leben. Therma war schon zur Römerzeit für seine heißen Quellen bekannt; heute ist es, neben dem Dörfchen Profitis Ilias im Süden der nur rund 180 Quadratkilometer

großen Insel, auch Ausgangspunkt für die Besteigung des Fengari. In einem schmalen Felsental, nur wenige Schritte vom Meer entfernt, liegen an der Flanke des Fengari die Relikte des antiken Hauptortes der Insel, der spätestens ab dem 8. Jahrhundert v. Chr. auch Kultstätte war.

Großes Bild: Viele »Naturbäder« (Vathres) bilden die Wasserfälle auf Samothraki. **Oben:** Im Ausgrabungsgelände von Paläopolis wurde die berühmte Nike von Samothrake entdeckt; im Hafen von Kamariotissa warten Fischerboote auf ihren nächsten Einsatz.

Griechenland

PORTO LAGOS

Vor allem bei Vogelkundlern ist das traditionsverhaftete Fischerörtchen ein beliebtes Ziel. Es liegt in einer artenreichen Lagunenlandschaft, an einem Kanal, der das Ägäische Meer mit dem Vistonida-See verbindet. Mehr als 300 Vogelarten lassen sich hier beobachten, darunter Flamingos, Reiher und Zwergkormorane. Ein Infozentrum beim Hafen gibt Auskunft über die Vielfalt der Lagunenfauna. Mitten in der östlich gelegenen Lagos-Lagune zieht aber auch das Kloster Agios Nikolaos mit seinem byzantinischen Kirchlein die Blicke auf sich. Über einen langen Holzsteg ist das Klosterinselchen mit einem Landstreifen am Rand der Lagune verbunden, über die auch die einzige Straße zwischen See und Meer führt. Der Pinienhain am Westrand von Porto Lagos ist für viele Bewohner des 25 Kilometer nördlich liegenden Xanthi ein beliebter Strand, vor allem für die Seetang-Therapie.

Großes Bild und oben: Kloster Agios Nikolaos liegt auf einer Insel im See Vistonida, die gleichzeitig Griechenlands nördlichste Insel ist. Das fotogene Stückchen Land ist im Besitz des Athos-Klosters Vatopedi, gehört aber zu den wenigen Gütern der Mönchsrepublik, die auch von Frauen besucht werden dürfen.

Türkei

ISTANBUL

Allein schon die märchenhafte Lage macht Istanbul zu einer der faszinierendsten Städte der Erde. An der Meerenge Bosporus gelegen, an der Schnittstelle zwischen Europa und Asien auf sieben Hügeln errichtet, gibt es in der geschichtsträchtigen Metropole zwischen Orient und Okzident viel zu sehen. Die Stadt mit den drei Namen – Byzanz, Konstantinopel, Istanbul – repräsentiert das Erbe gleich zweier Reiche, die die Geschicke des Mittelmeerraums annähernd 2000 Jahre lang maßgeblich mitbestimmt haben: das Oströmische bzw. Byzantinische Reich und dessen direkter Nachfolger, das Osmanische Reich. Ihre Glanzzeit erlebte die Stadt als Hauptstadt des Byzantinischen Reichs nach der Gründung durch Kaiser Konstantin.

In der Altstadt zeugen vor allem Gotteshäuser von der bewegten Geschichte. Kunstschätze aller großen Epochen machen Istanbul zum idealen Ziel einer Kulturreise. Die historisch bedeutenden Bereiche Istanbuls sind Weltkulturerbe. Besonders sehenswert im antiken Zentrum ist das Archäologische Museum und der Fayencenpavillon mit Fayencensammlung. Im osmanischen Zentrum sind der Topkapıpalast der Sultane – eine weitläufige Anlage mit prächtigen Gebäuden und einer wertvollen Kunstsammlung –, der Sultan-Ahmet-III.-Brunnen, die Sultan-Ahmet-Moschee – die berühmte »Blaue Moschee«–, das Hippodrom, eine antike Wagenrennbahn, das Museum für türkische und islamische Kunst, die Skollu-Mehmet-Paşa-Moschee und das Mosaikenmuseum zu besichtigen. Die alten Dampfbäder Haseki Hürrem Hamam und Cağaloğlu Hamam sind ebenfalls einen Besuch wert.

In der Altstadt sollte man den Großen, den Ägyptischen und den Bücherbasar besuchen. Zudem lohnen die Neue Moschee, die Rüstem-Paşa-Moschee, der Beyazıtturm, die Konstantinsäule (330 n. Chr), die Beyazıt-, Nuruosmaniye, Sultan-Süleyman-, die Prinzen- und die Kalenderhane-Moschee. Trotz dieser fast unüberschaubaren Fülle an Kunst- und Kulturschätzen ist das wohl bekannteste Bauwerk Istanbuls die Palastkirche Hagia Sophia. Sie bildet den Höhepunkt der byzantinischen Prachtentfaltung. Älter als die Hagia Sophia ist die Kleine Hagia Sophia: Die ehemalige orthodoxe Sergios-und-Bakchos-Kirche (527 bis 536) ist heute eine Moschee. Weitere Kirchen aus byzantinischer Zeit sind erhalten, so die im Jahr 532 eingeweihte Hagia Eirene, die nach dem Jahr 740 ihre heutige Gestalt erhielt. Die Moschee des Sokullu Mehmet Pascha (1572), wie die um 1550 entstandene Şehzade-Moschee ein Werk des Hofbaumeisters Sinan, wurde den Gegebenheiten des Geländes baulich optimal angepasst.

Links und oben: Hagia Sophia. Bildleiste von oben: Blick von Hagia Sophia zur Blauen Moschee, Yeni Cami (Neue Moschee); Blaue Moschee, Topkapıpalast; Großer Basar.

Türkei

Istanbul

HAGIA SOPHIA

Errichtet wurde die Palastkirche 532 bis 537 im Auftrag Kaiser Justinians über den Ruinen einer noch unter Konstantin im Jahr 360 vollendeten Basilika. 900 Jahre lang war die Hagia Sophia die Hauptkirche des Byzantinischen Reichs und 500 Jahre lang die Zentralmoschee des Osmanischen Reiches. Nachdem die Osmanen die Stadt 1453 erobert hatten, wurde die Kirche in eine Moschee umgewandelt: Man überdeckte die Mosaiken mit Gips und fügte der Anlage viele Anbauten hinzu, darunter vier Minarette. Zwischen 1934 und 2020 war die Hagia Sophia ein Museum; seit 2020 wird sie wieder als Moschee genutzt. Für den Bau der Hagia Sophia waren die besten Materialien gerade gut genug: Silber- und Goldarbeiten aus Ephesos, Ophicalcit aus Thessalien, weißer Marmor von den Marmara-Inseln. Leuchtende Mosaiken bedeckten einst eine Fläche von rund 16 000 Quadratmetern.

Links: Beim Betreten des Innenraums stellt man beeindruckt fest, dass sich dem Blick immer neue und größere Räume öffnen. Neun Türen führen ins Hauptschiff.

Istanbul
BLAUE MOSCHEE

Dass die Sultan-Ahmet-Moschee auch als »Blaue Moschee« bekannt ist, kommt nicht von ungefähr: Mehr als 21 000 blaugrüne Keramikfliesen aus Iznik, das bereits in der Mitte des 15. Jahrhunderts für seine Fliesenmanufakturen berühmt war, wurden für ihre Verkleidung verwendet. Mit dem Bau der nach ihm benannten Moschee wollte sich Ahmet I. (um 1589–1617), der erste Sultan des Osmanischen Reiches, der als Minderjähriger auf den Thron kam, ein Denkmal setzen. Größer und schöner als die nordöstlich gelegene Hagia Sophia sollte sie werden sowie goldene Minarette haben. Diese aber hätten das Budget der 1609 bis 1616 errichteten Moschee gesprengt, weshalb sich Ahmets Baumeister »verhört« und statt dem türkischen Wort »altın« (golden) die Zahl »altı« (sechs) verstanden haben soll. Er baute also zwei Minarette mehr als üblich – aus Stein.

Stilisierte Lilien, Nelken, Tulpen und Rosen zieren die Fliesen im Inneren und erstrahlen in dem gedämpften Licht, das durch die mehr als 250 Fenster fällt.

Istanbul
YEREBATAN-ZISTERNE

Warum man diese größte erhaltene antike Zisterne Istanbuls auch Yerebatan Sarayı, »Versunkener Palast«, nennt, wird schnell deutlich, wenn man die Stufen hinabsteigt und auf eingezogenen Holzstegen jene faszinierende Unterwelt erkundet, die bereits im 4. Jahrhundert unter Konstantin dem Großen angelegt worden sein soll. Ihre heutige Größe erhielt sie aber erst durch einen Ausbau ab dem Jahr 532 unter Kaiser Justinian I.: Seitdem ist sie, bei einem Fassungsvermögen von rund 80 000 Kubikmetern, etwa 140 Meter lang und knapp 70 Meter breit. 336 gut erhaltene, in zwölf Reihen angeordnete und bis zu acht Meter hohe Säulen tragen das Ziegelsteingewölbe und spiegeln sich im dunklen Wasser. Angenehm kühl ist es hier unten, auch im Sommer. Klassische Musik ertönt vom Band, Wasser tröpfelt leise vor sich hin, und Scheinwerfer tauchen die Szenerie in ein fast magisches Licht.

Als Teil eines größeren Systems deckte die Yerebatan-Zisterne einst den Wasserbedarf des Großen Palastes.

Istanbul
TOPKAPIPALAST

Am schönsten Punkt der historischen Altstadt, dort, wo die von den Fluten des Goldenen Horns wie des Marmarameers umspülte Halbinsel mit ihrer Ostspitze in den Bosporus ragt, erhebt sich ein gewaltiger Palastkomplex, in dem rund 400 Jahre lang die osmanischen Sultane residierten und der heute als Museum zu besichtigen ist. In Auftrag gegeben wurde er von Sultan Mehmet II. Fatih (1432–1481), der mit seiner Einnahme Konstantinopels im Jahr 1453 das Ende des Oströmischen Reichs besiegelte. Im Kern entstand der Topkapı-Palast in den Jahren 1460 bis 1478. 1541 verlegte man auch den Harem hierher, und von nun an residierten alle osmanischen Sultane im Topkapı Sarayı. In den nachfolgenden Jahrhunderten wurde er dann zu einem feudalen, um vier große Innenhöfe gruppierten Palastkomplex mit Moscheen, Bädern, Küchen, Bibliotheken, Wohngebäuden und Gärten erweitert.

Der Harem ist ein Labyrinth von mehr als 300 über Höfe, Treppen und Korridore miteinander verbundenen Räumen.

Türkei

GEDIZ-DELTA

Das Gediz-Delta ist ein bedeutendes Ramsar-Feuchtgebiet im Westen der Türkei, in der Nähe der Großstadt Izmir. Der Gediz mündet hier in die Ägäis. Das Gebiet ist für seine reiche Artenvielfalt bekannt, darunter knapp 300 Vogelarten, und es dient als wichtiger Lebensraum für Zugvögel, vor allem aus Osteuropa. In den Wintermonaten sind hier rund 80 000 Tiere zu Hause, darunter auch zehn Prozent der weltweiten Population von Rosaflamingos sowie eine große Anzahl an Krauskopfpelikanen. Die Tiere finden hier vielfältige Lebensräume vor: ausgedehnte Lagunen und Schilfgebiete, Süß- und Salzwassersümpfe, Salzwiesen, saisonal überschwemmte Wiesen, kleine Inseln, landwirtschaftliche Flächen und mediterranes Buschland. Ein Infozentrum empfängt die Besucher, Wanderwege erschließen das Delta und führen zu Vogelbeobachtungsposten.

Ein Paradies für Ornithologen ist das Gediz-Delta bei Izmir. Einige Gruppen der Rosaflamingos sind sogar ganzjährig hier zu finden.

Türkei

BOZCAADA

IZMIR

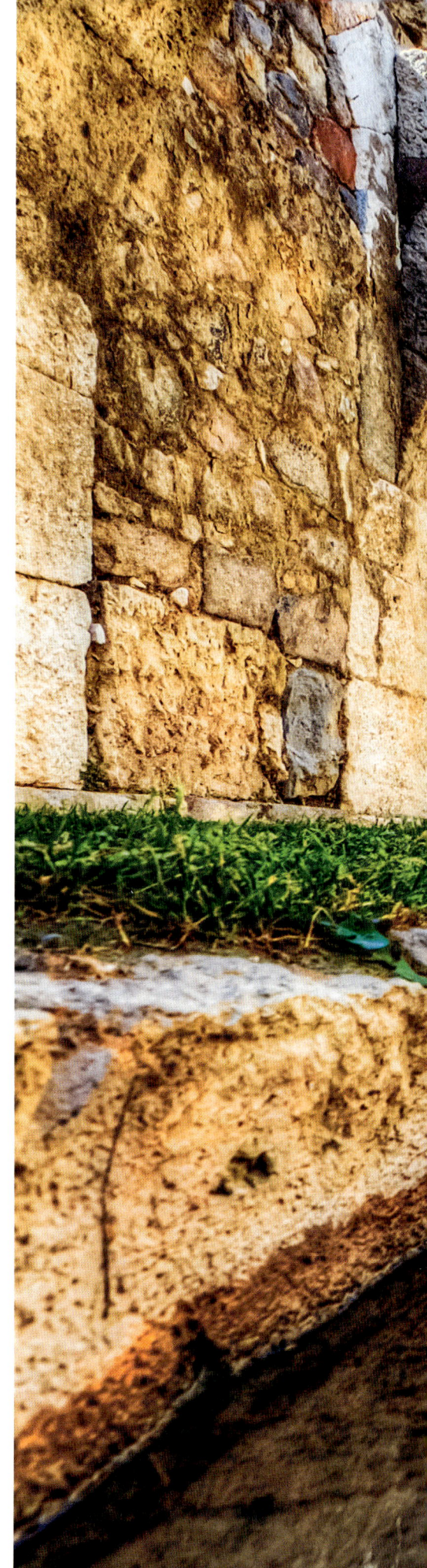

Nur etwa zehn Kilometer lange ist die kleine Insel Bozcaada, die vor allem für ihre Weinberge und ihre schönen Strände bekannt ist. Die Insel liegt unweit der türkischen Küste und ist über eine kurze Fährfahrt von Çanakkale aus erreichbar. Ihre gleichnamige Hauptstadt beherbergt eine charmante Altstadt mit engen Gassen und gemütlichen Cafés. Das mittelalterliche Kastell von Bozcaada dominiert den Hafen und bietet einen atemberaubenden Blick auf die umliegende Landschaft und das Meer. Früher war es eine strategisch wichtige Festung am Eingang der Dardanellen. Reichlich Charme haben die Weingüter Bozcaadas, ihre Erzeugnisse kann man in den herausragenden Lokalen kosten. Die beliebtesten Strände der Insel sind Ayazma, Habbele und Sulubahçe, die mit ihrem feinen Sand und ihrem türkisblauen Wasser Besucher anlocken.

Bozcaada, auch bekannt als Tenedos, ist eine kleine türkische Insel in der Ägäis, die für ihre natürliche Schönheit, ihre historischen Sehenswürdigkeiten und ihre entspannte Atmosphäre bekannt ist.

Izmir, die heute drittgrößte Stadt der Türkei, hörte einst auf den Namen Smyrna. Rund 3000 Jahre vor Christus entwickelte sie sich aus einer Siedlung der Leleger, doch das Gebiet rundherum weist sogar Spuren von Menschen auf, die Forscher auf bis zu 10 000 Jahre vor Christus datieren. Mehrfach wurde Smyrna zerstört und wiederaufgebaut, wurde zum wichtigen Handelszentrum und war für seine Teppichweberei berühmt. Obwohl sich die Stadt vielerorts als laute Millionenmetropole präsentiert, trägt sie ihren Beinamen »die Schöne« zu Recht. Die palmenbestandene Uferpromenade Atatürk Caddesi, die vom Hafen Alcansak nach Süden zum Konak Meydanı, dem zentralen Platz der Stadt, verläuft, ist eine einzige Touristenattraktion. Am Konak Meydanı schlägt das eigentliche Herz von Izmir. Hier befindet sich nicht nur das Rathaus, sondern die 1748 errichtete Konak Camii – die schönste Moschee der Stadt.

Rechts: Die Agora von Izmir wurde im 4. Jahrhundert v. Chr. von den Griechen erbaut. Oben: Uhrturm am Konak Meydanı.

Türkei

KUŞADASI

Dank ausgedehnter Sandstrände und der Geschäftstüchtigkeit seiner Bewohner hat sich das einstige Fischerdorf zum größten Ferienzentrum der türkischen Ägäis entwickelt. In den letzten Jahrzehnten sind in und um Kuşadası unzählige Hotelkomplexe und Ferienanlagen für vor allem Pauschaltouristen entstanden. Der alte Ortskern wurde in ein Vergnügungsviertel mit Bars, Kneipen und Restaurants verwandelt. Hier geht es bei Tag und bei Nacht turbulent zu. Die Burg auf der vorgelagerten Insel ist das Wahrzeichen von Kuşadası, aber längst nicht der einzige Grund, die Stadt zu besuchen. Gläubige Christen pilgern zum Haus der Mutter Maria in der Nähe oder schauen sich antike Ruinen in Kuşadası an, etwa den Apollon-Tempel. Viele Reisende nutzen einen Urlaub in Kuşadası auch zu einer Exkursion in das nahe gelegene Ephesos.

Oben: Burg von Kuşadası. Rechts: Mitten durch das antike Ephesos hindurch verlief die Kuretenstraße, die mit Marmor- und Kalksteinplatten gepflastert war.

EPHESOS

Einst eine wichtige Hafenstadt, liegt Ephesos heute aufgrund der Verschiebung der Küstenlinie einige Kilometer von der Küste entfernt. Die antike Stadt blickt auf

eine lange Geschichte zurück: Hinweise auf Zivilisation finden sich ab etwa 6000 v. Chr. Unter der Herrschaft der Griechen ab dem 8. vorchristlichen Jahrhundert begann die Stadt zu florieren. Im Laufe der Jahre unterstand Ephesos verschiedenen Herrschern, wurde nach der hellenistischen Zeit von den Römern übernommen und wuchs mit circa 200 000 Einwohner zu einer der größten Städte des Römischen Reichs heran. Bis heute ist die Stadt für ihren etwa 580 v. Chr. errichteten Artemis-Tempel bekannt, der zu den Sieben Weltwundern der Antike zählt. Namensgebend für den Tempel ist die vielbrüstige Artemis, die als Götting der Fruchtbarkeit galt. Ephesos fiel um 615 n. Chr. jäh in Schutt und Asche: Vermutlich hatten die Perser einen Feldzug gestartet.

Die Celsus-Bibliothek gilt als einer der ersten Bibliotheksbauten der Menschheitsgeschichte. Heute noch erhalten sind die Fassade und dahinter der Saal mit den Nischen für die Bücherregale.

Türkei

BODRUM

Wo heute Luxushotels um ihre Gäste konkurrieren, standen einst die einfachen Fischerhütten der Schwammtaucher. In dieses »Exil« wurde 1925 der türkische Schriftsteller Cevat Şakir (1886–1973) vom Istanbuler Militärtribunal verbannt – er hatte kritisch über eine Hinrichtung von Deserteuren berichtet. Der Dichter, den man bald auch den »Fischer von Halikarnassos« nannte, lernte schnell sein neues Exil zu lieben. Die Schönheit der Landschaft, das türkisfarbene Meer und das einfache Leben der Fischer verzauberten ihn. Immer wieder ließ er sich von den Schwammtauchern auf den traditionellen »Gulets« in einsame Buchten fahren, später begleiteten ihn auf diesen Touren auch Freunde aus der intellektuellen türkischen Kulturszene.

»Blaue Reisen« wurden diese Ausflüge später genannt, es waren die ersten touristischen Aktivitäten in Bodrum. Heute gibt es die »Blauen Reisen« immer noch, allerdings werden diese nicht auf Fischerbooten unternommen, sondern auf exklusiven Jachten, die am Ende des Tages in Bodrums elitärem Hafen vor Anker gehen. Denn im Gegensatz zu den türkischen Pauschalreisezielen Antalya oder Side war Bodrum stets einen Tick exklusiver. Schon ab den 1980er-Jahren setzte der Urlaubsort verstärkt auf Luxus und Qualität.
In der Antike war das heutige Bodrum weltberühmt. Damals hieß es noch Halikarnassos und machte insbesondere durch sein riesiges Mausoleum, das sogar zu den Sieben Weltwundern gehörte, von sich reden. Doch die Stadt wurde von Alexander dem Großen zerstört, das Mausoleum fiel im 14. Jahrhundert einem Erdbeben zum Opfer. Nur noch wenige Überreste sind erhalten geblieben.

Großes Bild: Dem großen natürlichen Hafen vorgelagert ist die Kreuzritterburg St. Peter, eine der prächtigsten noch erhaltenen Kreuzritterburgen. **Oben:** Neueren Datums, aber nicht weniger hübsch, sind die weißen Häuser, die sich die Hänge hochziehen.

Türkei

MARMARIS

Erst Ende des 20. Jahrhunderts richteten die Strategen der Reiseindustrie ihre Blicke auf die einst nur von Händlern, Kreuzfahrern und Piraten aufgesuchte türkische Südküste. Anfang der 1980er-Jahre rechnen sie aus, mit welchen Flugkapazitäten wie viele Gäste für einen Türkei-Sonnenurlaub motiviert werden könnten. Die Reisedauer vom Start bis zur Ankunft im Ferienquartier sollte bei maximal sechs Stunden liegen – in diesem Radius lagen Oslo, London, aber auch Kuwait. Planer brüteten am Stadtrand von Antalya unweit des Konyaalti-Strandes, an dem sich heute Luxushotels reihen, über Straßenkarten. Den Orangenhainen der kleinen Bauern längs der Küste hatte die letzte Stunde geschlagen. Einer der größten Jachthäfen des Landes ist heute Marmaris. Die Stadt mit den schönen Stränden und den gehobenen Hotels lockt mehr und mehr Kreuzfahrttouristen an. In der Altstadt mit den engen Gassen finden sich nicht nur Shops, sondern auch viele türkische Bäder sowie ein Basar und eine Karawanserei.

Großes Bild: Ein Ortsteil von Marmaris ist das Dorf Turunç, herrlich geschützt von den Bergen des Taurus umgeben und ein sehr beliebter Ferienort. **Oben:** Ebenfalls ein Stadtteil ist Bozburun. Hier werden noch die traditionellen »Gulets« gebaut.

ÖSTLICHES MITTELMEER
LEVANTISCHES UND LIBYSCHES MEER

Sie sind die fragilsten Nebenmeere des östlichen Mittelmeers, in denen immer wieder politische Konflikte das Leben der Menschen bedrohen: das Levantische und das Libysche Meer. Ersteres erstreckt sich entlang der Küsten der Türkei, des Libanon, Israels, Palästinas und Syriens. Es ist bekannt für seine tiefblauen Gewässer, die von zahlreichen historischen Städten gesäumt sind. Die Region hat eine reiche Geschichte, die bis in die Antike zurückreicht, und war ein wichtiger Handelsweg zwischen Europa, Asien und Afrika.

Zur Erfolgsgeschichte in der Türkei ist das »Süd-Antalya-Projekt« geworden, kurz auch »Kemer-Projekt« genannt: Die Landschaft mit kleinen Fischerdörfern, Bauerngehöften und rauen Feldwegen zwischen Olimposgebirge und Küste wurde zu einer Urlaubsregion, in der von Anfang an für Infrastruktur und Umweltschutz gesorgt wurde.

Eine Brücke zwischen Asien und Europa bildet auch die sonnenreiche Insel Zypern. Hier wurde Aphrodite, die griechische Göttin der Liebe und der Schönheit, aus dem Schaum des Meeres geboren – ein alter Mythos, der ein zauberhaftes Licht auch auf den erholsamen Badeurlaub an den sonnigen Küsten des östlichen Mittelmeers wirft.

Das Libysche Meer liegt südlich der griechischen Insel Kreta und erstreckt sich entlang der Küste Libyens. Es ist bekannt für seine ruhigen Gewässer. Die Region ist auch reich an maritimer Geschichte und Mythologie, mit zahlreichen antiken Stätten und Legenden, die mit dem Meer verbunden sind.

Geografisch gehört sie zu Asien, kulturell und politisch zu Europa: Zypern ist die drittgrößte Insel im Mittelmeer, ihre Küstenlinie wird von rauen Kaps, türkisblauen Buchten und ausgedehnten Stränden modelliert, die Gewässer bieten ideale Tauchgründe.

Türkei

ÖLÜDENIZ

Ölüdeniz ist ein beliebtes Reiseziel in der Türkei, das für seine natürliche Schönheit und seine entspannte Atmosphäre bekannt ist. Die Stadt liegt in der Nähe von Fethiye und ist vor allem für zwei Hauptattraktionen berühmt: Die Blaue Lagune ist ein herrlicher Naturschauplatz, der sich in der Nähe des Hauptstrandes befindet. Dieses natürliche Becken wird von einer beeindruckenden Bergkulisse umgeben. Der Name Ölüdeniz bedeutet übersetzt »Totes Meer« und bezieht sich auf die ruhigen, kristallklaren Gewässer der Lagune. Sie ist aufgrund ihrer idealen thermischen Bedingungen ein beliebter Ort für Paragliding. Viele Abenteuerlustige starten von den umliegenden Hügeln und genießen spektakuläre Aussichten Flugs. Ölüdeniz ist zudem für seinen wunderschönen Strand berühmt, der als einer der besten Strände der Welt gilt. Er ist von einer hufeisenförmigen Bucht umgeben und bietet ruhige Bedingungen, die ideal zum Schwimmen und Schnorcheln sind.

Links: Herrlich sind die Strände an der Blauen Lagune. Oben: Schmetterlingsbucht.

KALKAN

Enge Gassen, weiß getünchte Häuser und blühende Bougainvilleen prägen die kleine Altstadt von Kalkan, sodass man sich auch auf einer Kykladeninsel wähnen könnte. Kalkan ist aber einer der schönsten Ferienorte an der Türkischen Riviera. Im Altstadt-Labyrinth des einstigen Fischerdorfes finden Besucher charmante Boutiquen, Kunstgalerien, Handwerksläden und familiengeführte Restaurants, die lokale Spezialitäten servieren. Die Umgebung von Kalkan bietet eine Vielzahl von Stränden und Buchten, die von malerischen Küstenwegen aus erreichbar sind. Zu den beliebtesten Stränden gehören Kaputas, ein Kiesstrand mit türkisblauem Wasser, und Patara, einer der längsten Strände der Türkei mit feinem Sand und Dünen. Kalkan hat eine reiche Geschichte, die bis in die lykische Zeit zurückreicht. In der Umgebung finden sich zahlreiche archäologische Stätten, darunter das antike Xanthos und die Ruinen von Patara, einer bedeutenden lykischen Stadt.

Kalkan ist ein ideales Ziel für alle, die dem Stress des Alltags entfliehen möchten.

Türkei | Türkei | Syrien

KEMER | ANTALYA | LATAKIA

Sicher sind die Strände wohl der Hauptgrund, warum Menschen nach Kemer reisen. Doch nur der Badefreuden wegen zu kommen, wäre schade, denn mit ihren Ruinen, dem Hafen und den Bauwerken wie etwa den Felsengräbern von Myra besitzt Kemer ein reiches kulturelles Erbe. Im Hinterland – und mit einer Seilbahn erreichbar – erstreckt sich die bewaldete Berglandschaft des Olympos, die landeinwärts in die schroffe Gebirgswelt der bis zu 2550 Meter hohen Beyberge übergeht. Kemers Innenstadt ist zwar vom Tourismus und einem turbulenten Nachtleben geprägt, kommt aber auch in einigen Gassen noch mit traditionellen Kunsthandwerksläden daher. Sehr schön ist es rund um den Jachthafen, wo man in den zahlreichen Bars, Restaurants und Geschäften entlang der Promenade entspannen oder einen Bootsauflug unternehmen kann. Überhaupt ist die Gegend etwas für Adrenalinjunkies: Jeep-Safaris, Quad-Touren, Rafting auf dem Fluss Köprüçay und Paragliding werden angeboten.

Kemer ist berühmt für seine wunderschönen Strände und Buchten.

Die Millionenstadt an der Türkischen Riviera ist das unbestrittene Zentrum der Urlaubsregion. Antalya wartet mit einer reizvollen Altstadt auf, die sich über einem malerischen kleinen Hafen aus der Römerzeit erhebt. Einst war Kaleiçi – so der türkische Name des Viertels – nach der Landseite hin vollständig von einer Stadtmauer umgeben. Teile des Walls stehen bis heute. Heute ist das Viertel, das aus einem Labyrinth enger Gassen besteht, ganz auf Touristen eingestellt. In die sorgfältig restaurierten osmanischen Holzhäusern aus dem 18. und 19. Jahrhundert sind Restaurants und Souvenirläden eingezogen. An vielen Ecken bieten Händler Teppiche und Kunsthandwerk an. Die Moscheen Kaleiçis stehen jedermann offen. Außerhalb der Altstadt lockt Antalyas kleiner Basar mit orientalischem Flair. Das Archäologische Museum hütet kostbare Grabungsfunde aus den antiken Ruinenstätten des Umlands und ist unter Kennern berühmt.

Mit Blick auf den Hafen von Antalya lässt es sich gemütlich speisen.

Latakia, eine wichtige Hafenstadt an der Mittelmeerküste Syriens, hat eine lange Geschichte, die bis in die Antike zurückreicht. Die Stadt war ein wichtiger Handelsposten für verschiedene Zivilisationen, darunter die Phönizier, Römer, Byzantiner und Araber. Die Altstadt von Latakia ist geprägt von historischen Gebäuden aus der Zeit des französischen Mandats, antiken Ruinen und traditioneller Architektur und blieb bislang vom Bürgerkrieg in Syrien weitgehend verschont. Zu den bemerkenswerten Sehenswürdigkeiten gehören die Zitadelle von Latakia, eine alte Festung aus dem 11. Jahrhundert, und das Archäologische Museum, das eine beeindruckende Sammlung von Artefakten aus verschiedenen Epochen präsentiert. Die Strände von Latakia sind beliebte Erholungsorte für Einheimische und Besucher, die die Sonne genießen und im Mittelmeer schwimmen möchten.

Rechts und oben: Latakia liegt an der malerischen Küste des Mittelmeers und bietet spektakuläre Ausblicke auf das azurblaue Wasser und die umliegenden Berge.

Zypern

ZYPERN

Zypern ist zweifelsohne sehr schön. Ein touristisch nach wie vor fast unberührter Norden. Die wilden Troodos-Berge im Landesinneren. Die vielen Strände für jeden Strandtyp: sportiv, relaxed, einsamkeitsliebend, mit oder ohne Hund, mit oder ohne Kinder, mit oder ohne Infrastruktur. Berühmte historische Stätten wie Salamis, nach wie vor als Geheimtipp gehandelte Aussteigerprodukte wie der auf der Insel hergestellte Anama-Wein, idyllische Bergdörfer – Kultur- und Naturlandschaften ergeben auf der Insel ein spannendes Puzzle. Nicht zu vergessen das Aphrodite-Erbe, das Zypern zur Insel der Liebenden macht. Und zugleich hängt noch ein Hauch Melancholie über der Insel, die seit 1974 geteilt ist. Zwar finden vorsichtige Dialoge statt, wagen sich Besucher immer öfter wieder in den Norden, doch noch sind nicht alle Wunden geheilt, die vor 50 Jahren geschlagen worden sind.

Rechts: Am Kap Greco ganz im Südosten von Zypern endet Europa. Es ist ein fulminantes Finale mit kristallklaren Meer und einer dramatischen Steilküste. Oben: Paphos.

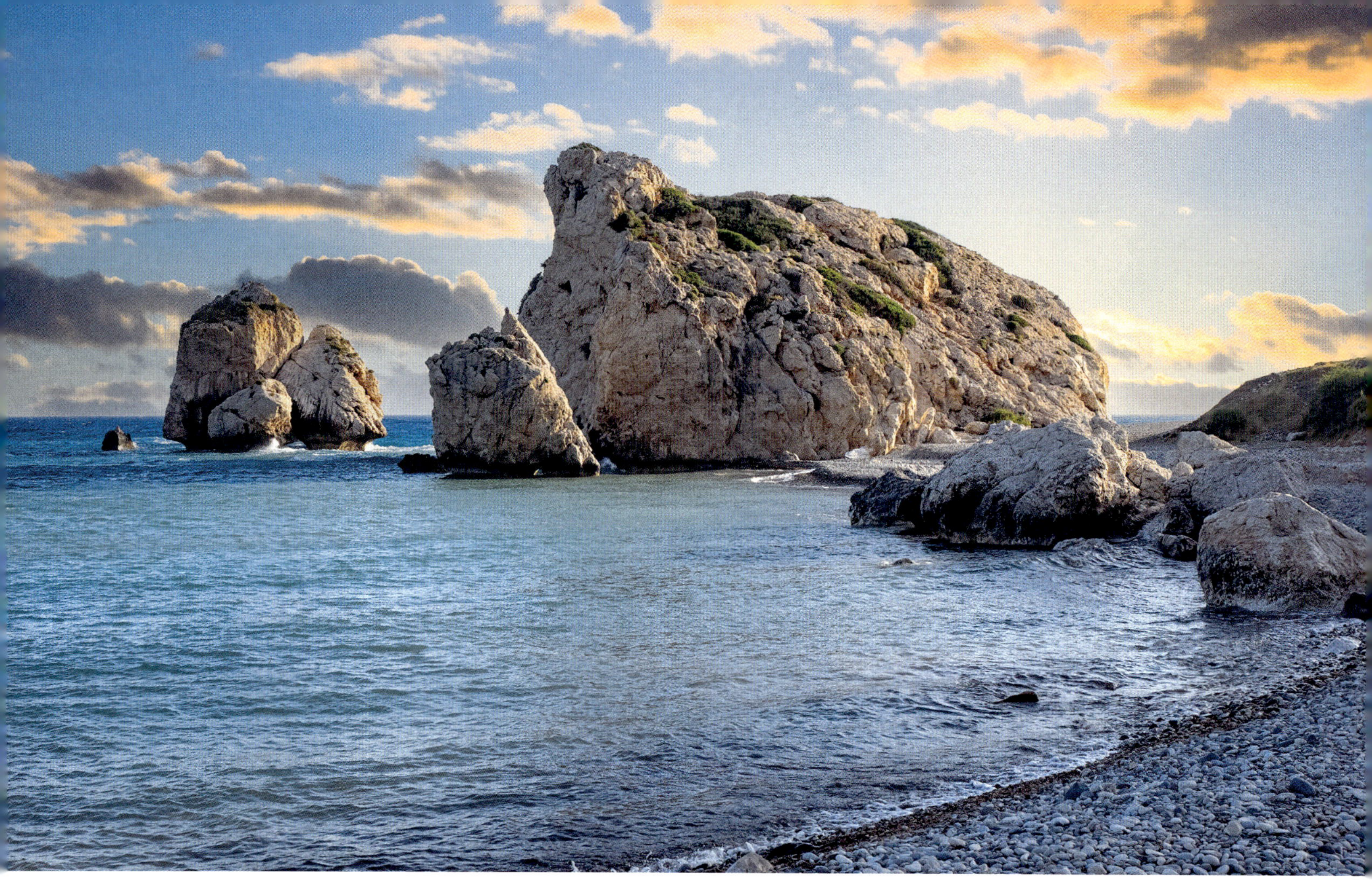

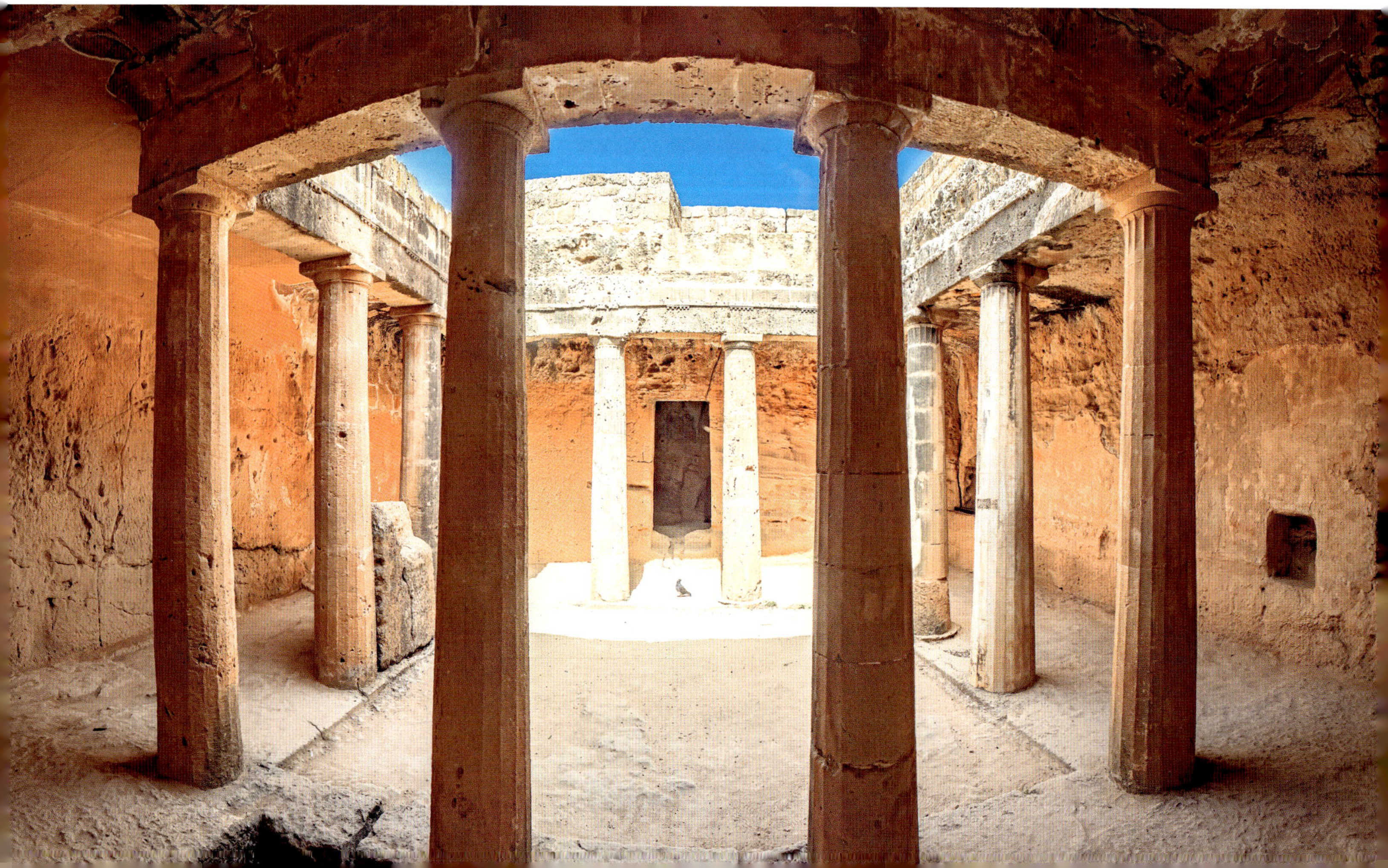

NATIONALPARK PETRA TOU ROMIOU

PAPHOS

LIMASSOL

In einer Bucht mit grobkörnigem Strand und Abertausend glatt polierten Kieseln ragen einige Kalksteinfelsen unterschiedlichster Größe aus dem Meer. Der größte, an einen mächtigen Keil erinnernde Fels, heißt Petra tou Romiou oder Fels der Römer. Hier an dieser Stelle soll dereinst die Göttin der Liebe und der Schönheit, Aphrodite, dem Meer entstiegen sein. Die Schaumgeborene, was ihr Name bedeutet, ging dann auch sogleich ans Werk, weckte romantische Gefühle zwischen Göttern und Menschen und spann Intrigen. Das Volk der Zyprer verehrte sie dennoch kultisch. Wer den Felsen dreimal umrundet, wird mit ewiger Liebe belohnt, so der Volksglaube. Die hiesige Flora steht ganz im Zeichen der Göttin: Die Wildrose war ihr Lieblingsduft, der Granatapfelbaum steht für Fruchtbarkeit, und die Tamariske symbolisiert Schönheit und Jugend.

Oben und links oben: Der Nationalpark zwischen Paphos und Limassol mit seinen spektakulären Felsformationen gehört zu den schönsten Küstenabschnitten Zyperns.

Die Hafenstadt ist der beliebteste Ferienort der Insel. Rund um den Hafen und im Altstadtviertel Ktima findet man viele Tavernen und urige Einkaufsmöglichkeiten. Ein Muss für jeden Besucher der Stadt ist aber die Besichtigung der Königsgräber von Alt-Paphos. Nahe dem Dorf Kuklia, südöstlich der modernen Stadt Paphos, liegen die Ruinen dieses wohl ab dem 13. Jahrhundert v. Chr. erstmals von Phöniziern besiedelten Ortes. Die Reste der Kultstätte in Alt-Paphos haben die Form eines orientalischen Hofheiligtums, das aus großen Kalksteinblöcken errichtet wurde. Im 4. Jahrhundert v. Chr. wurde am Ort der heutigen Stadt das antike Neu-Paphos gegründet; hier gab es ein Heiligtum der Aphrodite. Die Reste von Befestigungsmauern, Grabanlagen und von aufwendigen Mosaiken zeugen von der Bedeutung des antiken Paphos als Handelsplatz bis in die Zeit der Römer hinein.

Linke Seite unten: Die beeindruckenden Königsgräber von Nea Paphos stammen aus dem 3. Jahrhundert v. Chr. **Oben:** Kirche Agioi Anargyri im modernen Paphos.

Limassol an der Südküste Zyperns ist eine lebendige Hafenstadt, die für ihre Mischung aus altertümlichem Charme und Moderne bekannt ist. Die Stadt bietet eine reiche Geschichte mit historischen Sehenswürdigkeiten wie dem Kastell, während gleichzeitig gemütliche Einkaufsstraßen die Besucher begeistern. Ellenlang ist die schöne Uferpromenade Molos von Limassol, die mit Stegen, Stränden und einem Skulpturenpark zum Bummeln einlädt. Westlich von Limassol liegt die antike Ruinenstadt Kourion, wo sich die Spuren mehrerer Zivilisationen überlagern. Besonders sehenswert sind hier das römische Theater und das Stadion aus dem 2. Jahrhundert v. Chr., die Thermen mit Mosaiken, ein Apollo-Hylates-Heiligtum mit Apollontempel aus dem 1. Jahrhundert v. Chr., dazu eine kuppelbedeckte frühchristliche Basilika.

In der freundlichen Innenstadt von Limassol, der zweitgrößten Stadt Zyperns, findet man noch einige kleine Gassen mit typischen Tavernen und allerlei schönen Läden.

Libanon

BEIRUT

Die wirtschaftlich sowie kulturell bedeutendste Stadt des Libanon liegt auf einer ins Mittelmeer ragenden kleinen Halbinsel, etwa auf halber Strecke der libanesischen Küste. Die libanesische Kapitale gilt als eine der ältesten Städte der Welt und kann auf eine rund 5000-jährige Geschichte zurückblicken. Während des Mittelalters und in osmanischer Zeit beschränkte sich Beirut auf ein relativ kleines, von Mauern umschlossenes Gebiet. Erst in spätosmanischer Zeit ab etwa 1840 erfolgte eine Ausdehnung auch auf Bereiche außerhalb der Stadtmauern. Während der französischen Mandatszeit von 1919 bis 1943 strebte man ein Straßenschema nach Pariser Vorbild an, sodass das mittelalterliche Beirut fast vollständig überformt wurde. Prägendstes Ereignis in der jüngeren Vergangenheit war der libanesische Bürgerkrieg von 1975 bis 1990, der zu weitreichenden Zerstörungen in dem vormals als »Paris des Nahen Ostens« gerühmten Beirut führte.

Einst ein Ort friedlicher Koexistenz, ist man nun mit dem Wiederaufbau beschäftigt. Links: al-Amin-Moschee, oben: Nejmeh-Platz.

ANFEH

Als »Klein-Griechenland« des Libanon wird Anfeh, rund 60 Kilometer nördlich von Beirut gelegen, auch bezeichnet, denn es besitzt einige weiß-blau gestrichene Häuser und einen hübschen Badestrand. Die antiken Ruinen in Anfeh umfassen Überreste aus verschiedenen Epochen, darunter phönizische Nekropolen, römische Tempel und byzantinische Kirchen. Diese historischen Stätten bieten Einblicke in die reiche Vergangenheit der Region und ziehen Geschichtsinteressierte und Archäologen an. Hauptattraktion ist die christlich-orthodoxe Kirche Marie des Vents. Sie gilt als die älteste Kapellenkirche im Libanon und verfügt über einige mittelalterliche Fresken. Abgesehen von ihrer historischen Bedeutung ist Anfeh auch für ihre lebendige Fischerei- und Landwirtschaftsszene bekannt. Die Stadt beherbergt einen geschäftigen Fischmarkt, auf dem frischer Fisch und Meeresfrüchte aus der Region angeboten werden.

Urlaub abseits der Touristenmassen – das ist in Anfeh möglich. Allerdings genießen diese Idylle fast ausschließlich Libanesen.

Israel

ROSH HANIKRA

An der Grenze zum Libanon fällt ein weiß leuchtender Kreidefels steil zum Meer ab: Dort, am Rosh haNikra, dem »Höhlenkopf«, hat das Meer im Laufe von Jahrtausenden nicht nur die Küstenlinie bizarr geformt, sondern auch Grotten aus den weichen Kreideschichten gewaschen. Das etwa 200 Meter lange Höhlensystem lässt sich heute einfach über Laufstege erkunden, wobei die halb offenen Grotten immer wieder Ausblicke auf das Meer bieten. Je nach Sonnenstand und Bewegung im Wasser entsteht hier ein leuchtendes Farbspiel, das mit den teils pastelligen, dunklen oder von grünen Algen überzogenen Felswänden reizvoll kontrastiert. Karawanen, Armeen, jeder, der den Küstenweg von Syrien nach Palästina wählte, musste die natürliche Sperre des Rosh haNikra überwinden. Alexander der Große ließ darum Stufen in den Fels schlagen, die seither als »Leiter von Tyros« bekannt sind.

Die Höhlen wurden hauptsächlich durch die imposanten weißen Kalksteinfelsen und die türkisfarbenen Meeresgrotten berühmt.

Israel

AKKO

Die Stadt Akko, auch Akkon genannt und im Norden Israels an der Mittelmeerküste gelegen, war die letzte Bastion der Kreuzfahrer im Heiligen Land. Auch nach dem Fall von Akko 1291 erlebte die Stadt eine wechselhafte Geschichte. In den folgenden Jahrhunderten herrschten hier Mamelucken, Umayyaden, Beduinen und Osmanen. Mit wuchtigen Mauern sicherten im 18. Jahrhundert die Osmanen die stolze Metropole. Sie bauten die Kreuzritterburg zu einer gigantischen Festung aus, die Napoleon einst 61 Tage vergeblich belagerte. Die Altstadt von Akko, ein Musterbeispiel islamischer Stadtplanung, beherbergt das Hospitaliterviertel mit der Zitadelle aus der Kreuzfahrerzeit, zahlreiche Moscheen wie die Ahmed-al-Jazzar-Moschee, die Karawanserei Khan al-Umdan und Bauten aus osmanischer Zeit, die zum Teil direkt auf der darunterliegenden Kreuzfahrerstadt errichtet wurden.

Oben: Heute kann man die Rittersäle der Zitadelle erkunden. Links und rechts: In den alten türkischen Basar sind wieder Läden eingezogen, die Kunsthandwerk verkaufen.

CAESAREA MARITIMA

Zwischen Haifa und Tel Aviv liegt die großartige Ausgrabungsstätte Caesarea Maritima. Einst die prächtigste Stadt, die von Herodes dem Großen erbaut wurde,

vermitteln die Ruinen auch heute noch viel von ihrem früheren Glanz. Caesarea war Residenz der römischen Prokuratoren von Judäa und Samaria, zeitweilig sogar der wichtigste Hafen Palästinas. Eine letzte Blüte erlebte die Stadt unter den Kreuzfahrern, die ihr die gleichnamige Straße mit imposanten Spitzbögen am Hafen hinterließen. Das restaurierte Amphitheater, dessen Arena in seinen Ausmaßen sogar die des römischen Kolosseums übertraf, wird in den Sommermonaten zur modernen Konzertbühne. Über ein mächtiges, antikes Aquädukt mit 28 erhaltenen Bögen, das von einem der schönsten Strände Israels flankiert wird, führte man Trinkwasser aus den zwölf Kilometer entfernten Quellen des Karmelgebirges heran.

Die Überreste des antiken Hafens von Caesarea Maritima sind heute noch immer beeindruckend, ebenso seine Lage an einem der schönsten Strände.

Israel

HAIFA

An der einzigen größeren Bucht der Mittelmeerküste Israels liegt die drittgrößte Stadt des Landes. Auf dem Wasserweg Kommenden bietet am Karmel-Kap der nordwestliche Ausläufer des rund 500 Meter hohen Karmelgebirges eine grandiose Kulisse. Auskunft über die Geschichte der illegalen Einwanderung von Juden nach Palästina unter der britischen Mandatsregierung und somit auch die jüngere Geschichte Haifas gibt in der Allenby Road das Clandestine Immigration and Naval Museum. Ebenfalls noch in der Unterstadt trifft man im Stadtteil Ha-Moshava HaGermanit auf die Spuren von pietistischen Württemberger Templern (nicht zu verwechseln mit dem Templerorden), die Mitte des 19. Jahrhunderts ins Heilige Land ausgewandert waren. Ihre Begeisterung für den Nationalsozialismus machte der Episode der »Palästinadeutschen« ab 1941 ein Ende. Die inzwischen renovierten Häuser der schwäbischen »Häuslebauer« sind heute gleichwohl Touristenziel.

Israel

In nächster Nähe setzte eine andere Religionsgemeinschaft einen Akzent: Hier erhebt sich in den treppenförmig ansteigenden »Hängenden Gärten« das Weltzentrum der Bahai mit dem kuppelgekrönten Mausoleum des Religionsgründers Bab – seit 2008 mit anderen Stätten der Bahai in Westgaliläa auch Weltkulturerbe. Weiter oben am Berg Karmel ist die Höhle des Propheten Elias mit dem darüber befindlichen Karmeliterkloster Stella Maris Pilgerort für Juden, Christen, Muslime und Drusen gleichermaßen. Eine Besonderheit Haifas ist die »Carmelit«, die einzige U-Bahn der Welt, die als Standseilbahn konstruiert ist. Sie verbindet die Unterstadt, das auf mittlerer Höhe befindliche Geschäftszentrum Hadar HaKarmel und den höchstgelegenen Stadtteil Har HaKarmel miteinander.

Oben: Das Mausoleum des Bab bildet mit seiner imposanten Kuppel den Fixpunkt der Hängenden Gärten am Berg Karmel und ist zugleich das Wahrzeichen der Hafenstadt Haifa. Links: Auch das Internationale Archiv der Bahai befindet sich in den steil angelegten Gärten.

DIE BAHAI

Die Religion der Bahai ist eine der jüngsten Weltreligionen. Sie entstand erst Mitte des 19. Jahrhunderts und weist viele Versatzstücke anderer monotheistischer Religionen

auf. Gleichzeitig billigt sie den Gläubigen ein hohes Maß an intellektueller Freiheit zu. Weltweit haben die Bahai-Gemeinden mehr als sieben Millionen Mitglieder, vor allem in Indien, im Iran, in Afrika südlich der Sahara, Südamerika und den USA. Die Ursprünge des Glaubens liegen im Iran, wo 1844 ein Mann mit dem selbst verliehenen Titel »Bab« (arabisch für »das Tor«) erklärte, ein Gesandter Gottes zu sein, und das baldige Kommen eines Religionsstifters ankündigte. Als dieser Stifter gilt Baha'u'llah (»Herrlichkeit Gottes«). Beide Männer gerieten mit den religiösen und weltlichen Machthabern im Iran in Konflikt: Während Bab hingerichtet wurde, verbannte man Baha'u'llah nach Akko. Nach seinem Tod 1892 begannen die Bahai mit dem Ausbau ihres Weltzentrums auf dem Berg Karmel in Haifa und der näheren Umgebung. Zentrales Gebäude ist das prachtvolle Mausoleum des Bab, das man über eine lange Freitreppe mit 19 Terrassen erreicht. Zudem befinden sich dort die im neoklassizistischen Stil gehaltenen Verwaltungsgebäude, ein Archiv sowie andere Bauwerke, die spirituellen oder Schulungszwecken dienen.

Zentraler Anziehungspunkt in Haifa: Mausoleum des Bab.

Israel

NETANYA

BEIT YANAI

HERZLIA

Nördlich von Tel Aviv liegt eines der beliebtesten Seebäder der israelischen Mittelmeerküste: das vom subtropischen Klima begünstigte Netanya. Berühmt ist Netanya vor allem für seine mehr als zehn Kilometer langen, feinsandigen Strände, die zu den schönsten des Landes gehören. Gesäumt werden sie von bis zu 30 Meter hohen Klippen und Dünen, auf denen ein großer Bestand der in Israel endemischen und sehr seltenen Purpuriris, die auch das Wappen der Stadt ziert, gedeiht. Ende der 1920er-Jahre legten junge Siedler in Netanya erste Zitrusplantagen an. Ein Jahrzehnt später zog es belgische und niederländische Diamantschleifer in die Stadt, in der sie eine prosperierende Schmuckindustrie gründeten. Noch heute gehören beide Wirtschaftszweige zu den bedeutendsten der expandierenden Küstenmetropole mit ihrer markanten Skyline.

Schneeweiß sind die Wolkenkratzer von Netanya. Die Stadt wurde zu Ehren von Nathan Straus benannt, dem Gründer des legendären Kaufhauses Macy's in New York.

Der breite, weiße Sandstrand beim Moshav Beit Yanai, auf halber Strecke zwischen Netanya und Tel Aviv, ist nicht nur bei Sonnenanbetern beliebt, er bietet auch Aktivsportlern wie Kite- und Windsurfern ideale Voraussetzungen. Benannt ist er nach dem Hasmonäerkönig Alexander Yanai, der auch dem Fluss, der 54 Kilometer entfernt in den Bergen von Samaria entspringt und in unmittelbarer Nähe des Moshav ins Mittelmeer mündet, seinen Namen gab. Am Strand befinden sich noch die Überreste des Kfar-Vitkin-Piers, einst der Anleger für die Verschiffung von Zitrusfrüchten. 1948 gingen hier Mitglieder der paramilitärischen Irgun – unter ihnen der spätere Ministerpräsident Menachem Begin – an Bord der »Altalena« mit Ziel Tel Aviv. Dort wurde das Schiff auf Befehl der provisorischen israelischen Regierung unter David Ben-Gurion, der in der Irgun eine Gefahr für den neuen Staat sah, versenkt..

Meerfenchel wächst am Strand von Beit Yanai mit seinen bonbonfarbenen Häuschen der Rettungsschwimmer.

Kleinen kostbaren Perlen auf einer Schnur gleich reihen sich die Seebäder an Israels Mittelmeerküste, um einander mit den schönsten Stränden zu übertreffen. Herzlia, unweit der Kreuzfahrerruine Arsuf nördlich von Tel Aviv, einst als landwirtschaftliche Siedlung gegründet und nach Theodor Herzl, dem ungarisch-österreichischen Journalisten und Hauptbegründer des politischen Zionismus benannt, entwickelte sich in den 1970er-Jahren zur mondänen Stadt. Entlang des kilometerlangen breiten Sandstrands wurden luxuriöse Villen und Hotels errichtet, es entstanden Film- und Fernsehstudios. Unter Seglern wird Herzlia heute vor allem auch wegen seines eleganten Jachthafens geschätzt. In dessen Nähe befinden sich die bronzezeitlichen und antiken Ausgrabungsstätten Tel Michal. Sehr sehenswert ist zudem die Sidna-Ali-Moschee mit Karawanserei aus dem 13. Jahrhundert.

Rechts und oben: Ein schöner Jachthafen – die größte Marina ganz Israels – umgibt die Stadt Herzlia, die auch einige herrliche Strände besitzt.

Israel

TEL AVIV

Die wirtschaftliche und kulturelle Metropole Israels ist heute eine Doppelstadt: Tel Aviv-Jaffa. Während das alte, charmante Jaffa über Jahrtausende gewachsen ist, sich rühmt, die älteste Hafenstadt der Welt zu sein, entstand Tel Aviv ab 1909 als erste rein jüdische Stadt des Landes in den Dünen der Küste als Vorort von Jaffa, das es jedoch bald überflügelte. Dazu benötigte die »Stadt des Frühlings« nur gut 100 Jahre. In den 1930er-Jahren entstand hier ein ganzes Viertel aus über 4000 Gebäuden im architektonisch schlichten Bauhaus-Stil, heute als »Weiße Stadt« bekannt: ein Konglomerat aus kubistischen Gebäuden, deutsch-israelisches Erbe, außerdem Weltkulturerbe, das sich rund um den Rothschild Boulevard erstreckt.

Tel Aviv ist vorwärts gerichtet, pulsiert unter ständiger Veränderung und Lebenskunst. Hier lebt man gern und schnell. Doch im scheinbaren Chaos der Stadt gibt es schöne Konstanten: Sonne, Strand und gutes Essen. Rund um die Shabazi Street im Trendviertel der Stadt säumen Ateliers den Weg, in denen Künstler Metallobjekte schweißen oder Silber und Gold zu Schmuckstücken fein ziselieren. Die schattigen Innenhöfe sind perfekte Standorte für Cafés und Restaurants, deren alte Bausubstanz für Stimmung sorgt. Teilweise sind viele Gebäude älter als 100 Jahre, sicherlich ein Grund, der dem Viertel auch zu seinem Beinamen »Little Paris« verholfen hat.

Der Uhrturm bietet sich als Ausgangspunkt für einen Rundgang im Stadtteil Jaffa an. Die Häuser und Mauern der alten Hafenstadt vereinen Historie, die sogar in biblischen Geschichten zu finden ist, mit modernem Lebensgefühl. Die schmalen Gassen mit den Sandsteinfassaden der Häuser und den vielen Treppen sind stumme Zeugnisse großer geschichtlicher Ereignisse und Einflüsse von Griechen, Phöniziern oder Ägyptern. Für die Besichtigung braucht man länger als nur einen Tag, denn Jaffa hat neben vielen Galerien und Boutiquen auch Museen und nicht zuletzt den Alten Hafen zu bieten. So gehören Petruskirche und Simon-Haus zu den großen Anziehungspunkten. Die angeblich Sehnsüchte erfüllende Wunschbrücke ist heute ebenso magisch wie der Zeitpunkt, wenn sich die Nacht über Jaffa senkt und die Bars und Clubs die Musik aufdrehen.

Rechts oben: Jung, feierfreudig und weltoffen – das ist das Gesicht von Tel Aviv. Die israelische Metropole, die längst mehr ist als der Vorort der alten Hafenstadt Jaffa (rechts unten), punktet vor allem mit ihrer kreativen Szene und ihrer Stimmung. Oben: Eines der berühmtesten Gebäude der »Weißen Stadt«: Das ehemalige Esther-Kino, heute das Hotel Cinema, entwarf die damals erst 25-jährige Architektin Genia Awerbuch.

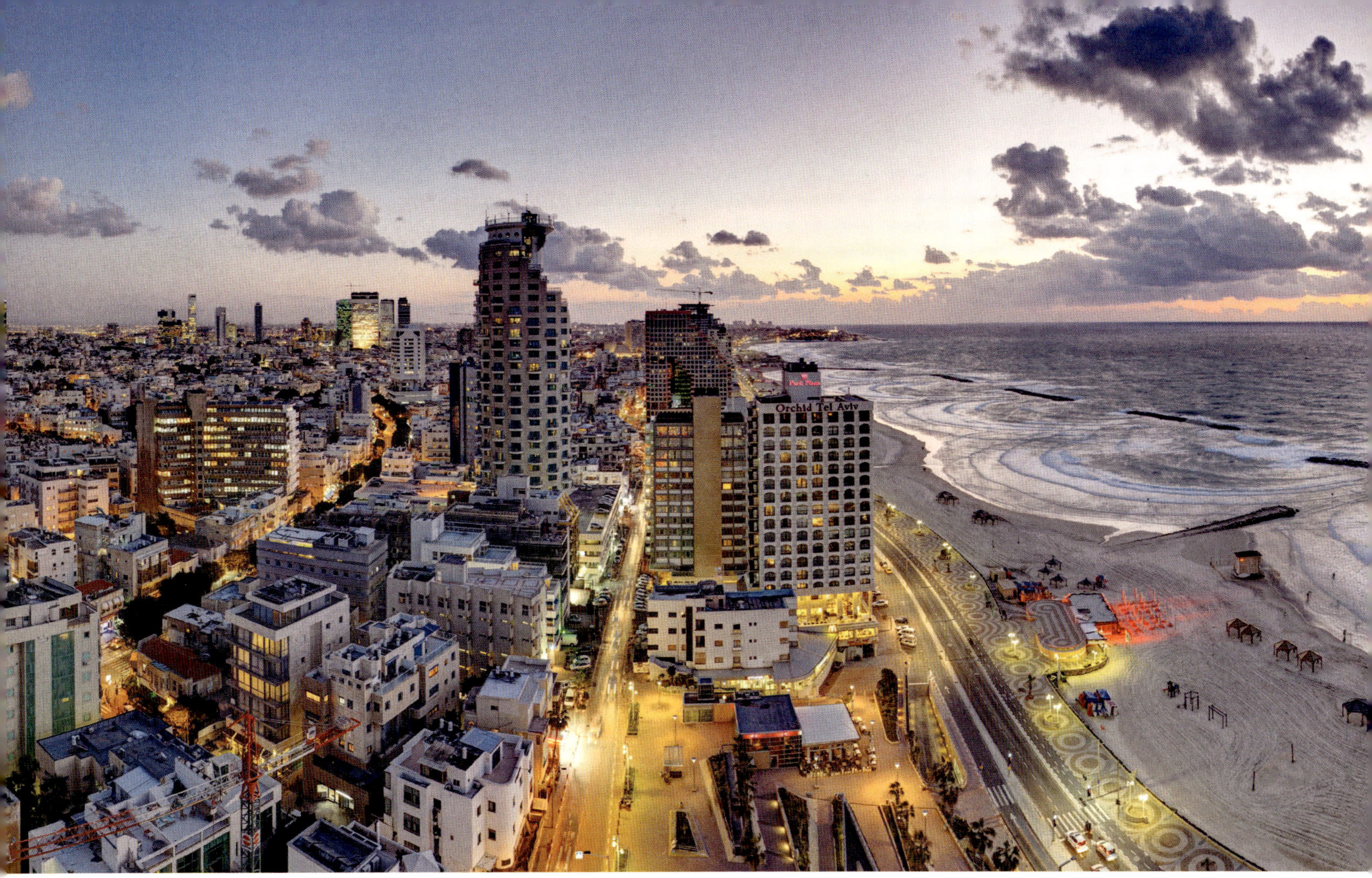
Orchid Tel Aviv

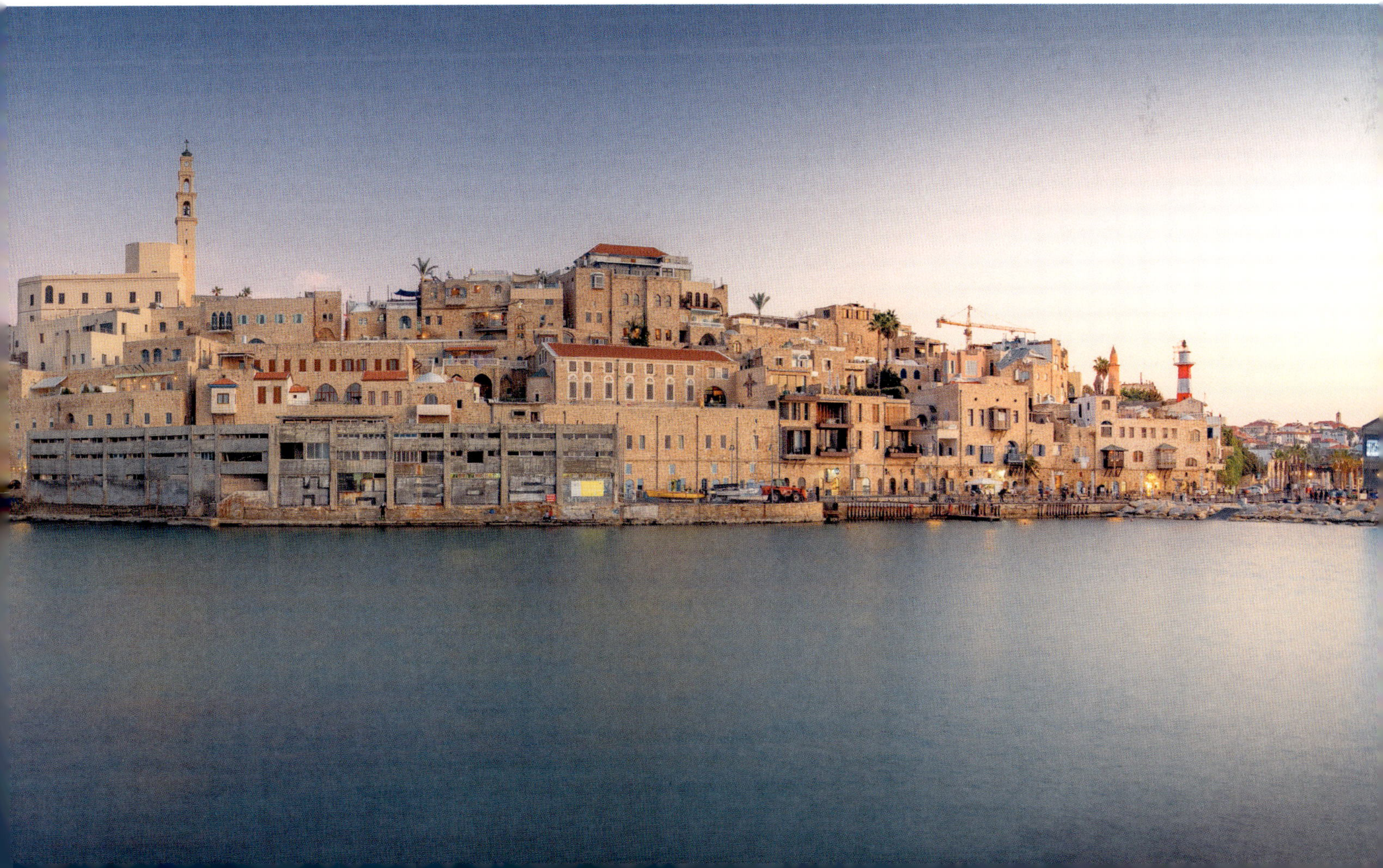

Ägypten

PORT SAID

Als man mit den Bauarbeiten für den Suezkanal begann, wurde auch der Grundstein für Port Said am nördlichen Eingang zum Kanal gelegt. Heute ist es Zwischenstation für die Schiffskonvois, Frachthafen und mit seinen Stränden eine beliebte Sommerfrische für die hitzegeplagten Einwohner von Kairo. Im Zentrum von Port Said fällt die mit traditionellen Holzbalkonen versehene Kolonialarchitektur des 19. und 20. Jahrhunderts auf. Leider wurden viele alte Gebäude Port Saids in diversen Kriegen zerstört. An die einheimischen Opfer der Kriege erinnert das in Form eines altägyptischen Obelisken gestalteten Denkmal. Die bedeutendsten historischen Bauwerke sind das arkadengesäumte und kuppelgekrönte Hauptverwaltungsgebäude der Suez Canal Authority (1895) sowie der alte Leuchtturm von 1869. Er ist einer der ersten aus Beton errichteten Bauten überhaupt, der aufgrund von Verlandung heute allerdings nicht mehr direkt am Meer steht.

Rechts: Am Westufer des Suezkanals steht die Große Moschee von Port Said.

SUEZKANAL

Die längste künstliche Meereskanal der Welt verbindet auf einer Strecke von 193,3 Kilometern das Mittelmeer mit dem Roten Meer und verkürzt so den Seeweg vom

Nordatlantik in den Indischen Ozean um fast 5000 Kilometer. Noch im Jahr 1859 erstreckten sich hier lediglich Sandwüsten und Salinen. Der Suezkanal wurde 1869 nach zehnjähriger Bauzeit eröffnet und kann seit der 1888 vereinbarten Konvention von Konstantinopel von Schiffen aller Nationen befahren werden. Bis zu seiner Verstaatlichung durch Gamal Abdel Nasser 1956 wurde er von den Briten und der von Ferdinand de Lesseps, dem Erbauer der Kanals, gegründeten Kanal-Gesellschaft kontrolliert. Nach dem Sechstagekrieg von 1967 war er acht Jahre gesperrt. Im Frühjahr 2021 blockierte das Frachtschiff »Ever Given« die wichtige Handelsroute eine Woche lang. Nach einem Sandsturm lief es auf Grund. Davor und dahinter stauten sich in der Zeit mehr als 400 Schiffe.

Der Suezkanal kann von Schiffen fast jeder Größenordnung passiert werden. Er ist nur einspurig befahrbar und verfügt deshalb über drei Wartezonen.

Ägypten

ALEXANDRIA

An den westlichen Ausläufern des Nildeltas liegt die Stadt, die einmal das intellektuelle Zentrum der antiken Welt war: Alexandria. 331 v. Chr. von Alexander dem Großen gegründet, standen hier einst der Leuchtturm von Pharos (eines der Sieben Weltwunder), das Museion, einst Zentrum der Alexandrinischen Schule mit Gelehrten wie Euklid und Ptolemäus, sowie die größte Bibliothek der Antike mit rund einer Million Schriftrollen. Leider haben diese Bauwerke die Stürme der Zeit, in der sich Griechen, Römer, Byzantiner, Osmanen und Araber in der Herrschaft über die Stadt abwechselten, nicht überdauert. Antike Spuren finden sich aber noch in Gestalt der Pompeius-Säule, der römischen Katakomben und des Amphitheaters. Das imposanteste Gotteshaus Alexandria ist die 1775 im andalusischen Stil errichtete Moschee Al-Mursi Abul-Abbas. In östlicher Richtung vom Hafen liegt die Bibliotheca Alexandrina, 2002 in Form einer aufgehenden Sonne errichtet.

Großes Bild: An der Corniche, dem lang gestreckten Uferboulevard, bildet die Zitadelle Qait Bey einen Blickfang; hier wurden die Reste des im 15. Jahrhundert durch Erdbeben zerstörten Leuchtturms von Pharos verbaut.

Ägypten

NILDELTA

Der Nil ist Lebensader und Mythos. Seine Quelle wurde erst Ende des 19. Jahrhundert entdeckt. Er gilt als Fremdlingsfluss, weil er sein Wasser aus den regenreichen Regionen des Oberlaufs bezieht und bis zu seiner Mündung nahezu kein weiteres Wasser aufnimmt. Über drei Millionen Quadratkilometer umfasst das Einzugsgebiet des mit 6671 Kilometern längsten Flusses unseres Planeten – etwa zehn Prozent des afrikanischen Kontinents. Quellfluss ist der Weiße Nil, der sich aus dem Kagera-Nil speist. Dessen beiden Quellflüsse entspringen in Burundi und Ruanda; der längere von beiden beginnt in Burundi am Luvironza, dem mit 2700 Metern höchsten Berg des kleinen afrikanischen Landes, und gilt daher als eigentlicher Quellfluss. Bei Khartum mündet der Blaue Nil und etwas weiter nördlich der Atbara in den Weißen Nil, beide kommen aus dem äthiopischen Hochland. Ohne weitere Zuflüsse windet sich der Strom durch die Nubische Wüste und schließlich nach Ägypten, wo er sich in einem breiten Delta nördlich von Kairo ins Mittelmeer ergießt.

Die Ufer des Nils bilden eine Oase, unmittelbar dahinter beginnt die karge Wüste.

Libyen

TRIPOLIS

Im Jahr 2003 hob der UN-Sicherheitsrat die Sanktionen, die nach dem Lockerbie-Attentat 1988 gegen Libyen verhängt worden waren, wieder auf. Damit erwachte die Stadt am Mittelmeer aus ihrem Dornröschenschlaf. Überall wurde renoviert und gebaut, die Touristen strömten nach Tripolis, um den kulturellen Reichtum der Stadt zu bestaunen. Doch mit dem Tod Gaddafis und den Bürgerkriegen der Jahre 2011 und 2014 kam diese Entwicklung zum Erliegen. Trotz allem ist Tripolis eine moderne Stadt mit rund 1,1 Millionen Einwohnern, die zumindest in den Innenbezirken den westlichen Metropolen in nichts nachsteht. Ihre Geschichte geht bis ins 7. Jahrhundert v. Chr. zurück. Damals gründeten die Phönizier eine Siedlung mit dem Namen Oea, die später der römischen Provinz Africa zugeteilt wurde. Mit dem Römischen Reich endete jedoch die glanzvollste Zeit der Stadt. 1911 wurde sie von den Italienern annektiert und erst im Jahr 1951 wieder unabhängig.

Die Altstadt wird von der Roten Burg dominiert, die das Nationalmuseum beherbergt.

LEPTIS MAGNA

Leptis Magna wurde von den Phöniziern gegründet. Es diente vor allem als Handelsknoten und Exporthafen für Getreide und Oliven. Die von Karthago aus verwaltete Stadt an der Mündung des Wadi Labdah rund 100 Kilometer östlich von Tripolis wurde im 1. Jahrhundert v. Chr. römische Kolonie. Trotz Angriffen durch Wüstenstämme gedieh die Handelsstadt und vergrößerte die Zahl ihrer Bewohner auf bis zu 100 000 zur Römerzeit. Unter Kaiser Septimius Severus, der 146 hier geboren wurde, erlebte die Stadt einen Bauboom. Die Hafenanlagen wurden erweitert und durch eine säulenflankierte Prachtstraße mit dem Thermenviertel verbunden. Ein neues kaiserliches Forum wurde errichtet. In der Nähe des Hafenbeckens liegt das alte Zentrum mit dem Forum und zwei Tempeln. Westlich davon befinden sich ein zweiter Markt, ein Theater, das Chalcidicum und die Hadriansthermen. Von der phönizischen Anlage wurden nur die Nekropolen entdeckt.

Septimius Severus wurden ein Torbogen (oben) und eine Basilika (rechts) gewidmet.

Tunesien

DJERBA

Homer nannte sie »Insel der Lotophagen«: Odysseus' Gefährten verfielen hier der Lotosfrucht und verweigerten die Weiterfahrt. Heute ist Djerba ein Ferienziel par excellence mit Hotels aller Kategorien, Restaurants und Vergnügungsparks entlang der beiden Strände Plage de Sidi Mahrez und Plage de la Seguia. Der Hauptort der palmenbestandenen, flachen Insel ist Houmt Souk mit hübscher, weiß getünchter Medina und der überkuppelten »Türkenmoschee«, die ein rundes Minarett besitzt. Bewacht wird die Stadt von der im 13. Jahrhundert errichteten Festung Bordj el-Kebir. Nicht weit entfernt liegt Hara Seguira (Er-Riadh), eine der beiden jüdischen Siedlungen der Insel. Die Synagoge, in der wertvolle Thora-Rollen aufbewahrt werden, war 2002 Ziel eines Terroranschlags. Das Marktstädtchen Midoun mit seinen Souvenirständen und hübschen Cafés in der Inselmitte lohnt ebenfalls einen Besuch.

Rechts: Eine Attraktion stellen die Töpfer von Guellala dar. Ihre Keramiken kann man in der Medina von Houmt Souk erwerben.

Register

A
Adria 154 ff.
  - Sonnenbaden an der 162
  - Unterwasserwelt 191
Ägadische Inseln 143
Ägäis 232 ff.
Agrigent 143
Ägypten 310 ff.
Akko 302
Al Hoceïma 24
Albanien 208 f., 214 ff.
Alborán-Meer 16 ff.
Alexandria 312
Algerien 26 ff.
Algier 29
Alicante 39
Alicudi 134
Almería 33
Alonissos, Nationalpark 269
Amalfi 131
Amalfitana 131
Ancona 160
Andros 264
Anfeh 299
Antalya 292
Antibes 84
Antipaxos 220
Äolische Inseln s. Liparische Inseln
Athen 258 ff.
  - Akropolis 260
  - Akropolis-Museum 261
  - Archäologisches Nationalmuseum 261
  - Große Mitropolis 261
  - Plaka 261
Athos 272
Ätna 142

B
Bahai 305
Balearen 48 ff.
Bandol 74
Barcelona 42 ff.
  - Barri Gòtic 45
  - Palau Musica Catalana 45
  - Parc Güell 45
  - Sagrada Família 44
Bari 157

Beirut 299
Beit Yanai 306
Bodrum 286
Bosnien und Herzegowina 201
Bozcaada 282
Brač 197
Brindisi 157
Budva 207
Butrint 217

C
Cabo de Gata-Níja, Naturpark 35
Caesarea Maritima 303
Calanques 71
Camargue 64
Cannes 83
Cap des Trois Fourches 25
Capri 100, 126
Cartagena 35
Cassis 72
Cefalú 141
Chalkidiki 272
Chioggia 165
Chios 266
Cinque Terre 96
Collioure 60
Corniglia 96
Corricella 122
Costa Brava 47
Costa del Sol 31
Côte d'Azur 76
Cres 185

D
Delos 251
Dhërmi 217
Divjaka-Karavasta, Nationalpark 208
Djerba 316
Dubrovnik 203
Dugi Otok 188
Durrës 208

E
Egadi, Isole s. Ägadische Inseln
Eiscreme 136
Elafonisos 230

Elba 108
Ephesos 285
Euböa 263
Èze 85

F
Filicudi 134
Finale Ligure 92
Folegrandos 247
Formentera 56
Frankreich 60 ff., 102 ff.

G
Gaeta 119
Gallipoli 212
Gargano 159
Gediz-Delta 280
Genua 93
Gibraltar 18 f.
  - Affen 19
Golfe du Lion 58 ff.
Gouray, Nationalpark 26
Gozo 148
Grado 170
Griechenland 218 ff.

H
Haifa 304
Herzlia 306
Himara 215
Hvar 197
Hydra 256
Hyères 79

I
Ibiza 55
  - Es Vedrà 55
Ikaria 264
Île de Porquerolles 79
Imperia 92
Ionisches Meer 210 ff.
Ischia 121
Israel 300 ff.
Istanbul 276 ff.
  - Blaue Moschee 279
  - Hagia Sophia 278
  - Topkapipalast 279
  - Yerebatan-Zisterne 279

Italien 92 ff., 106 ff., 156 ff., 212 f.
Ithaka 222
Izmir 282
Izola 172

K
Kalimnos 241
Kalkan 291
Kap Kamenjak, Naturpark 179
Kap Sounion 263
Karthago 151
Kassandra 272
Kastellorizo 241
Kea 251
Kefalonia 210, 225
Kemer 292
Korčula 198
Korfu 218 f.
  - Insel der Krone 219
Korinth, Kanal von 229
Kornaten 191
Korsika 102 ff.
  - Ajaccio 105
  - Calvi 105
  - Golf von Porto 104
  - GR20 105
  - Monte Cinto 105
Kos 242
Kotor 204
Kreta 234 ff.
  - Heraklion 237
  - Knossos 237
  - Samaria-Schlucht 237
Krk 182
Kroatien 174 ff., 202 f.
Ksamil-Inseln 217
Kuşadası 284

L
La Spezia 99
Lagunas de la Mata y Torrevieja 36
Lastovo 198
Latakia 292
Lefkada 222
Leptis Magna 314
Lesbos 267
Levantisches Meer 288 ff.

Libanon 298 f.
Libyen 314 f.
Libysches Meer 288 ff.
Ligurisches Meer 58 ff.
Limassol 297
Lipari 134
Liparische Inseln 134
Livorno 108
Lošinj 185
Lovran 181

M
M'Diq 21
Makarska Riviera 154
Málaga 33
Mallorca 48 ff.
  - Palma 50
  - Deià 51
  - Santanyí 51
  - Sóller 51
Malta 144 ff.
Manarola 96
Mani 230
Marbella 30
Marmaris 287
Marokko 20 ff.
  - Köstlichkeiten aus 22
Marsaxlokk 145
Marseille 69
Martil 21
Massif de l'Esterel 81
Menorca 16, 53
Menton 89
  - Zitronenfest 89
Methoni 230
Milos 249
Mljet 200
Monaco 91
Monemvasia 255
Moni 233
Montenegro 204 ff.
Monterosso 96
Montpellier 63
Mykonos 252

N
Nafpaktos 228
Nafplio 255
Naxos 247

Neapel 124
Nerja 33
Netanya 306
Neum 201
Nildelta 313
Nizza 86
Novigrad 175

O
Ölüdeniz 291
Opatija 181
Otranto 157
Oued Laou 25

P
Pag 187
Palermo 140
Panarea 134
Paphos 297
Paralio Astros 255
Parga 222
Paros 246
Patmos 242
Patras 228
Paxos 220
Petra tou Romiou, Nationalpark 297
Picasso, Pablo 85
Piran 172
Pisa 107
Po-Delta 165
Pompeji 125
Ponza 120
Poreč 175
Port Said 310
Porto Lagos 275
Portofino 94
Portovenere 99
Positano 129
Procida 122
Pula 178

R
Rab 185
Ravello 131
Rhodos 239
Rif-Gebirge 21
Rijeka 181
Rimini 161

Riomaggiore 96
Rom 114 ff.
  - Brunnen 117
  - Forum Romanum 117
  - Pantheon 117
  - Petersdom 116
Rosh haNikra 301
Route de Crêtes 73
Rovinj 177

S
Saïdia 25
Saintes-Maries-de-la-Mer 63
  - Prozession der Gitans 63
Saint-Jean-Cap-Ferrat 85
Saint-Tropez 82
Salamis 257
Samos 264
Samothraki 274
Sanary-sur-Mer 75
Sanremo 92
Santorin 245
Sardinien 110 ff.
  - Alghero 113
  - Cagliari 113
  - Castelsardo 113
  - La Maddalena 112
Saronische Inseln 233
Serifos 251
Sète 61
Šibenik 192
Sidi Bou Saïd 152
Sifnos 247
Sitges 39
Sithonia 272
Sizilien 138 ff.
Sizilien, Straße von 100 ff.
Skiathos 269
Skopelos 269
Skyros 269
Slowenien 172 f.
Sorrent 129
Spanien 30 ff.
Split 194 f.
  - Diokletianpalast 195
Sporaden, Nördliche 269
Stromboli 134
Suezkanal 311
Sveti Stefan 207

Symi 240
Syrakus 143
Syrien 292

T
Tarent 212
Tarragona 39
Tel Aviv 308
Terracina 118
Tétouan 20
Thessaloniki 270
Tipasa 29
Töpferhandwerk 66
Toulon 79
Tremitische Inseln 159
Triest 171
Tripolis 314
Trogir 193
Tropea 132
Tunesien 150 ff., 316
Tunis 151
Türkei 276 ff., 290 ff.
Tyrrhenisches Meer 100 ff.

U
Umag 175

V
Valencia 40
Valletta 146
Venedig 166 ff.
  - Burano 169
  - Karneval 167
  - Murano 169
Vereinigtes Königreich 18
Vernazza 58, 96
Vieste 159
Vis 197
Vlora 208
Vodice 191
Vulcano 134

Z
Zadar 187
Zakynthos 227
Zypern 288, 294 ff.

Bildnachweis · Impressum

Abkürzungen: G = Getty · M = Mauritius Images

Cover: Vorderseite: G/Matteo Colombo (Menora),
Rückseite: Mikolaj Niemczewski/Shutterstock.com (Capri)
S. 2/3 DaLiu/Shutterstock.com, S. 4/5 G/Rilind_Hoxha_Photography, S. 6/7 Look/Holger Leue, S. 8/9 G/ Marco Bottigelli, S. 10/11 G/Aerial Essex, S. 12/13 Look/robertharding, S. 16/17 G/Aluxum, S. 18/19 G/Dark_Eni, S. 19 Leighton Collins/Shutterstock.com, S. 19 Look/age fotostock, S. 20 M/Alamy, S. 20 Luisa Puccini/Shutterstock.com, S. 20 Look/VWPics, S. 20 Look/VWPics, S. 21 h3c7orC/Shutterstock.com, S. 21 M/Landrin Valérie, S. 21 G/ Santiago Urquijo, S. 22 G/Xavierarnau, S. 22 G/Mariusz_prusaczyk, S. 23 G/Francesco Riccardo Iacomino, S. 23 G/Thomas Barwick, S. 23 G/Sebastian Condrea, S. 23 M/Kymri Wilt, S. 24 G/Hicham MOUBAREK, S. 24 M/Chris Hellier, S. 25 M/Emanuele Ciccomartino, S. 25 G/Omar sakhi, S. 25 G/Juanorihuela, S. 26 M/Agustín Orduña Castillo, S. 26/27 M/Michael Runkel, S. 28/29 M/Michael Runkel, S. 29 Homos Cosmicos /Shutterstock.com, S. 29 G/Saad bakhouche, S. 30 Pawel Kazmierczak/Shutterstock.com, S. 30/31 KellySHUTSTOC/Shutterstock.com, S. 31 G/Antonio Luis Martinez Cano, S. 32 Pocholo Calapre/Shutterstock.com, S. 33 Romas_Photo/Shutterstock.com, S. 33 G/Domingo Leiva, S. 33 chrupka/Shutterstock.com, S. 34/35 G/WillSelarep, S. 35 Rodrigo Garrido/Shutterstock.com, S. 35 Look/robertharding, S. 36 M/Mykola Grabchuk, S. 36/37 G/Nicolás López, S. 38 G/Alex Tihonov, S. 39 Christophe Faugere/Shutterstock.com, S. 39 G/StockPhotoAstur, S. 39 Look/Tim Langlotz, S. 40 M/Gonzalo Azumendi, S. 40 G/Roberto Machado Noa, S. 40/41 Look/Elan Fleisher, S. 41 Catalin Lazar/Shutterstock.com, S. 42 Marco Rubino/Shutterstock.com, S. 42 M/Alfred Abad, S. 42 Arcady/Shutterstock.com, S. 42 Look/Markus Bassler, S. 42 Look/robertharding, S. 42 Francis XT/Shutterstock.com, S. 43 Vunav/Shutterstock.com, S. 44 TTstudio/Shutterstock.com, S. 44 G/Stefan Cioata, S. 45 Look/Juergen Richter, S. 45 Sopotnicki/Shutterstock.com, S. 45 G/Pol Albarrán, S. 46/47 G/Eloi_Omella, S. 47 Sergii Figurnyi/Shutterstock.com, S. 48 G/Allard Schager, S. 48/49 G/Daniel Schoenen, S. 50 Look/Rainer Mirau, S. 50 M/Hans-Peter Merten, S. 50 Look/Anastasia Petrakova, S. 50 Look/Anastasia Petrakova, S. 51 Look/Konrad Wothe, S. 51 Picture Alliance /DUMONT Bildarchiv/ Frank Heuer, S. 51 Anna Lurye/Shutterstock.com, S. 52/53 G/Jorg Greuel, S. 53 BigDane/Shutterstock.com, S. 54/55 Look/robertharding, S. 55 Look/robertharding, S. 55 G/Juergen Sack, S. 56 TavoNieto/Shutterstock.com, S. 56/57 G/Anton Petrus, S. 58/59 Sean Pavone/Shutterstock.com, S. 60 trabantos/Shutterstock.com, S. 60 Pani Garmyder/Shutterstock.com, S. 60 Pani Garmyder/Shutterstock.com, S. 61 FredP/Shutterstock.com, S. 61 Look/Hemis, S. 62 Look/Saga Photo, S. 63 trabantos/Shutterstock.com, S. 63 kavram/Shutterstock.com, S. 63 G/Marco Di Lauro, S. 64 G/Raimund Linke, S. 64/65 G/Ventdusud, S. 64/65 G/Dmytro Cherkasov, S. 66 DiegoMariottini/Shutterstock.com, S. 66/67 G/Chris Hellier, S. 68 Look/Hemis, S. 68 M/Gardel Bertrand, S. 69 G/Yann Guichaoua-Photos, S. 69 mehdi33300/Shutterstock.com, S. 69 G/Btrenkel, S. 69 G/Westend61, S. 69 M/Martin Thomas Photography, S. 69 M/Alamy, S. 70/71 G/Raffi Maghdessian, S. 71 G/Marco Bottigelli, S. 72 Sina Ettmer Photography/Shutterstock.com, S. 72/73 proslgn/Shutterstock.com, S. 73 M/Udo Siebig, S. 74 M/Camille Moirenc, S. 74 G/Cyrille Gibot, S. 75 G/Giacomo Augugliaro, S. 75 G/Andia, S. 75 M/Udo Siebig, S. 76 G/Wei Hao Ho, S. 76/77 G/Manjik, S. 78 M/Daniele Schneider, S. 79 G/Yulia Reznikov, S. 79 G/Denis Bringard, S. 79 G/David C Tomlinson, S. 80/81 Look/Heiner Machalett, S. 81 M/Franck Chaput, S. 82 M/Duncan Grove, S. 82 Look/Travelstock44, S. 83 G/Fraser Hall, S. 83 nito/Shutterstock.com, S. 83 Stockbym/Shutterstock.com, S. 84 M/Jon Arnold, S. 84 M/Camille Moirenc, S. 84 proslgn/Shutterstock.com, S. 84 M/Camille Moirenc, S. 85 Drozdin Vladimir/Shutterstock.com, S. 85 M/Juergen Held, S. 85 G/Imagno, S. 86 ArTono/Shutterstock.com, S. 86 G/SvetlanaSF, S. 86 proslgn/Shutterstock.com, S. 87 Sergey Dzyuba/Shutterstock.com, S. 87 G/Eva-Katalin, S. 88/89 Nella/Shutterstock.com, S. 89 Travel-Fr/Shutterstock.com, S. 89 Look/robertharding, S. 90 Look/robertharding, S. 91 G/Sylvain Sonnet, S. 91 monticello/Shutterstock.com, S. 91 Drozdin Vladimir/Shutterstock.com, S. 91 Noppasin Wongchum/Shutterstock.com, S. 91 SvetlanaSF/Shutterstock.com, S. 91 G/Marco Bottigelli, S. 92 M/Alamy, S. 92 Alessandro Tortora/Shutterstock.com, S. 92 Duilio Farina/Shutterstock.com, S. 93 M/Toni Spagone, S. 93 Roman Sigaev/Shutterstock.com, S. 93 Look/Daniel Schoenen Fotografie, S. 93 Garsya/Shutterstock.com, S. 94 M/age, S. 94/95 Anton_Ivanov/Shutterstock.com, S. 96 Look/ClickAlps, S. 96 G/Francesco Riccardo Iacomino, S. 96 M/Scott Wilson, S. 96 Look/ClickAlps, S. 96 G/Pierre Ogeron, S. 96 G/Sonja Jordan, S. 97 G/Danilo Antonini, S. 97 Look/ClickAlps, S. 98/99 Sean Pavone/Shutterstock.com, S. 99 G/Hiroshi Higuchi, S. 99 YRABOTA/Shutterstock.com, S. 100/101 Look/Christian Mueringer, S. 102 G/Walter Bibikow, S. 102/103 G/Westend61, S. 104 Look/Hemis, S. 104 Look/Daniel Schoenen Fotografie, S. 104 Look/Hemis, S. 104 Look/Hemis, S. 105 G/Sasha64f, S. 105 M/robertharding / Eleanor Scriven, S. 105 Serenity-H/Shutterstock.com, S. 106 G/Joe Daniel Price, S. 106 G/Laurent Fox, S. 107 Mikolaj Niemczewski/Shutterstock.com, S. 107 BEST-BACKGROUNDS/Shutterstock.com, S. 107 Dmitry Naumov/Shutterstock.com, S. 107 Animaflora PicsStock/Shutterstock.com, S. 107 Claudiovidri/Shutterstock.com, S. 107 Viliam.M/Shutterstock.com, S. 108 Look/Konrad Wothe, S. 108 G/I just try to tell my emotions and take you around the world, S. 108/109 G/StevanZZ, S. 110/111 Look/ClickAlps, S. 111 Look/ClickAlps, S. 112 Look/ClickAlps, S. 112 Matej Kastelic/Shutterstock.com, S. 112 Gabriele Maltinti/Shutterstock.com, S. 112 Stefano Zaccaria/Shutterstock.com, S. 113 Serenity-H/Shutterstock.com, S. 113 LouieLea/Shutterstock.com, S. 113 M/Witold Skrypczak, S. 114 G/Suttipong Sutiratanachai, S. 114 G/Tunart, S. 115 M/Stefano Cavoretto, S. 115 G/Querbeet, S. 115 Look/robertharding, S. 115 Look/age fotostock, S. 115 Look/ClickAlps, S. 115 Look/Olaf Meinhardt, S. 116 TTstudio/Shutterstock.com, S. 116 M/Johannes Pistorius, S. 117 f11photo/Shutterstock.com, S. 117 Look/Hans Georg Eiben, S. 117 Look/robertharding, S. 118 M/Pixtal, S. 118 G/Bruev, S. 119 G/Sazonoff, S. 119 M/Alessandro Tortora, S. 120 Vlas Telino studio/Shutterstock.com, S. 120/121 Look/age fotostock, S. 121 Mazerath/Shutterstock.com, S. 121 Balate Dorin/Shutterstock.com, S. 122 auralaura/Shutterstock.com, S. 122/123 G/Francesco Riccardo Iacomino, S. 124 ovalagncy/Shutterstock.com, S. 124/125 avsinn/Shutterstock.com, S. 125 M/Yefim Bam, S. 125 Look/Konrad Wothe, S. 125/153 Lizavetta/Shutterstock.com, S. 126 Look/Christian Mueringer, S. 126/127 Mikolaj Niemczewski/Shutterstock.com, S. 128/129 C/Angelo Cavalli, S. 129 M/Alfio Giannotti, S. 129 G/Albert Tan photo, S. 130/131 mitchFOTO/Shutterstock.com, S. 131 nikolpetr/Shutterstock.com, S. 131 M/Alamy, S. 131 Sergey Berestetsky/Shutterstock.com, S. 132 mRGB/Shutterstock.com, S. 132/133 M/ClickAlps, S. 134 G/Federico Picinelli, S. 134 funkyfrogstock/Shutterstock.com, S. 134 Look/Sabine Lubenow, S. 134 G/Peter Adams, S. 134 M/Udo Siebig, S. 134 Look/Konrad Wothe, S. 135 G/Slow Images, S. 136 Alexandros Michailidis/Shutterstock.com, S. 136/137 Khorzhevska/Shutterstock.com, S. 138 Frog Dares/Shutterstock.com, S. 138/139 K. Roy Zerloch/Shutterstock.com, S. 140 G/Romaoslo, S. 140 Romas_Photo/Shutterstock.com, S. 140/141 G/Jeremy Woodhouse, S. 141 Look/Sabine Lubenow, S. 142 M/Domenico Piccione, S. 142 M/funkyfood London - Paul Williams, S. 142 Look/Andreas Straufl, S. 142 Look/Andreas Straufl, S. 143 G/Domeniconardozza, S. 143 M/Katja Kreder, S. 143 M/Alamy, S. 144/145 Look/Page Chichester, S. 145 ecstk22/Shutterstock.com, S. 145 G/Tunart, S. 146 G/Piero Damiani, S. 146/147 G/Anshar73, S. 148 G/Davide Seddio, S. 148/149 M/Eli Pascall-Willis, S. 150 Look/Ingolf Pompe, S. 151 Travel-Fr/Shutterstock.com, S. 151 Jess Kraft/Shutterstock.com, S. 152 Look/Holger Leue, S. 154/155 Kite_rin/Shutterstock.com, S. 156 Sopotnicki/Shutterstock.com, S. 156 Andrew Mayovskyy/Shutterstock.com, S. 157 Vivida Photo PC/Shutterstock.com, S. 157 M/Peter Eastland, S. 157 M/Witold Skrypczak, S. 158/159 Look/Avalon.red2, S. 159 vololibero/Shutterstock.com, S. 159 Look/ClickAlps, S. 160 Andrew Mayovskyy/Shutterstock.com, S. 160 Cortyn/Shutterstock.com, S. 161 Look/robertharding, S. 161 Look/robertharding, S. 161 Look/robertharding, S. 162 G/Kirill Rudenko, S. 162/163 G/Roberto Moiola, S. 164/165 G/Mammuth, S. 165 Look/age fotostock, S. 165 G/Chiara Salvadori, S. 166 M/Hwo, S. 166 G/Peter Zelei Images, S. 166 G/Seng chye teo, S. 166 G/Joe Daniel Price, S. 166 G/Svjetlana, S. 166 G/Matteo Colombo, S. 167 G/Federica Baldo, S. 167 M/Brian Jannsen, S. 168/169 G/Peter Zelei Images, S. 169 G/Jorg Greuel, S. 169 Aliaksandr Antanovich/Shutterstock.com, S. 170 G/Xbrchx, S. 170 M/Raimund Franken, S. 170 G/Bluejayphoto, S. 171 G/Julien Fromentin, S. 171 G/Fiorella Macor, S. 172 Roman Babakin/Shutterstock.com, S. 172 Look/Günther Bayerl, S. 172/173 Andrew Mayovskyy/Shutterstock.com, S. 174 motorolka/Shutterstock.com, S. 174 xbrchx/Shutterstock.com, S. 175 Look/Hanna Wagner, S. 175 G/Romulic-Stojcic, S. 175 Look/Travel Collection, S. 176/177 Look/Rainer Mirau, S. 177 Look/Rainer Mirau, S. 178 Anna Jedynak/Shutterstock.com, S. 178/179 Look/robertharding, S. 179 Andrea Cimini/Shutterstock.com, S. 180 G/Yasonya, S. 181 Look/robertharding, S. 181 M/Zoonar/Dalibor Brlek, S. 181 Phant/Shutterstock.com, S. 182 Andrew Mayovskyy/Shutterstock.com, S. 182/183 Andrew Mayovskyy/Shutterstock.com, S. 184 Look/age fotostock, S. 184 Look/age fotostock, S. 185 Marcelino Macone/Shutterstock.com, S. 185 G/Ellen Rooney, S. 185 G/SimonSkafar, S. 186/187 Dave Z/Shutterstock.com, S. 187 G/Chaiyun Damkaew, S. 187 M/Mariusz Burcz, S. 188 M/Dalibor Brlek, S. 188/189 Picture Alliance /DUMONT Bildarchiv/ Frank Heuer, S. 190 M/Nino Marcutti, S. 191 G/Ultramarinfoto, S. 191 M/Dalibor Brlek, S. 191 G/Simone Simone, S. 192 M/Dalibor Brlek, S. 192 M/Alen Ferina, S. 192 M/Toni Spagone, S. 192 M/Toni Spagone, S. 193 Look/robertharding, S. 193 M/Toni Spagone, S. 194/195 Dave Z/Shutterstock.com, S. 195 Look/robertharding, S. 196 mislaw/Shutterstock.com, S. 197 M/Tuul and Bruno Morandi, S. 197 Look/ClickAlps, S. 197 Look/Gerald Hänel, S. 198 G/Patstock, S. 198 Look/age fotostock, S. 198/199 G/Spani Arnaud, S. 200 M/Nino Marcutti, S. 200 G/Joao Inacio, S. 201 honidex/Shutterstock.com, S. 201 Goran Vrhovac/Shutterstock.com, S. 202 Look/Alois Radler-Wöss, S. 203 Summit Art Creations/Shutterstock.com, S. 203 G/Karen Walzer, S. 203 M/robertharding / Oliver Wintzen, S. 203 Ihor Pasternak/Shutterstock.com, S. 203 SchnepfDesign/Shutterstock.com, S. 203 G/Tuomas A. Lehtinen, S. 204/205 Mike Mareen/Shutterstock.com, S. 205 givaga/Shutterstock.com, S. 206/207 M/Pixtal, S. 207 G/Tuul & Bruno Morandi, S. 207 MaleWitch/Shutterstock.com, S. 208 G/Martin Siepmann, S. 208 M/Witold Skrypczak, S. 208 Look/Thomas Stankiewicz, S. 209 M/Dmitriy Gura, S. 209 saxanad/Shutterstock.com, S. 210/211 Gelner Tivadar/Shutterstock.com, S. 212 photovideoworld/Shutterstock.com, S. 212 G/Philippe Fritsch, S. 212/213 Marco Rubino/Shutterstock.com, S. 214/215 Andrew Mayovskyy/Shutterstock.com, S. 215 G/Nëntor Oseku / 500px, S. 216/217 G/Zm_photo, S. 217 Leonid Andronov/Shutterstock.com, S. 217 M/Olga Kolos, S. 217 eyetravelphotos/Shutterstock.com, S. 218 G/Rostislavv, S. 218 G/Entrechat, S. 219 G/Tuul & Bruno Morandi, S. 219 M/Jeanette Dietl, S. 220 G/Alexander Spatari, S. 220 M/Lee Martin, S. 220/221 G/David C Tomlinson, S. 222 M/Jan Wlodarczyk, S. 222 M/Porojnicu Stelian, S. 222 M/Pawel Kazmierczak, S. 223 M/Constantinos Iliopoulos, S. 224/225 G/Matteo Colombo, S. 225 G/Adisa, S. 226/227 G/Anton Petrus, S. 227 Look/age fotostock, S. 228 M/Alamy, S. 228 G/Didier Marti, S. 228/229 G/Anton Petrus, S. 229 Artur Synenko/Shutterstock.com, S. 230 Andrew Mayovskyy/Shutterstock.com, S. 230 Andrew Mayovskyy/Shutterstock.com, S. 230 Anastasios71/Shutterstock.com, S. 231 Giovanni Rinaldi/Shutterstock.com, S. 232/233 G/Anton Petrus, S. 234/235 G/Roberto Moiola, S. 235 G/Evgeni Dinev Photography, S. 236 G/Aleh Varanishcha, S. 237 M/Georgios Tsichlis, S. 237 M/funkyfood London - Paul Williams, S. 237 Dziewul/Shutterstock.com, S. 238 G/Jorg Greuel, S. 239 M/Thomas Haupt, S. 239 M/Klaus-Gerhard Dumrath, S. 239 ian woolcock/Shutterstock.com, S. 239 DaLiu/Shutterstock.com, S. 239 M/Werner Dieterich, S. 240 G/Peter Adams, S. 240 M/Constantinos Iliopoulos, S. 240 Look/Franz Marc Frei, S. 241 Look/robertharding, S. 241 M/Graham Bell, S. 241 M/Alamy, S. 241 M/Alamy, S. 242 M/robertharding, S. 242 Look/age fotostock, S. 242/243 G/Mike_drosos, S. 244/245 G/Danny Xeero, S. 245 M/Michael Runkel, S. 246 M/Constantinos Iliopoulos, S. 246 Aetherial Images/Shutterstock.com, S. 246 G/Fabian Van Schepdael, S. 246 G/Tuul & Bruno Morandi, S. 247 M/Milan Gonda, S. 247 Look/robertharding, S. 247 M/Gerhard Zwerger-Schoner, S. 248/249 G/Miljko, S. 249 G/Lefteris_, S. 250 M/funkyfood London - Paul Williams, S. 250 Georgios Tsichlis/Shutterstock.com, S. 250 M/Milan Gonda, S. 251 M/Rainer Hackenberg, S. 251 M/Alamy, S. 251 Sven Hansche/Shutterstock.com, S. 252 G/Vasilis Tsikkinis photos, S. 252 G/Alexander Spatari, S. 252 Look/age fotostock, S. 252 G/Sven Hansche, S. 253 G/Eleanor Scriven, S. 254 Nataliya Nazarova/Shutterstock.com, S. 254 M/Jan Wlodarczyk, S. 255 G/Photo By Dimitrios Tilis, S. 255 M/Viktor Posnov, S. 255 G/Darren Robb, S. 256 M/Alamy, S. 256 M/Ian Dagnall, S. 256 M/Alamy, S. 257 M/Gabriela Insuratelu, S. 257 M/Isidoros Andronos, S. 258 G/George Pachantouris, S. 259 M/Giuseppe Masci, S. 259 M/Vyacheslav Lopatin, S. 259 M/Ian G Dagnall, S. 259 M/Franck Guiziou, S. 259 M/Alamy, S. 259 M/Frank Fell, S. 260 G/Ed Freeman, S. 260 G/George Papapostolou photographer, S. 260 G/Hugh Threlfall, S. 260 M/Michael Abid, S. 261 M/Wiliam Perry, S. 261 G/Titoslack, S. 262/263 G/Sven Hansche, S. 263 G/Konstantinos Valsamidis, S. 263 M/Lefteris Papaulakis, S. 264 M/Aliaksandr Mazurkevich, S. 264 Tom Jastram/Shutterstock.com, S. 264 M/Alamy, S. 265 G/Gatsi, S. 266 G/Emreturanphoto, S. 266 M/Paul Williams - Funkystock, S. 266 M/Alamy, S. 267 G/CreativeNature_nl, S. 267 M/Rudmer Zwerver, S. 268 G/Happytrip, S. 269 M/Constantinos Iliopoulos, S. 269 zaferkizilkaya/Shutterstock.com, S. 270 M/Michael Weber, S. 270/271 M/Dorin Marius Balate, S. 271 G/HomoCosmicos, S. 272 G/Bestravelvideo, S. 272 G/Maya Karkalicheva, S. 272 G/Â©Dimitris Sotiropoulos Photography, S. 273 G/Photo By Dimitrios Tilis, S. 274 G/Portokalis, S. 274 G/Catalinere, S. 274 M/imageBROKER, S. 275 Nataliya Nazarova/Shutterstock.com, S. 275 M/Georgios Tsichlis, S. 276 G/Tetra Images, S. 277 Look/Rainer Martini, S. 277 G/Atlantide Phototravel, S. 277 Look/Danita Delimont, S. 277 Tekkol/Shutterstock.com, S. 277 G/Nico De Pasquale Photography, S. 277 Look/Rainer Martini, S. 278 AlexAnton/Shutterstock.com, S. 278 Konoplytska/Shutterstock.com, S. 279 marcobrivio.photography/Shutterstock.com, S. 279 Look/Jalag / Walter Schmitz, S. 279 G/David Sutherland, S. 280 klenger/Shutterstock.com, S. 280/281 G/Tunart, S. 282 nurten erdal/Shutterstock.com, S. 282 Nejdet Duzen/Shutterstock.com, S. 282/283 Nejdet Duzen/Shutterstock.com, S. 284 muratart/Shutterstock.com, S. 284/285 ozalpvahid/Shutterstock.com, S. 285 Look/Design Pics, S. 286 Nejdet Duzen/Shutterstock.com, S. 286 Nejdet Duzen/Shutterstock.com, S. 287 G/Ayhan Altun, S. 287 G/Nejdetduzen, S. 288/289 Alp Galip/Shutterstock.com, S. 290/291 G/Graphixel, S. 291 Nejdet Duzen/Shutterstock.com, S. 291 muratart/Shutterstock.com, S. 292 Look/robertharding, S. 292 M/Andrey Akimov, S. 292 Look/Val Thoermer, S. 293 M/imageBROKER, S. 294 C/Scott S. Warren, S. 294/295 G/Алексей Облов, S. 296 FOTOGRIN/Shutterstock.com, S. 296 FOTOGRIN/Shutterstock.com, S. 297 Olga Gavrilova/Shutterstock.com, S. 297 M/ClickAlps, S. 297 Oleksandr Savchuk/Shutterstock.com, S. 298/299 OSTILL is Franck Camhi/Shutterstock.com, S. 299 OSTILL is Franck Camhi/Shutterstock.com, S. 299 Chris K Khoury/Shutterstock.com, S. 300/301 G/Oren Ravid, S. 301 G/Ofir Abramovitch, S. 302 G/Laura Arsie, S. 302 M/age fotostock, S. 302 G/Ken Scicluna, S. 302 M/Hemis.fr, S. 303 meunierd/Shutterstock.com, S. 303 Look/Spaces Images, S. 304 G/RuslanKaln, S. 304/305 G/Andrei Orlov, S. 305 Leonid Andronov/Shutterstock.com, S. 306 G/LevTsimbler, S. 306 M/Hanan Isachar, S. 306 G/By IAISI, S. 307 G/Anouchka, S. 308 M/Travel Collection, S. 308/309 G/Gavin Hellier, S. 308/309 G/Sfabisuk, S. 310 nektofadeev/Shutterstock.com, S. 310/311 NAPA/Shutterstock.com, S. 311 M/Günter Gräfenhain, S. 312 leshiy985/Shutterstock.com, S. 312 AlexAnton/Shutterstock.com, S. 313 M/Alamy, S. 313 Ewa Studio/Shutterstock.com, S. 314 Mohamed I Khalid/Shutterstock.com, S. 314 Aleksandra Kossowska/Shutterstock.com, S. 314/315 Look/Konrad Wothe, S. 316 G/Sarka Grohova, S. 316/317 BTWImages/Shutterstock.com.

© 2024 Kunth Verlag, München
MAIRDUMONT GmbH & Co. KG, Ostfildern
Kistlerhofstraße 111
81379 München
Telefon +49.89.45 80 20-0
www.kunth-verlag.de
info@kunth-verlag.de

ISBN 978-3-96965-162-9
1. Auflage
Printed in Slovakia

FSC
www.fsc.org
MIX
Papier | Fördert gute Waldnutzung
FSC® C020353

Verlagsleitung: Grit Müller
Redaktion: Jennifer Valentin · Gestaltung: Birte Schultze
Texte: Rita Henss, Andrea Lammert, Robert Fischer, Christa Pöppelmann, Daniela Schetar, Anja Kauppert, Iris Schaper
Kartografie: © MAIRDUMONT GmbH & Co. KG, Marco-Polo-Straße 1, D-73751 Ostfildern

Alle Rechte vorbehalten. Reproduktionen, Speicherung in Datenverarbeitungsanlagen, Wiedergabe auf elektronischen, fotomechanischen oder ähnlichen Wegen nur mit der ausdrücklichen Genehmigung des Copyrightinhabers. Alle Fakten wurden nach bestem Wissen und Gewissen mit der größtmöglichen Sorgfalt recherchiert. Redaktion und Verlag können jedoch für die absolute Richtigkeit und Vollständigkeit der Angaben keine Gewähr leisten. Der Verlag ist für alle Hinweise und Verbesserungsvorschläge jederzeit dankbar. Verlag ist für alle Hinweise und Verbesserungsvorschläge jederzeit dankbar.